Uwe Frantzen

Das Licht

aus der Mitte

des Herzens

Der lichtvolle Weg in dein wahres Bewusstsein

Haftung

Dieses Buch und meine Geistlichtreisen wollen, können, sollen und dürfen weder einen Arztbesuch ersetzen, noch irgendwen von der Einnahme verordneter Medikamente abhalten oder gar die Verantwortung für therapeutische Entscheidungen übernehmen. Das Buch und meine Geistlichtreisen sind keine Grundlagen für Behandlungen, Diagnosen oder Verordnungen. Alle Informationen, die Sie in diesem Buch oder in meinen Geistlichtreisen erfahren, sind kein Ersatz für die Konsultation eines Arztes oder Heilpraktikers. Der Autor und der Verlag können keine Garantie für das Eintreten von Heileffekten übernehmen. Eine Haftung des Autors und des Verlags und seiner Beauftragten für Personen-, Sach- und Vermögensschäden ist ausgeschlossen.

Omkara-Verlag GbR
Eva-Maria Ammon & Björn-Dominic Pohl
Industrieweg 28
25588 Oldendorf
Tel. 0049 (0)4821 957 85 40
Email: info@omkara-verlag.de

Wir freuen uns über Ihren Besuch im Internet:
www.omkara-shop.de

© Omkara-Verlag GbR
Deutsche Erstausgabe Februar 2012
Alle Veröffentlichungs- und Vervielfältigungsrechte liegen beim Omkara Verlag
Coverhintergrundfotos: ©Argus-Fotolia.com, Tatiana Grozetskaya - Fotolia.com
Umschlaggestaltung: Omkara-Verlag GbR
Satz: Omkara-Verlag GbR
Druck: CPI Moravia Books s.r.o.
ISBN: 978-3-942045-04-9

Inhaltsverzeichnis:

Heilen ist: Erkennen, wo die Liebe fehlt
Vorwort von Eva-Maria & Thomas Ammon

Heilen ist erkennen, wo im Menschen die Liebe fehlt. Heilen ist, diese Liebe in dir selbst zu finden und sie in den Menschen und Wesen zu aktivieren, die der Heilung bedürfen und dafür bereit sind. Denn… jeder Mangel, sei es im äußeren Leben, sei es im seelischen Erleben, sei es im physischen Körper, ist nur ein Ausdruck der fehlenden Liebe. Heilung ist nur ein anderer Name für bedingungslose, urteilsfreie Liebe. Diese Liebe wiederum ist nur ein anderer Name für die Ursubstanz der Quelle selbst.

Mit diesem Zitat aus der Sananda-Einweihung im Buch „Ancient-Master-Healing", freuen wir uns von Herzen, Ihnen dieses Buch von Uwe Frantzen in Ihre Hand und vor allem an Ihr Herz legen zu dürfen. Es ist das Buch eines Heilers, der aus tiefer Liebe heraus Menschen, Tieren und Mutter Erde Heilung schenkt.

Was ist ein Heiler, eine Heilerin? Ein Heiler ist ein hoch spiritueller Mensch, der bereits viele Transformations-prozesse durchlaufen hat, in sich selbst sehr vieles erlöst und befreit, und die universelle Liebe in sich selbst gefunden hat. Es ist ein Mensch, der in tiefer Liebe, und Rückbindung an die Quelle allen Seins, aus der universellen Schöpferkraft Kanal für die Energie ist, die alles erschafft, alles transformiert, alles, was ins Ungleichgewicht gelangt ist, wieder in die vollkommene schöpferische Ordnung zurück transformieren kann.

Ein Heiler ist Channel der höchsten Ebenen der Schöpferkraft und befähigt, diese Energien an andere Menschen, Tiere, Pflanzen weiter zu geben, wenn diese dazu bereit sind in sich selbst heil und gesund zu werden.

Dieses Buch: Das Licht aus der Mitte des Herzens, hat jede und jeden in unserem Verlag, die im Vorfeld damit in Berührung kamen, von der ersten bis zur letzten Zeile begeistert. Die Erfahrungen, die Uwe Frantzen in diesem Buch schildert, grenzen nicht nur an Wunder. Es sind tatsächliche Wunder. Ja es gibt Wunder auf dieser Erde. Heilungen, die aufgrund einer Geistlichtreise erfolgen, sind wahre Wunder in einer wundervollen Zeit.

Der Begriff „Gott", der in diesem Buch sehr häufig verwendet wird, findet ebenfalls endlich Heilung. Lady Gaia schrieb in ihrem Buch, dass wir diesen Begriff heilen müssen, weil erst dann die wirkliche Schwingung erfahrbar wird. Gott ist nicht der alte Mann aus der Bibel, der willkürlich lobt oder straft. Gott ist schon gar nicht rein männlich. Gott ist die universelle Schöpferkraft, die vollkommene Symbiose von weiblicher und männlicher Energie. Yin und Yang in vollkommenem Einklang, Göttin und Gott zugleich, ist Energie in vollkommener Symbiose, die Quelle allen Seins. Diese Energie begleitet ihn immer, wenn Uwe Frantzen auf eine Geistlichtreise geht. Diese Kraft kann alles heilen, was geheilt werden will und darf.

Ich bin Uwe von ganzem Herzen dankbar, denn er hat in zwei Lichtreisen zuerst unsere Hündin von ihrer Hüftdysplasie befreit und meinem Mann geholfen, der zum ersten Mal in seinem Leben tief und frei atmen kann. Für uns ist das mehr als ein Wunder. Für uns ist das Heilung auf allen Ebenen des Seins. Wir sagen in tiefer Demut Danke. Demut ist eine göttliche Fähigkeit und wird leider sehr oft verwechselt mit vor jemandem buckeln. Nein Demut ist Hingabe an das große Ganze, Hingabe an Ich bin du und du bist ich, an das Ich bin das Ich bin.

Lassen Sie sich auf ein Wunder in Ihrem Leben ein, wenn Sie sich in diesem Buch – Das Licht aus der Mitte des Herzens – von einem wundervollen Heiler erschaffen, in Ihrem Herzen berühren lassen und erkennen: Wunder sind möglich. Wunder sind Wirklichkeit. Wunder können in Ihrem Leben erwachen und Sie rundum heil sein lassen.

Mit tiefer Freude im Herzen, grüße ich Sie aus meinem Herzen und wünsche Ihnen wundervolle Stunden und Heilung auf allen Ebenen Ihres Seins.

Eva-Maria Ammon

Wunder gibt es immer wieder...

Seit meiner frühesten Kindheit lebte ich mit Allergien, Heuschnupfen, Atemnot und chronischem Asthma. Ich änderte meine Ernährungsweise und arbeitete meine seelischen Prägungen mit therapeutischer Hilfe auf. Ich hatte meine „Krankheit" im Griff, wie es so schön heißt, nur das Kortison blieb mein Rettungsanker.

Nach einer Lichtreise mit Uwe Frantzen veränderte sich alles. Ich konnte endlich frei und tief atmen. Ein Wunder hatte sich eingestellt. Obwohl ich mich völlig gesund fühlte, wollte ich meine Selbstdiagnose offiziell bestätigt wissen. Daher suchte ich meinen Hausarzt auf. Mein Lungenfunktionstest bestätigte meine Heilung. Meine Werte sind besser, als die eines „normal gesunden" Menschen. Aus zuvor 60% Lungenvolumen wurden 85%. Der Normalwert liegt bei 78%.

Ich bin von Herzen dankbar. Andere mögen von einem Wunder sprechen. Das neue Buch „Das Licht aus der Mitte des Herzens" berichtet von zahlreichen und teilweise sehr erstaunlichen Reisen zu Menschen, die durch eine Geistlichtreise wundersame Wandlungen in ihrem Leben erfahren haben.

„Ich bin ein Mittler und eine Brücke zwischen den Heilsuchenden und der göttlichen Energie. Als Kanal stärke ich das Vertrauen der Menschen in ihre Selbstheilung und in die göttliche Kraft." sagt Uwe Frantzen.

Was wir als wundersam wahrnehmen, ist auch immer ein Ausdruck unseres Zeitgeschehens.

Während in der Urzeit Wetterleuchten, Einhörner oder Drachen in ihrer Erscheinung als Wunder galten, sind heute Ufo-Erscheinungen, Kornkreise oder auch die wunderbare Rettung von Verschütteten die neuen Wunder unserer Zeit. Das Wort Wunder beschreibt die Grenzen unseres Erklärungsvermögens, Begreifens und Wissens. Besonders die moderne Quantenphysik und Quantenmedizin machen uns deutlich, das Leben und Sein gehen über die Grenzen unserer Vernunft weit hinaus.

In den 80iger Jahren lernte ich asiatische Heiler kennen die vermeintlich „operierten". Daskalos aus Zypern war der Inbegriff dafür Unsichtbares zu verändern, zu heilen. Vollbrachten diese Menschen Wunder?

Der Arzt Rüder Dahlke und der Therapeut Thorwald Dethlefsen haben in den 90er Jahren wegweisend und deutlich analysiert, dass die eigene Psyche, die eigene Lebensgeschichte, die persönliche Seelensituation, einen wesentlichen Einfluss auf unser jeweiliges Krankheitsbild haben. „Krankheit als Weg" war Ihre Erkenntnis.

Dieses Buch, dass Sie gerade in Ihren Händen halten, „Das Licht aus der Mitte des Herzens", verbindet diese Erkenntnisse zu einer selbstverantwortlichen Einheit für jede und jeden von uns.

„Wer heilt hat Recht" ist hier keine Phrase oder esoterische Spinnerei. Uwe Frantzen schildert seine engagierte Arbeit aus seinem Herzen und ermutigt jede Leserin, jeden Leser, das eigene Leben aktiv und selbstverantwortlich zu gestalten für ein wundervolles Leben.

Und wie sang Katja Ebstein so treffend? „Wunder gibt es immer wieder, wenn sie dir begegnen, musst du sie auch sehen - oder passender Weise... musst du sie auch lesen!

Ich war so tief begeistert, dass ich das komplette Manuskript ohne Unterbrechung regelrecht verschlungen habe. Dieses Herzensgefühl möchte ich gerne mit ihnen teilen.

Thomas Ammon

Erklärende Worte vorab

Alle Namen von Personen, das Alter, die Handlungsorte und die Berufe wurden zum Schutz der erwähnten Personen verändert. Ähnlichkeiten mit lebenden und verstorbenen Personen sind rein zufällig und nicht beabsichtigt.

Im vorliegenden Buch finden Sie sehr oft das Wort Gott. An dieser Stelle möchte ich zunächst meine Wahrnehmung von Gott deutlich machen, damit nicht gleich jemand abgeschreckt ist aus dem, was der Begriff Gott an Empfindungen hervorrufen kann. Ich definiere Gott aus meinem feinstofflichen Verständnis als göttliche Urquelle, also eine nicht personifizierte Lichtenergie, die alles in sich harmonisch vereint. Das heißt, sowohl die männliche wie auch die weibliche Energie. Unter Gott verstehe ich eine gütige Lichtenergie des Verzeihens. Gott ist nicht mit dem Verstand zu erklären, sondern nur ein Begriff, der die göttliche Quelle umfasst. Der Einfachheit halber bezeichne ich diese göttliche Quelle im Buch als Gott, um nicht an jeder Textstelle beide Bedeutungen aufzählen zu müssen wie Gott und Göttin, was nach meinem Empfinden den Lesefluss stören würde.

Man entdeckt keinen neuen Kontinent, ohne den Mut zu haben, alle Küsten aus den Augen zu verlieren.

André Gide

Vorwort

Seit vielen Jahren habe ich mich mit unterschiedlichen esoterischen Themen, mit Meditation, Astrologie und Menschenkenntnis beschäftigt. In den letzten Jahren öffnete sich ein großes Tor, das mich in einem sehr intensiven Einweihungsprozess in das reine Bewusstsein geführt hat.

Die Essenz meines neuen Buches führt Sie lieber Leser, liebe Leserin in die vielen Lebensbereiche hinein, die uns Menschen im Herzen bewegen. Hier werden in spannender, herzöffnender und lichtvoller Weise aus der Mitte des Herzens die Inhalte und Erlebnisse des Geistlichtreisens geschildert. Heilung von Körper, Seele und Geist erfolgt durch bedingungslose Liebe, Lichtschwingung und Empathie. Ebenso erfahren und erkennen Sie in einfühlsamer Form den lichtvollen Weg in unser wahres Bewusstsein.

Sie werden in diesem Buch von Erfahrungen lesen, die jenseits unserer Vorstellungen sind, die dennoch stets um uns herum existieren. Dieses Buch ist ein Buch der Verwandlung und Veränderung, ein Buch der Transformation. Es ist der Schlüssel in eine Welt, deren Energien und Schwingungen Sie in Ihre Herzensliebe bringen und damit Ihr Leben verändern können. Es ist das Zeitalter des neuen Bewusstseins, das über den Schatz in unserem Herzen erfahren werden darf. Dieser

Schatz ist ein lichtvoller Kristall, der uns im Inneren Gott finden lässt. Er ist der Lichtkristall der bedingungslosen und allumfassenden Liebe, die uns Schöpfer sein lässt. Es ist das Licht aus der Mitte unseres Herzens.

Alles im Universum ist Schwingung. Die Liebe ist eine ausgleichende Energie, nach der sich das gesamte Universum ordnet, da alles auf Harmonie und Ausgleich ausgelegt ist. Wenn wir Liebe und Harmonie leben, verstärken wir sie im gesamten Universum.

Eine Freundin schrieb mir: *„Manchmal wissen wir, dass das Leben sich ganz leicht anfühlt, dann wieder sind Berge zu erklimmen, und wenn wir es uns zutrauen, stehen wir nach vielen Mühen oben, schauen uns um, und spüren tiefe Liebe in uns, Nähe zu Gott, solch eine Liebe, die wir nicht für möglich hielten. Alles Schwere ist vergessen, nur noch Glück, Stille, Frieden und so viel unerschöpfliche Liebe. Da weitet sich unser Bewusstsein. Mit dem Verstand ist es nicht mehr zu verstehen, das kann nur unser Herz fühlen, und wenn es überläuft, weinen wir vor Glück."*

Ich habe dieses Buch in tiefer Freude geschrieben, um Ihnen die Transformation der Liebe spürbar und erklärbar zu machen. Es ist ein Buch der neuen Zeit, die aus der Liebe heraus erschafft. Die Inhalte des Buches sind ein wahres Geschenk an Sie, denn Sie werden erfahren, wer und was Sie in Wirklichkeit sind. Öffnen Sie dieses Geschenk, und Sie werden das Licht aus der Mitte Ihres Herzens finden.

Uwe Frantzen, Oktober 2011

Wenn aus einem Samenkorn eine Blume wird, ist es ein langer Weg.
Weiß das Samenkorn, was in ihm zu blühen bereit ist?

Wenn wir in der Mitte unseres Herzens angelangt sind,
wissen wir, was unser Herz zu schenken bereit ist?

Auf dem Weg dorthin erfahren wir,

wie stark,
wie groß,
wie machtvoll,
wie unendlich reich
wir sind.

Es ist nur ein Schritt – wenn wir uns dem Traum nähern,
der unsere Wirklichkeit werden darf,
schauen wir in die vielen Lichter des Himmels

unter mir,
über mir,
neben mir,
mit mir.

Seit Äonen wandern wir durch unsere Leben,
geborgen in der tiefsten Herzensliebe Gottes,
dem ICH-BIN in Gott.

Diese unsere Leben bestehen aus so unendlich vielen Träumen,
wie es Blüten unter dem Himmel,
wie es Tropfen in den Ozeanen gibt,
dass wir uns manchmal gar nicht trauen,
genau hinzuschauen

auf diese unendliche Vielfalt,
auf diese unendliche Liebe,
auf dieses unendliche Vertrauen,

welches wir in uns entwickeln dürfen,
wenn aus einem Samenkorn
eine helle, leuchtende Blume wird.

Margarete Klein, August 2010

Das wahre Licht ist das Licht, das aus dem Innern der menschlichen Seele hervorbricht, das den Anderen das Geheimnis seiner Seele offenbart und Andere glücklich macht, so dass sie singen im Namen des Geistes.
Khalil Gibran

Einleitung

Seien Sie bitte vorsichtig, liebe Leserin und lieber Leser! Es könnte sein, dass Sie bei der Lektüre dieses Buches an eine vollkommen andere Sichtweise Ihres bisherigen Lebens gelangen, da hier Tore in neue Welten weit geöffnet werden.

Was hat Sie bewogen, dieses Buch lesen zu wollen? Wie sind Sie auf dieses Buch aufmerksam geworden? Haben Sie vielleicht das Gefühl, geführt worden zu sein, wenn Sie darüber nachdenken?

Die Tatsache, dass Sie dieses Buch lesen, zeigt, dass Sie bereit sind für erstaunlich Neues, bislang Unerklärliches, das Sie vielleicht nur aus Ihren Träumen kennen. Sie erweitern Ihr Bewusstsein, das Bewusstsein Ihres Herzens. Sie werden von Dingen erfahren, die jenseits unserer Vorstellungen liegen, die dennoch stets um uns herum existieren, auch wenn wir sie nicht immer bemerken. Sie sind bereit für die Erkenntnisprozesse und Lernprozesse, Ihr Leben unabhängig zu machen von äußeren Dingen. Dieses Buch ist der Schlüssel dazu.

Dieses Buch ist ein Buch der Verwandlung und der Veränderung, ein Buch der Transformation.

Es ist ein Buch, dessen Energien und Schwingungen Ihr Leben verändern können, wenn Sie sich darauf einlassen. Sie werden sich darauf einlassen. Sie können gar nicht anders, weil es geführt ist von einer Kraft in uns und gleichzeitig außerhalb von uns.

Haben Sie den Mut, den Inhalt dieses Buch in Ihr Herz zu schließen. Sie erfahren in Ihrem Leben einen neuen tieferen Sinn, wenn Sie es für sich annehmen können.

Dabei ist alles freiwillig und in Freiheit zu betrachten. Es gibt keine dogmatischen Hinweise in diesem Buch. Alles ist in eigener Freiheit und Verantwortung zu sehen, denn es ist nicht mehr die Zeit, die uns in einengende Regeln bringt. Diese Zeit fordert uns auf, in Liebe zu uns selbst und in Eigenbestimmung die eigenen Erkenntnisse von Spiritualität zu erfahren und zu fühlen.

Alle alten Schriften, die Wahrnehmungen und Regeln alter spiritueller Meister haben für eine bestimmte Zeit einen Sinn gehabt. Doch wir Menschen haben uns weiterentwickelt. Wir sind in der fließenden Phase einer vollkommen anderen Wahrnehmung, die wir durch die Veränderungen des Erdmagnetfeldes erkennen und in uns wirken lassen dürfen.

Die lichtvolle geistige Welt macht niemals Vorschriften. Die Entscheidungen bleiben immer uns selbst überlassen. Wenn jemand versucht, Ihnen Vorschriften zu machen, seien Sie achtsam! Wie heißt es so schön? „Nichts muss, alles kann…"

Dabei lesen Sie gerade ein hoch spirituelles Buch, vollkommen frei von Verkrampfungen und einem „Ich-Muss". Sie finden hier ein Buch der Leichtigkeit, der Freude, des Wohlfühlens, des Erkennens und des inneren Wissens, ein Buch der allumfassenden und bedingungslosen Liebe.

„Geht das?" werden Sie fragen. Ja, es geht!

Der lichtvolle Weg in Ihr erweitertes Bewusstsein findet spielerisch statt, leicht, unkompliziert, da Sie dabei nicht denken müssen. Auch müssen Sie nichts wollen, um etwas zu erfahren oder zu erkennen. Es geschieht automatisch mit dem Lesen des Inhaltes, ganz einfach, so als würden Sie unbewusst Autofahren. Da kennen Sie auch alle Abläufe wie Gas geben, bremsen, lenken. Das geschieht unbewusst wie viele Handlungen, die in unserem Gehirn mit hoher Geschwindigkeit durch unser sogenanntes Unterbewusstsein ablaufen.

Es gibt in unserem Leben zahlreiche unbewusste Abläufe, die durch unser Gehirn gespeichert und abgerufen werden, ohne, dass es uns auffällt. Es ist wie eine Selbstorganisation des Gehirns, so dass wir es automatisch geschehen lassen, einfach so.

Sie werden liebevoll geführt in diesem Buch, nein, nicht von mir, sondern von… Lassen Sie sich überraschen!

Novalis hat einmal den Satz geprägt: „Das Herz ist der Schlüssel der Welt und des Lebens."

Die Tiefe dieses Satzes kann der menschliche Verstand kaum nachvollziehen. Sie ist nur durch die Erkenntnisse aus dem Herzen erfahr- und erklärbar. Wenn es einen Schlüssel für die Welt und für das Leben gibt, dann gilt es, diesen Schlüssel ins Herz zu finden.

Das Herz verstehe ich nicht nur als einen Muskel, der pro Schlag 70 ml Blut in die Aorta befördert.

Es ist auch das Symbol für die Liebe.

Liebe ist alles – alles ist Liebe!

Ich schreibe dieses Buch aus einem einfachen Grund: ich möchte mit Ihnen ein Geheimnis teilen, das möglicherweise beim Lesen Verwunderung in Ihnen auslösen wird. Die Ereignisse, die ich zu Papier bringe, entsprechen in vollem Umfang der Wahrheit, sie haben sich wirklich so ereignet.

In diesem Buch möchte ich von Erfahrungen berichten, die ich selbst gemacht habe, die für mich an Wunder grenzen. Diese Erfahrungen sind so tiefgreifend, dass sie mein ganzes Leben vollkommen verändert haben, meinem Leben einen tieferen Sinn gegeben haben mit der Erkenntnis, den Grund meines Seins auf der Erde zu erfassen.

Es gibt Menschen, die in der Lage sind, den feinstofflichen Teil ihres Körpers zu beherrschen und zu steuern. Er ist wie eine Kopie des materiellen biologischen Körpers, aus allen Organen, auch den Sinnesorganen, wie etwa den Augen, nur submateriell. Dabei können diese Menschen ihren feinstofflichen Körper an einen x-beliebigen Ort versetzen und dort Erkundungen machen. Dies ist nicht etwa ein Traum, denn diese Menschen erhalten dort reale Informationen.

Offenbar habe ich diese Gabe mit in diese Welt gebracht. Es ist mir möglich, aus meinem materiellen Körper auszutreten. Ich habe die Fähigkeit in meiner liebevollen Verschmelzung mit höchsten Lichtwesen in

Quantengeschwindigkeit an alle Orte, in alle Dimensionen, alle Zeiten und Universen zu „*reisen*".

Bereits als Kleinkind konnte ich Geistwesen sehen, so wie viele kleine Kinder dazu in der Lage sind. Doch wie das so ist, die sogenannte Realität der Eltern holt oftmals sehr schnell die Kinder auf den „*Boden der Tatsachen*" zurück. Viele Kinder übernehmen dann die Haltung der Eltern, dass es keine Geister gibt. Damit sind das Verdrängen und das Vergessen der frühkindlichen Wahrnehmungen vorprogrammiert. So war das auch in meinem Fall. Als Kind sah ich Wesenheiten, die sich in meinem Umfeld aufhielten.

Diese manchmal seltsamen Wesen kamen und gingen. Sie waren mir oft Begleiter in meinem Leben. Es war offensichtlich ein Kanal geöffnet, der mir diese „*Sichtweise*" ermöglichte.

Zum Beispiel lag ich eines Abends in meinem Kinderbettchen, ich muss so um die zwei Jahre alt gewesen sein. Meine Eltern und ich bewohnten eine Dachgeschoßwohnung. Ich hatte ein eigenes, großes Kinderzimmer und kann mich an diese Situation noch sehr gut erinnern.

Das Fenster war weit geöffnet, es war eine laue Vollmondnacht. Ich lag wach in meinem Bett, das an einer Wand stand, die den Blick zum Fenster freigab und tat das, was viele Kinder tun, wenn sie Langeweile haben. Ich zog mit großer Begeisterung Tapetenstückchen von der Wand ab. Dabei schaute ich mir die in den 50er Jahren üblichen Walt Disney Figuren an, um dann weiter die Tapete von der Wand zu holen. Dies war auch eine für mich geeignete Möglichkeit, meine Angst vor der Dunkelheit in dem großen Raum zu besänftigen, in dem ich mich über das Tapetenziehen ablenken konnte. Plötzlich stutzte ich!

Ein Wesen stieg durch das Fenster mit einem keckernden Gelächter. Es war eine Art Zwerg, bunt gekleidet mit einer grünen Weste und einem spitzen Hut auf dem Kopf. Er gelangte mit wenigen Sätzen an mein Bett, um dann über die Bettumrandung, die als Schutz hochgeklappt war, auf meinen Bauch zu springen.

Ich war total erschrocken und schrie aus Leibeskräften, doch meine Eltern waren nicht zu Hause. Das Wesen schaute mich mit listigen, schmalen Augen an und begann dann meinen Bauch zu kitzeln. Es lachte, was das Zeug hielt und rief dann mit einer krächzenden Stimme: *„Du wirst noch viel in deinem Leben erfahren von mir und meinesgleichen."* Dabei versuchte ich natürlich, diesen Zwerg, der auf meinem Körper saß, abzuwehren, doch es gelang nicht. Er kitzelte mich die ganze Zeit, und ich lag in den Kissen, konnte ihn nicht loswerden.

Plötzlich hörte er damit auf, sprang wieder auf die Fensterbank, schaute sich noch einmal um und meinte: *„Du wirst mich niemals vergessen."* Damit sprang er aus dem Fenster und war verschwunden. Der Schreck in mir war so groß, dass ich lange brauchte, um einzuschlafen. Wie Sie lesen, habe ich diesen Zwerg auch wirklich nicht vergessen, er sollte Recht behalten.

Später, als erwachsener junger Mann, verblassten diese verschiedenen Erscheinungen, hielten sich im Hintergrund, ich nahm sie schließlich einfach nicht mehr wahr. Meine Gabe schien vergessen und verdrängt zu sein!

Im Verlauf meines Lebens war es für meine Frau Inge und mich bedeutsam und wichtig, unsere spirituelle Seite im Leben zu leben und zu entwickeln. Wir interessierten uns für viele verschiedene Bereiche der Spiritualität. Dadurch waren wir auch offen für Neues, immer auf der Suche nach dem Grund unseres Seins hier auf der Erde.

So war es auch an einem verregneten Tag im April 1980. Dieser Tag sollte bedeutsam werden, denn er erinnerte mich an eine längst verschüttete Fähigkeit. Über eine Bekannte hatte ich von einem Engelmedium erfahren, einer Frau, die in Holland lebte. Sie war in der Lage, Informationen aus Vorleben über ihre Verbindung zu Engelwesen und zur geistigen Welt zu erfahren. Irgendwie reizte mich der Gedanke, diese Frau zu besuchen. Es war eine Art innerer Fügung und Führung. Es war auch recht einfach, Kontakt zu Ihr aufzunehmen. Wir vereinbarten telefonisch einen Beratungstermin.

Neugierig und recht aufgeregt fuhr ich kurze Zeit später in das beschauliche holländische Städtchen und fand schließlich die Adresse in einer ruhigen Straße. Hier wohnte das Medium in einem mit grauen Steinklinkern versehenen Haus. Was würde mich hier erwarten? - Ich klingelte.

Eine Frau in dunkler Kleidung, ca. 35 Jahre alt, öffnete die Tür. Ihr Gesicht war umrahmt von mittellangen, dunkelbraunen Haaren. Sie hatte große Augen, lächelte freundlich und sagte in leicht holländischem Akzent: *„Sie müssen Herr Frantzen sein, herzlich willkommen. Bitte kommen Sie herein."* Ich folgte ihr über eine schmale Holztreppe in den ersten Stock. Oben angekommen betraten wir das Innere ihrer gemütlich eingerichteten Wohnung. Sie kennen das sicher, wenn es mulmig aus dem Bauch heraufsteigt, dieses wachsame Gefühl der Ungewissheit. Was würde mich hier erwarten?

In dem kleinen Raum standen zwei Stühle, ein Tisch und ein kleiner Schrank. Ein schöner Strauß Blumen und eine Kerze schmückten den Salontisch. Sie setzte sich auf einen der Stühle und bot mir Platz auf dem gegenüberstehenden Sitzmöbel an. *„Wie geht es Ihnen? Sie wirken unruhig und nervös"*, sagte sie. *„Ja, das bin ich, weil ich nicht weiß, was mich hier erwartet."*

„Bleiben Sie ganz ruhig, Ihnen wird nichts geschehen. Sie erfahren lediglich einige Dinge, die Sie vergessen haben. Seien Sie sicher, dass Sie nicht zufällig hier sitzen. Sie wurden geführt. Sie werden es sehen." Wir redeten eine halbe Stunde über dies und das. Dabei nippte ich immer wieder an einem Glas Wasser.

Die Frau steckte sich ein kleines Mikrofon an das Revers ihrer Bluse und schaltete einen Kassettenrecorder ein. *„Ich nehme alles auf, was ich hier erkenne und Ihnen mitteilen darf. Dann können Sie zuhause die Informationen noch einmal anhören."*

„Gute Idee", dachte ich. Diese Idee sollte ich viele Jahre später wieder aufgreifen dürfen.

„Wir können uns duzen, wenn du einverstanden bist", bot sie an, *„ich heiße Marietta."*

„Ich heiße Uwe."

„Das weiß ich", lachte sie. *„Was machst du beruflich?"* Sie erfuhr, dass ich als Bankkaufmann arbeitete, obwohl dies niemals mein ersehnter Beruf gewesen war. *„Aha"*, sagte sie. *„So, es geht nun los mit der Sitzung. Sage immer wieder einmal deinen Vornamen und dein Geburtsdatum."*

Ich tat es, und sie begann mit geschlossenen Augen, mein Leben aufzurollen. Sie erzählte mir Dinge aus meinem Leben, die nur ich wissen konnte, viele Details aus meiner Kindheit, meiner Jugend. Ich war vollkommen verblüfft über die faszinierenden Aussagen, die mein Leben anschaulich aufzeigten. Dabei wurden die Hinweise so konkret, dass ich auch die Hintergründe für die vielen Ereignisse in meiner Kindheit erkennen durfte. Es war wirklich spannend, zumal sie auch von Geistwesen erzählte, die bei mir seien, um mich zu beschützen. Es seien Engel.

Irgendwann im Verlauf der *„Sitzung"* sagte sie zu mir mit einem schelmischen Lächeln: *„Du hast ganz besondere Fähigkeiten, Dinge zu „sehen". Wir machen jetzt einen Test, wenn du magst."*

„Wir sollten das lieber lassen", lehnte ich ab. Ich schaute Marietta skeptisch an. Irgendwie macht mir das Ganze Angst, ich selbst kann so etwas bestimmt nicht. *„Es wird*

dir nichts geschehen. Es ist ein ganz einfacher Versuch. Also, machst du mit?" Verhalten stimmte ich zu.

„Uwe, schließe deine Augen und denke intensiv an mich. Konzentriere dich auf die Bilder, die in dir aufsteigen und sage mir, was ich für meine Zukunft geplant habe." Ich folgte ihrer Aufforderung und konzentrierte mich intensiv auf die vor mir sitzende Frau. Es dauerte eine geraume Zeit. Plötzlich sah ich Bilder vor meinem inneren Auge! *„Ich erkenne eine Wüstenlandschaft, Palmen, Sanddünen. Mir wird ganz heiß, ich fühle den heißen Wind in meinem Gesicht, spüre Sand unter meinen Füßen."* Ich war vollkommen fasziniert! *„Da, ich... sehe... noch mehr: es sieht aus wie eine Karawane, die Luft flimmert wie Wellen, im Hintergrund taucht eine orientalische Stadt auf."*

„Komme ganz langsam wieder zurück. Atme tief ein und aus. Nun kannst du deine Augen wieder öffnen", lachte mich Marietta mit großer Freude in ihrer sanften Stimme an. Allmählich kam ich zu mir und schaute in Ihr freundliches Gesicht. *„Siehst du, ich wusste, dass du es kannst. Du hast Dinge gesehen, die du gar nicht wissen kannst, hast dich geöffnet für die Bilder, die in dir aufgestiegen sind. Du hast es richtig gesehen: ich werde in wenigen Wochen nach Marokko umziehen und dort heiraten. Mein neuer Lebensort ist dort. Nach Holland werde ich nicht mehr zurückkehren."*

Ich schluckte. So etwas hätte ich im Traum nicht gedacht. Mit Begeisterung im Herzen verabschiedete ich mich von Marietta, die ich nie mehr wiedersehen würde, und fuhr wieder heim.

Allerdings habe ich diese Fähigkeit, die ich offensichtlich besaß, für sehr lange Zeit nach dem Besuch bei Marietta wieder vergessen und nicht weiter beachtet. Das sollte sich jedoch in meinem Leben noch sehr stark ändern!

Eine Erkenntnis aus der Quantenphysik ist die, dass bereits alles vorhanden ist, alles bereit liegt, alles bereits geschehen ist, bevor wir es hier dreidimensional erleben. Daher ist auch dieses Buch bereits geschrieben. Es existiert bereits vollständig in einer anderen Ebene des Seins, es ist vorhanden. Ich stelle mich also auf die Schwingung der höchsten Lichtwesen ein, die das Buch fertiggestellt haben.

Es ist so, als würde ich den Sender eines Radios auf die Frequenz des bereits „geschriebenen" Buches einstellen, um so über die Lichtsprache der geistigen Welt die Worte zu empfangen, und diese dann in unsere Sprache übersetzen. Dabei hat sich in vielen Rückmeldungen zahlreicher Menschen immer wieder gezeigt, dass sich die Schwingungen der hohen Lichtwesen in meinen Worten wiederfinden, egal, ob sie gesprochen oder geschrieben werden.

Mich haben viele Menschen ermuntert, dieses Buch zu schreiben. Es ist so wichtig, dem Licht des Herzens Nahrung zu geben, damit noch viel mehr Menschen diese Kraft, diese Energie, diese wundervolle Liebe zu den höchsten Lichtwesen spüren und damit Zugang zum Allerhöchsten finden dürfen.

Seit der Anfangszeit des Reisens mit meinem fein-stofflichen Körper hat sich in meiner Entwicklung sehr viel ereignet. Es folgten gigantische Einweihungen durch die Gnade der Lichtwesen. Hätte ich dieses Buch vor einem Jahr geschrieben, es hätte nicht die Tiefe und diese spürbare Liebe entwickeln können, die ich nun immer mehr erfahren darf, und in die ich Sie, lieber Leser, liebe Leserin nun tiefer und tiefer hineinführen darf.

Folglich spüren auch Sie diese lichtvolle Energie, die aus den Worten strömt, diese Schwingungen der Worte, die mir von den hohen Lichtwesen in mein Herz, meinen Verstand und in meine Hände gelegt werden. Dieses Buch kann der Schlüssel für Sie sein, der Ihr Herz von innen her öffnet für die Realität der Liebe, in der wir in jeder Sekunde alles neu erschaffen können. Die lichtvolle geistige Welt ist unser hilfreicher Begleiter auf diesem Weg der Herzenserkenntnis, die unser gesamtes Leben verändern, und einen neuen, tiefen Sinn geben kann.

Wie geschieht das alles?

Lesen Sie dieses Buch mit den „Augen" Ihres Herzens. Sie werden es spüren und erfassen.

Lassen Sie sich entführen in die Welt jenseits unserer dreidimensionalen Wahrnehmungen.

Mit diesem Buch halten Sie den Schlüssel in Ihr Herz und zur Erweiterung Ihres wahren Bewusstseins in Ihren Händen.

Nehmen Sie dieses Werk als Ratgeber oder als Wegweiser für eine neue Zeit, die schon längst angebrochen ist. Sie werden sich vielleicht in einigen geschilderten Ereignissen wiederfinden, und Sie werden mit Leichtigkeit die spannenden und informativen Inhalte und Schwingungen aus der Mitte Ihres Herzens aufnehmen.

Wahres Mitgefühl ist immer stark,
und die wahrhaft Starken
sind voller Zärtlichkeit.
Krishnamurti

Der Beginn aller Möglichkeiten

Der indische Politiker, Philosoph und Yogi Sri Aurobindo hat einmal gesagt:
Das Bewusstwerden der Unmöglichkeit ist der Beginn aller Möglichkeiten.

Wenn ich es genau betrachte, dann ist diese Erkenntnis genau der Hintergrund, mit dem ich lernen durfte, aus dem unbewussten Dornröschenschlaf in das höhere Bewusstsein zu gelangen. Irgendwann im Leben, und viele von Ihnen kennen das ebenfalls, möchten wir den wirklichen Sinn in unserem Leben wissen, möchten wir Dinge tun, die uns ein befriedigendes Ausgefüllt-Sein im Alltag erleben lassen.

Die wenigsten Menschen sitzen auf einem hohen Berg in Tibet oder in einer Mönchszelle und meditieren über Gott und die Welt. Nein, die meisten von uns sind eingebunden in ein oftmals stressreiches Leben voller Unwägbarkeiten des Alltags, den Ängsten und dem Mut, dieses Leben in aller Hektik des täglichen Ablaufs anzunehmen und zu bewältigen. Unser Prozess des spirituellen Erwachens findet im Alltag statt!

Dabei sind es sehr oft die Frauen, die eine enorme Kraft aufbringen, sich in den vielen Rollen wiederzufinden als Ehefrau oder Partnerin, als Mutter für die Kinder, als Hausfrau, die alles richtet, damit der reibungslose Ablauf für die Familie gewährleistet ist. Zudem sind viele Frauen noch beruflich engagiert, um die Familienkasse aufzubessern.

Männer sind nicht oft weit entfernt vom Stand der Evolution mit „Fell und Keule", wobei die Mammuts heute anders aussehen als zu Zeiten der Neandertaler, wenn sie der täglichen Jagd im stressreichen Beruf nachkommen mit allen Ängsten vor grundlegenden existenziellen Fragen. *„Wie lange darf ich meine Arbeitsstelle behalten und meinen Beruf ausüben? Wie viel mehr muss ich noch leisten? Ist es genug?"* „Schaffe ich es, den Anforderungen gerecht zu werden, die von mir erwartet werden?"*

Nicht selten sind berufstätige Frauen und Männer auch Mobbing-Attacken ausgeliefert, weil der Mensch nicht mehr im Vordergrund steht, sondern das Erreichen von Zielen oder das Profitdenken nach dem Motto *„höher – schneller – weiter",* immer besser zu sein als die anderen. Bisherige gute Leistungen zählen nicht mehr. Der Tanz auf der Rasierklinge ist bereits zum Alltag geworden. Das gilt im Allgemeinen für Chefs, Arbeitnehmer und Arbeiter gleichermaßen. Und die Kinder?

Sie durchlaufen ebenfalls diese Prozesse, da sie dem Leistungsdruck von Familie und Schule ausgesetzt sind. Eine kindgemäße, freie Entwicklung von Werten wie Liebe aus dem Herzen, Nächstenliebe und die

Entwicklung der eigenen Seele werden oft einem *„Du sollst es mal besser haben als wir"* geopfert. Bestimmte Talente werden geopfert und Anlagen werden unterdrückt. Das Leben ist ein ständiges sich Anpassen an gesellschaftliche Werte und Normen. Viele Eltern sind mit den Gegebenheiten überfordert und geben teilweise die Verantwortung an die Lehrer ab, deren pädagogisches Engagement dabei weit überfrachtet wird.

Ist dies alles rein zufällig? Nein! Wir sind deshalb nicht zum meditieren auf einem Berg im Himalaya, weil wir sind hier, um zu lernen und zwar: aus den Erfahrungen im Außen unser Inneres zu erkennen, uns zu verändern und zu transformieren. Letztlich ist es immer wieder die eine Frage: *„Was möchte ich im meinem täglichen Leben umsetzen, um irgendwann einmal auf dem Sterbebett sagen zu können":*

„Ich wurde das, was ich werden konnte. Es war ein wundervolles Leben, ich habe gelebt!"

Dieser – wie ich glaube – natürliche Drang hat mich vor vielen Jahren bewogen, mich mit esoterischen Themen auseinanderzusetzen. Dabei geht es im Wesentlichen um einen inneren Entwicklungsweg. Es geht darum, uns selbst zu erkennen und zu verstehen, wer und was wir sind.

Diese Entwicklung stand damals für mich in einem vermeintlich großen Widerspruch zu meinem Beruf als Bankkaufmann, der in der nüchternen, materiellen Finanzwelt zu Hause war, und doch immer wieder in sich spürte, dass etwas fehlte.

Es war eine Sache, den Menschen bei Geldanlagen zu helfen oder eine Gruppe von Bankmitarbeitern zu führen. Ein anderer Aspekt war jedoch, dass diese Arbeit für mich nach dem damaligen Denkmuster immer „unerträglicher wurde". Damals habe ich noch alles in einer Wahrnehmung von dualem Denken und Verhalten betrachtet. Damit war eine stetige Unzufriedenheit in mir. Immer wieder stellte ich mir die Frage: „Wie kann ich diesen Ballast abwerfen, den ich mir da aufgehalst habe? Wie komme ich aus dem Kreislauf heraus?"

Ja, wie in einem Hamsterlaufrad kam ich mir vor, wollte herausspringen, doch es gelang nicht, weil ich nicht den Mut aufbrachte, meine sogenannte „Existenz" aufs Spiel zu setzen. Es war ja auch schön, monatlich in einer Art „Scheinsicherheit" mein Gehalt zu bekommen, die eine oder andere Annehmlichkeit dadurch zu ermöglichen. Doch letztlich kam in mir die Frage auf, ob nun dies alles in meinem Leben gewesen sein sollte.

Wir alle kennen auf dem Jahrmarkt das „Teufelsrad". Es ist eine sich drehende Scheibe, die um die eigene Achse in der Mitte rotiert. Man steigt auf diese Scheibe und versucht, sich in der Mitte zu halten. Geht man von der Mitte weg, drängen einen die Fliehkräfte von der Scheibe herunter. Nur in der Mitte kann man sich halten.

Nehmen wir dieses Teufelsrad im wahrsten Sinne des Wortes als Beispiel für unser Leben. Wir kommen durch die Mitte der Scheibe in dieses Leben. Dabei haben wir vor der Inkarnation in diese Welt Vereinbarungen getroffen, Dinge zu tun, aus denen wir lernen dürfen. Das Leben mit all seinen Möglichkeiten und den vielen

Baustellen, Abbiegungen und Wegen hat uns dann bis zur Mitte unseres Lebens durch die Fliehkräfte der Ereignisse an den Rand der Scheibe gezogen. Wir haben uns einige Werte geschaffen (Wohnung, Auto, Haus usw.). Meist sind wir in der Lebensmitte am äußeren Rand der Scheibe angelangt, und der Kraftaufwand, alles zu erhalten, wird für uns immer schwerer.

Wie geht es nun weiter?

Halten wir durch und versuchen, uns am Rand der Scheibe fortzubewegen? Versuchen wir im übertragenen Sinne, alles Erreichte unter allen Umständen zu halten und zu mehren? In diesem Fall rennen wir entlang der Scheibe, müssen uns festhalten und enorme Kräfte einsetzen, damit wir nicht herauskatapultiert werden. Es kostet sehr viel Mühe und Anstrengung, sich an diesem Ort aufzuhalten.

Oder versuchen wir, wieder in unsere Mitte zu kommen, Ballast abzuwerfen, damit wir nicht von der Scheibe herunterfallen? Gerade in dieser Lebensphase nennen die Menschen es Midlife-Krise, die häufig gekennzeichnet ist durch Krankheiten im Herz-Kreislauf-System und Herzinfarkten. Das Organ und seine Probleme zeigen schon, wo unser Entwicklungspotential liegt.

Wie erreichen wir es, wieder in die Mitte des Teufelsrads zu gelangen? Ganz einfach: wir halten inne. Es ist wie ein Innehalten aus den Prozessen, die unser Leben gezeichnet hat. Es ist wie ein Stehenbleiben, wie eine innere Zentrierung, den Atem zu verlangsamen, alles um sich herum in Zeitlupe zu betrachten, das Hetzen, die

Schnelligkeit des Alltags, die Beziehungen der Menschen zueinander.

Dabei stellen wir uns in einer ruhigen Minute vor, dass wir stehen bleiben, aus dem Trubel heraustreten, in dem wir ein bis zwei Meter nach hinten treten wie ein äußerer Beobachter. Wir konzentrieren uns auf unsere innere Mitte und sind eins mit einer tiefen Ruhe, die uns durchströmt, eine tiefe, atmende Ruhe wie Ebbe und Flut, in einem Gefühl von Verbundenheit mit einer höheren Existenz.

Es ist wie das Revue-Passieren lassen des bisherigen Lebens, wie Einatmen von frischer, seidiger Luft, einer grünen Frühlingswiese, auf der viele duftende Blumen wachsen. Wir schauen uns unser bisheriges Leben an und erkennen die Ergebnisse unseres Tuns. Wir erfassen deutlich, wohin der Weg uns führen wird, wenn wir stehenbleiben, das Rad anhalten, nur im Hier und Jetzt verharren. Es ist der Weg zurück in die Mitte, aus der wir gekommen sind.

Dieses Rad können wir anhalten und ein neues Tempo selbst bestimmen.

Stellen Sie ein „Stopp-Schild" für das Ego auf!

Es ist gleichzeitig das Schutz-Schild für Ihre Seele, die sich dann gemäß ihrer Bestimmung weiterentwickeln kann.

Ja! Es geht um die Seele, um das Fühlen, nicht um den Verstand. Es geht um das Herz, um das Empfinden von Liebe. Nur mit dem Herzen sieht jeder Mensch gut.

Alle Spielarten unseres Egos haben hier keinen Platz, sind wirkungslos, wenn wir uns selbst anhalten und das Stopp-Schild beachten. Sind wir dann wieder in der Mitte der Scheibe, sind wir in der Geborgenheit, in uns selbst, in der Kraft unseres Herzens und in unserer Liebe.

Heute weiß ich sehr genau, dass all die Lernaufgaben, die ich in verschiedenen Banken erfahren durfte, dazu geführt haben, dass ich das Rad angehalten habe und aus der Matrix ausgestiegen bin. Wie habe ich es geschafft?

Durch absoluten Mut und mein bedingungsloses Vertrauen, von den höchsten Lichtwesen geführt zu sein. Es hatte sich alles einfach ergeben, und ich habe es zugelassen. Es war nicht mühevoll und anstrengend. Es fühlte sich gut an! Das war **d i e** Lösung.

Noch heute bin ich den damaligen Bankdirektoren aus tiefstem Herzen dankbar, dass sie mir durch Widerstände den Weg bereitet haben. So kam ich in die andere Welt des höchsten Lichts und der tiefsten Erkenntnisse, die ein Mensch erhalten und erleben darf.

Wer der Wahrheit zuhört, ist nicht geringer als der,
der die Wahrheit ausspricht.
Khalil Gibran

Wiedererkennen

Ich hatte bereits zuvor immer wieder verschiedene Hinweise auf meine Fähigkeiten erhalten, aus meinem dreidimensionalen Körper aussteigen zu können. Zum ersten Mal wurde das vor einigen Jahren deutlich.

Ich arbeitete damals als Zweigstellenleiter in einer ländlichen Genossenschaftsbank. Eine Kollegin wurde auf meine Geschäftsstelle versetzt. Ihr Name war Nadja Blum. Sie war eine sehr spirituelle Persönlichkeit mit hohem Anspruch an sich selbst, ihren Weg geradlinig zu suchen. Die junge Dame fuhr mehrere Male im Jahr in einen Ashram [1] nach Indien. Sie tat viel Gutes in ihrem Umfeld. Sie war ein Mensch aus der Mitte ihres Herzens.

Als Nadja auffiel, dass auch ich auf meiner Sinnsuche im Leben war, tauschten wir uns über die unterschiedlichsten Dinge aus. So erzählte mir meine damalige Kollegin, dass sie am letzten Wochenende bei einer Heilpraktikerin war, die mit ihr eine Rückführung in ein früheres Leben gemacht hat. Ich wollte mehr von dieser Reise in die Vergangenheit wissen, zumal ich selbst schon einmal so etwas gemacht hatte. Höchst Interessantes erwartete mich. Nadja begann zu erzählen:

---

[1] Klosterähnliches Meditationszentrum. Bedeutung: Ort der Anstrengung

„Ich fand mich in einem früheren Leben in Irland wieder. Irgendwie müssen damals Bräuche wie bei den Kelten geherrscht haben. Ich lebte mit meinem Mann und drei Kindern in einem kleinen Haus, einem Cottage nicht unähnlich. Dort hatte ich ein schreckliches Erlebnis. Und dabei spielst du eine entscheidende Rolle!"

„Ich?" fragte ich Nadja. Ich wollte mehr wissen. *„Ja, du und Nabada!",* antwortete sie. Nabada war Halb-Thailänderin. Nabada arbeitete ebenfalls dort auf meiner Bankfiliale. „Das musst du mir jetzt unbedingt erklären", forderte ich Nadja auf.

„Du warst damals mein Mann und Nabada war eines unserer Kinder. Damals ist ein schrecklicher Unfall passiert, und du hattest ihn verursacht mit schrecklichen Folgen für unsere Tochter!" Plötzlich war ich in ihrem Film. Ich sah, was sich damals zugetragen hatte. Ich bat Nadja, nicht mehr weiterzuerzählen! Sie schaute mich völlig erstaunt an und fragte was los sei. *„Ich sehe klar vor Augen, was sich damals zugetragen hat. Ich erzähle einfach mal weiter, und du sagst mir, ob alles stimmt."*

Nadja war ja schon von mir so allerhand gewöhnt. Daher erzählte ich ihre eigene Rückführungsgeschichte weiter. *„Ja, es stimmt, wir waren damals verheiratet",* begann ich vorsichtig, die aufsteigenden Bilder in Worte zu formen, *„und wir hatten damals wirklich drei Kinder, zwei Töchter und einen Sohn. Ich war zu dieser Zeit so eine Art Schreiner, und wir bewohnten ein kleines Steinhaus direkt an einem reißenden Fluss."* Während ich dies sagte, zeichnete ich auf einem Blatt eine Skizze, auf der das Haus, der Fluss und ein Weg, der parallel zum

Fluss verlief, erkennbar waren. Nadja staunte nicht schlecht und bestätigte, dass sie genau das Gleiche in ihrer Rückführung gesehen habe.

„Ja, und du warst stinksauer auf mich und hast nur noch rumgeschimpft, ich sei an allem Schuld und hätte unsere Tochter auf dem Gewissen. Dabei konnte ich doch gar nichts ändern. Es war alles nur ein schrecklicher Unfall." Irgendwie war ich in diese Szene verstrickt, denn ich spürte auch die Gefühle, die ich damals in dem Leben in Irland empfunden hatte. Seltsam das Ganze…! Nadja forderte mich auf, weiterzuerzählen.

Es war so, dass ich den Pferdewagen (es handelte sich um eine Art großen Leiterwagen, der einen Aufbau aus grob geschälten Baumstämmen besaß) mit Material und Werkzeug beladen hatte. Meine damalige Frau kam aus dem Haus. Ihre langen goldblonden, kräftig gelockten Haare wehten im Wind. Sie hatte unsere drei Kinder bei sich und rief mich. Ich war gerade damit fertig, unseren braunen Hengst vor den Wagen zu spannen. *„Nimm die Kinder mit. Ich habe heute noch viel zu tun, und da kann ich die drei nicht gebrauchen",* sagte sie.

Also lud ich unsere Kinder auf den Wagen, nahm das Pferd an die Zügel und marschierte vorneweg los. Es begann stark zu regnen. Der steinige und matschige Weg, der zudem abschüssig zum Fluss hin war, machte den Weg ins Tal ziemlich gefährlich. Die Kinder saßen oben auf dem Leiterwagen. Sie hatten sich ein Tier-Fell übergezogen, um sich vor den starken Wind- und Regenböen zu schützen."

Meine Bankkollegin Nabada lauschte schon seit Minuten fasziniert meinen Ausführungen. Sie gesellte sich zu uns. Auch sie schien irgendwie von der Geschichte angezogen zu werden. Ich fuhr mit meiner Schilderung der Ereignisse fort.

Durch eine sehr starke Windböe kippte der Wagen um. Die Zügel rissen. Unser Pferd bäumte sich auf und galoppierte vor Angst davon. Der Leiterwagen samt Kindern und Inhalt rutschte sich überschlagend in den Fluss. Zwei der Kinder waren schon älter und konnten sich retten. Doch unser jüngstes Kind versank in den reißenden Wasserfluten. Ohne zu zögern sprang ich in den Fluss, um meine Tochter zu retten.

Da das Drama sich unweit unseres Hauses abspielte, hörte meine Frau die Schreie und kam zum Ort des Geschehens gelaufen. Dabei fiel sie immer wieder auf dem steinigen Weg hin. Ich selbst tauchte nach meiner Tochter und konnte sie fassen. Total erschöpft gelang es mir, sie ans Ufer zu bringen. Ich schob sie über die Uferböschung und stemmte mich selbst hinaus. Ich war damals ein kräftiger Mann um die 30 Jahre mit langen braunen Haaren.

Mittlerweile war meine Frau am Ort des Geschehens angekommen. Sie beugte sich über unsere Tochter, die leblos dalag. Ich drängte meine Frau beiseite, die die beiden anderen weinenden Kinder in den Arm nahm. Ich begann mit Wiederbelebungsversuchen. Nach unendlich langer Zeit gelang es dann endlich, unsere Tochter ins Bewusstsein zurückzuholen.

Sie schlug die Augen auf und spuckte sehr viel Wasser mit einem erstickungsähnlichen Husten aus ihrem Mund. Auch Blut war dabei. Sie kam wieder zu sich, das war eine große Freude. Doch was wir erst später erfuhren, war, dass unsere Tochter seit diesem schlimmen Zwischenfall für immer sprachgestört war und danach geistig zurückblieb. Meine Frau konnte mir nicht mehr verzeihen.

Eine seltsame Stille hatte sich auf die Gemüter in der Bankfiliale gelegt. Es war schon weit nach Dienstschluss, und ich fragte Nadja mit trockener Stimme: *„Hast du das auch in deiner Rückführung gesehen?"* Zu spät sah ich, dass Tränen über ihre Wangen liefen. Das war Bestätigung genug. Auch Nabada war sehr still und schluckte geräuschvoll.

Das für mich sehr einschneidende Erlebnis, mich in Gedanken, Gefühle, sowie in vergangene Dinge anderer Menschen einzuklinken, schien mir seit diesem Abend möglich. Das musste auch ich erst einmal verdauen.

In meiner Zweigstelle arbeitete ein Teil meiner Familie aus einer anderen Inkarnation! - Es gibt einfach keine Zufälle im Leben. Das war für mich die Bewusstwerdung des Unmöglichen und gleichzeitig der Beginn aller Möglichkeiten. Es war die Erkenntnis, die mir vermittelte: Hier geschieht etwas, das jenseits des Vorstellbaren ist.

Ist das alles richtig? Darf das sein? Ist das überhaupt möglich?

All diese Fragen stellte ich mir, es war für mich beinahe unerträglich, diese Erkenntnis auszuhalten: ja, offenbar ist es möglich!

Die Monate vergingen. Die Bankfiliale wurde aus betriebswirtschaftlichen Gründen geschlossen. Nadja wurde entlassen. Nabada konnte auf einer anderen Geschäftsstelle weiterarbeiten. Ich allerdings verließ diese Bank und wechselte zu einem anderen Kreditinstitut. Ich hielt nach wie vor Kontakt zu meinen ehemaligen Kolleginnen.

Nadja lernte einen netten Mann kennen. Die beiden heirateten, und wie das so ist, wurde sie bald schon Mutter. Ihr Töchterchen Lisa war ihr *„Ein und Alles"*, und Nadja genoss ihr trautes Familienglück.

Erster Engelkontakt

Ich selbst spürte aus meinem Herzen heraus, dass ein Schloss entriegelt und eine Türe weit aufgestoßen worden waren. In mir stellte sich allmählich das Gefühl ein, dass es eine andere Realität gibt, die ich bislang in meiner dreidimensionalen Betrachtungsweise verdrängt hatte. Es war mehr als ein Gefühl. Es war ein inneres Wissen, das mich daran erinnerte, offenbar eine gewisse Gabe mitgebracht zu haben.

„Diese Gabe möchte ich weiter entwickeln", dachte ich immer wieder, *„warum sonst kann ich Dinge erkennen, wenn ich sie nicht nutze?"* Ich wollte mich endlich wieder öffnen für all diese Dinge. Ich fühlte es tief in meinem Herzen.

Gottes Wege sind grandios und unerschöpflich, und alles darf zur richtigen Zeit geschehen, wenn wir offen dafür sind, wenn wir entdecken, dass die reine Liebe aus dem Herzen uns öffnet für andere Welten, die den biologischen Augen verborgen sind.

„Wenn es so für mich vorgesehen ist, dass ich in andere Welten schauen darf, dann werde ich mein Bestes geben, mich dieser Sichtweise immer weiter zu öffnen", sagte ich an einem Abend zu meiner Frau Inge. Sie war vollkommen einverstanden, bestärkte mich sogar darin, mich diesem Lichtprozess zu widmen. Gesagt -getan.

Ich stellte eine Kerze auf den Tisch und räucherte mit Stäbchen und Weihrauch, um das Zimmer energetisch zu reinigen. Nur diese eine Kerze beleuchtete den dunklen Raum. Dabei bewegte sich die Flamme immer wieder, wobei kein Windzug dazu Anlass gegeben hätte. Leise Musik im Hintergrund führte mich in eine leichte Schwingung, und ich schaute in das Licht der Kerze. Nach geraumer Zeit sah ich, dass dieses diffuse Kerzenlicht eine Lichtaura um die Flamme bildete. Dabei wurden ringförmige Lichtfarben deutlich, die sich in verschieden-farbigen Lichtkreisen ausdehnten.

„Ich bin hier nicht allein", spürte ich ganz deutlich. Es sind Wesenheiten hier! Ich wandte mich vom Kerzen-schein ab und schloss meine Augen. Sofort spürte und sah ich einige sehr große, strahlende Lichtgestalten, die wie Engel strahlendes Licht in unterschiedlichen Farben ausströmten. Ich sah die wunderschönen Lichtgestalten, die ich seitdem als *„Riesenengel"* bezeichne. Ich ließ mich auf diese Lichtwesen ein, ja vielmehr, ich hatte den

Mut und das Vertrauen, diese Wesen in meinem Umfeld zu akzeptieren.

So vergingen Woche um Woche, Monat um Monat, und die Engelwesen wurden immer mehr. Jedenfalls wurde mir allmählich immer deutlicher gezeigt, dass eines der Wesen mein eigener Schutzengel ist, der in der Lage ist, andere Engel in mein Umfeld zu ziehen, damit sie mit mir in Kontakt treten können.

Anfangs sagten diese Engelwesen nichts. Doch sie waren anwesend und schauten mich liebevoll an. Mit der Zeit begann ich zu fühlen, dass sie einen Zweck und einen Sinn in meinem Leben erfüllen sollten. Es ging darum, mir selbst, den Menschen, den Tieren und der Natur zu helfen. Das fand ich großartig! Es entsprach meinem tiefsten Bedürfnis, für andere da zu sein und zu helfen.

Offenbar war das die Voraussetzung dafür, dass sich diese Engelwesen einstellten. Dabei wurde ich immer sicherer, die Wahrnehmungen als etwas völlig Normales anzusehen. Es nicht mehr als unmöglich abzutun und zu verwerfen.

An einem Samstagnachmittag saß ich wieder im Esszimmer unserer Wohnung. Es war ganz still. Leise Musik spielte im Hintergrund, die obligatorische Kerze stand auf dem Tisch, und ich schloss meine Augen. Schon bald sah ich die Engelwesen, wobei sich nun die tägliche Übung positiv auswirkte, so dass ich nicht mehr 20 Minuten warten musste, bis ich die Engelwesen, die Bilder und Wahrnehmungen erkennen konnte. Ich sah, dass sie etwas mit *mir* geplant hatten!

Zwei sehr große Engelwesen kamen auf mich zu. Sie stellten sich rechts und links neben meinem Sitzplatz neben mich. Die „*Riesenengel*" legten ihre Hände um meinen Kopf. In diesem Augenblick spürte ich ein starkes Schwingen und einen starken Druck, der sich in meinem Kopf ausbreitete.

Es war seltsam! Ich sah mich auf zwei Ebenen: von außen saß ich auf dem Stuhl, gleichzeitig fühlte ich mich authentisch in meinem Inneren verbunden. Blitzartig zogen die beiden Riesenengel etwas aus meinem Kopf nach oben heraus. Es war ein feinstoffliches Implantat in meinem Kopf, das sich als gewächsartiges Objekt darstellte. Es sah aus wie eine rankende Pflanze, die bis in meine Lungen reichte. Ich spürte und sah gleichzeitig von außen, dass die Engel mit einem Ruck das Gewächs ins Freie beförderten. Dann wurde es dunkel vor meinem inneren Auge.

Zwei Stunden später fand ich mich schlafend auf dem Fußboden wieder. Ich war vom Stuhl gefallen. Mühsam und vollkommen erschöpft schleppte ich mich auf mein Bett und versank in einen tiefen, traumlosen Schlaf. Nach einigen Stunden wachte ich vollkommen erfrischt und ausgeschlafen auf. Dieses Ereignis war der Beginn von etwas Großem, das mein gesamtes Leben verändern sollte.

Was sind feinstoffliche Implantate, werden Sie vielleicht fragen?

Feinstoffliche Implantate können organischer, technischer oder metallischer Natur sein. Manchmal sind es auch Mischformen.

Sie können aus früheren Inkarnationen in das aktuelle Leben mitgebracht worden sein. Oder sie entstehen durch langanhaltende und wiederkehrende Glaubens- und Verhaltensmuster, durch Schocksituationen, die Menschen erleben, wie zum Beispiel bei Unfällen oder beim Verlust eines geliebten Menschen.

Ein neuer Hinweis göttlicher Führung sollte nicht lange auf sich warten lassen. Ich saß an einem Abend vor dem Fernsehapparat und schaute mir einen Film an. Das Telefon klingelte. Meine Frau Inge ging an den Apparat. Nadja war in der Leitung.

Sie schien aufgeregt zu sein, denn Inge gab mir den Hörer mit dem Hinweis, es sei dringend. Nadja war froh, mich zu erreichen. *„Hör mal, Uwe, meine Tochter Lisa ist krank. Sie hat hohes Fieber, mein Mann ist noch im Büro in Köln, und kein Arzt ist erreichbar."*

Dazu müssen Sie wissen, dass Nadja weit draußen auf dem Lande wohnte. *„Beruhige dich erst einmal"*, meinte ich, *„was hat die Kleine denn?"*

„Sie hat hohes Fieber - stammt von einer Erkältung! Kannst du mir helfen?"

„Ich weiß nicht, ob das geht. Bisher habe ich so etwas noch nicht ausprobiert. Ich versuche es mal! Warte ab, ich rufe dich wieder an! Bitte versuche in der Zeit weiter, euren Hausarzt zu erreichen."

Ich legte den Hörer auf und ging in unser Esszimmer. Schaden kann es ja nicht, wenn ich eine Kerze und ein Weihrauchstäbchen anzünde, dachte ich.

Ich dunkelte bis auf den Kerzenschein den Raum ab, ließ eine ruhige CD mit Tibetanischen Gongs laufen und setzte mich ruhig auf meinen Stuhl. Ich wurde immer ruhiger. Nach einigen Minuten fand ich mich feinstofflich im Wohnzimmer von Nadja wieder.

Sie saß im Schneidersitz auf der Couch, eine Kerze flackerte auf ihrem Wohnzimmertisch. Neben Ihr auf dem Boden stand ein Tragegestell, in dem die kleine Lisa saß und am Daumen lutschte. Ich sah ihren heißen Kopf. Außerdem nahm ich wahr, dass die Kleine am ganzen Körper kleine Bläschen hatte, und eine Pilzerkrankung im Unterleib. Ich erhielt diese Informationen einfach und wusste, dass sie stimmten. Ich fragte die hohen Lichtwesen auf der Geistesebene, was ich tun soll.

Sie forderten mich auf, weißes Licht über den gesamten Körper des Mädchens zu streichen. Ich tat es, in dem ich weißes Licht in die Hand bekam mit einer Konsistenz wie Salbe. Nachdem ich Lisa eingerieben hatte, sollte ich aus einer goldenen Kanne, die sie mir auf der *„anderen"* Seite in die Hand gaben, weißes kaltes Licht in das Kronenchakra (Schädelmitte) des Mädchens hinein gießen. Ich setzte das alles um und sah, wie das weiße Licht durch ihren Kopf und den gesamten Körper floss.

Als die Gift- und Schlackenstoffe aus den feinstofflichen Zellen über die kleinen Füße herauskamen, wurden sie von den Engelwesen aufgenommen und in einem Licht-feuer, das sich gerade gebildet hatte, aufgelöst.

Ich „reiste" wieder zurück in meine Wohnung und brauchte einige Minuten, um wieder zu mir zu kommen. Danach bedankte ich mich bei den hohen Lichtwesen und informierte meine ehemalige Kollegin telefonisch.

Nadja bestätigte mir voll und ganz, dass sie auf der Couch im Schneidersitz gesessen hätte, eine Kerze auf dem Tisch und rechts neben ihr auf dem Boden das Tragegestell stehen würde.

Sofort holte sie ein Fieberthermometer und maß die Temperatur ihrer Tochter. Drei Grad weniger waren es. Auch bestätigte mir Nadja die Pilzerkrankung und die Hautbläschen am Körper des Mädchens.

Nadja war überglücklich und meinte: „Du kannst aus deinem grobstofflichen Körper austreten! Du hast besondere Fähigkeiten! Ich bin total begeistert, Uwe! Ich danke dir von ganzem Herzen. Wenn ich noch mal was habe, melde ich mich bei dir."

Auch ich war glücklich über die Ereignisse. Ich empfand sie wie ein wundervolles Geschenk des Himmels. Das war der Beginn aller Möglichkeiten, da ich mich bewusst darauf eingelassen hatte, aus meinem Herzen heraus diese Wahrnehmungen zuzulassen.

Das Selbst ist die eigenschaftslose reine Wirklichkeit, in deren Licht Körper und Ego aufleuchten. Wenn alle Gedanken zur Ruhe gekommen sind, bleibt das reine Bewusstsein zurück.
Ramana Maharashi

Wir selbst haben die Wahl

Schaue ich auf die letzten zweieinhalb Jahre zurück, so haben sich die Dinge umfassend verändert. Mein Bankberuf liegt gefühlsmäßig hunderte von Jahren hinter mir. Ich kann mir heute nicht mehr vorstellen, in einer Bank zu arbeiten. Daher habe ich meine Gabe, die sich immer mehr verstärkten durfte, dank der Unterstützung hoher Lichtwesen, zu meinem Beruf gemacht. Nein, mehr, es ist meine Berufung, auf die ich in etlichen Inkarnationen vorbereitet wurde.

In den zahlreichen Einzel-Geistlichtreisen, die ich zu den Menschen, Tieren, Immobilien und Firmen gemeinsam mit den hohen Lichtwesen vornehmen darf, gibt es etliche Facetten von Problemen, durch die Menschen unglücklich sind. Hierbei sehe ich die Menschen wie aufgefächert in einem sich unendlich wiederholenden Spiegelbild. Ich erkenne gleichzeitig die Zusammenhänge aus vielen Inkarnationen, die mit der Problemstellung zu tun haben. Sie können sich das so vorstellen, als stünde ich vor einer großen Wand, in die etliche Bildschirme eingebaut sind. Auf jedem dieser Bildschirme entstehen die Informationen und die Bilder gleichzeitig.

Es ist eine Art inneren Wissens und inneren Hörens, wobei ich einerseits im feinstofflichen *„Film"* unterwegs bin, gleichzeitig jedoch dreidimensional die Bilder auf CD spreche, wohlwissend, dass ich auf meinem Schreibtischstuhl sitze, im Hintergrund leise Musik läuft, und mir der liebevollen Hilfe der höchsten Lichtwesen, für die ich ein Kanal sein darf, gewiss sein darf. Welche Themen beschäftigen nun die Menschen?

Oft sind es gesundheitliche Themen, Existenzfragen, Probleme in zwischenmenschlichen Bereichen wie in der Partnerschaft oder im Beruf. Es sind die vielen Sorgen und Nöte, die unsichtbaren Rucksäcke, die sich anfühlen wie Blockaden und Einschränkungen, die sehr viele Menschen mit sich herum schleppen, weil sie unbewusste Dinge aufgenommen haben schon teilweise vor dem Zeitpunkt ihrer Zeugung. Diese stammen aus den Schwingungen ihrer Eltern, der Vorgenerationen beider Elternteile. Sie entstammen den eigenen angenommenen und durch vorhergehende Leben ins Unterbewusstsein verdrängte Schwingungen.

Wir handeln zu etwa 95% aus dem Unterbewusstsein heraus. Unser Unterbewusstsein zeichnet, wie die Festplatte eines Computers, jederzeit alle Erfahrungen und Gewohnheiten auf. Dabei arbeitet es sehr schnell mit etwa 40 Millionen Bits in der Sekunde. Diese Gewohnheiten kann es zu jeder Zeit sehr schnell abrufen.

Die Programme der Eltern und der Vorgenerationen bestehen aus den Emotionen, die wir auf Liebe oder Angst reduzieren können. Sie bestehen aus Gefühlen, aus Gedanken, Worten und Handlungen. Dabei entsteht mit der Zeit ein Gedanken-Gefühls-Verhaltensmuster, das wir stets mit uns tragen, wenn wir nicht lernen, es aufzudecken und ganz bewusst damit umgehen.

In den ersten Lebensjahren eines Kindes füllt sich, wie durch eine ständige Aufnahme, der Unterbewusstseins-Speicher. Demzufolge ist es auch logisch, dass Kinder in den ersten Lebensjahren eine Art des Programmierens vollziehen. Dieses Programm kann das gesamte Leben formen, wenn es unbewusst bleibt. Damit übernehmen wir Menschen größtenteils die Programme der Eltern und früherer Generationen.

Dennoch gibt es die absolute Freiheit für uns Menschen, diese ins Unterbewusstsein aufgenommenen Muster jederzeit aufzudecken und zu transformieren. Damit besitzen wir die Fähigkeit und die Kraft, unsere Leben und unsere Zukunft in jeder einzelnen Sekunde unseres Lebens zu verändern. Es wird Sie verwundern, doch ich habe direkten Kontakt zur höchsten göttlichen Urquelle, und ich wollte eines Tages etwas über meine eigene Zukunft wissen. Die Antwort von Gott hat mich verblüfft:

„Du willst wissen, was in der Zukunft geschieht, in der Zukunft, die noch nicht geschrieben steht, und die in jedem Augenblick von der Gesamtheit aller Wesen erschaffen wird?
Du weißt, dass die Menschen von mir das Geschenk des freien Willens bekamen. Und ich beabsichtige nicht, dieses Geschenk wieder zurückzunehmen, da dieses Experiment viel zu interessant ist.
Es gibt immer mehrere mögliche Lebenslinien, die du

wählen kannst. Ob du weiterhin Seminare gibst oder einzelnen Menschen auf ihrem Weg hilfst, liegt ganz bei dir. Ich kann dir sagen, dass deine Aufgaben immer umfassender werden, immer größere Kreise ziehen werden. Das bringt deine Entwicklung, dein Erwachen in deine wahre Göttlichkeit mit sich. Deine Erkenntnis von dem was du bist erweitert sich zusehends, wie auch deine Kraft und deine Fähigkeiten. Eine natürliche Folge davon ist es, deine Kräfte und Fähigkeiten zum Wohle aller einzusetzen. Das wirst du in immer größerem Rahmen tun, einfach weil es natürlich wächst und dein Wirkungsbereich sich immer mehr ausweitet.

Achte auf die Hinweise, die sich dir zeigen und überprüfe immer in deinem Herzen die Stimmigkeit des Voran-schreitens. Lass dich überraschen, was noch alles auf dich zukommen wird."

Dies war im Verlauf meiner eigenen spirituellen Entwicklung ein wichtiger Hinweis, aus dem ich lernen durfte.

Stillstand oder Fortschritt! Wir Menschen dürfen stets in Freiwilligkeit und Freiheit wählen, wenn wir aus dem Herzen dafür bereit sind. Wir haben erschaffen, was wir sehen, und manchmal sind alte, schwerwiegende Themen in uns, die nach Auflösung drängen, die sich Raum schaffen wollen, indem sie an die Oberfläche gelangen, manchmal über viele frühere Leben verdrängt, wie unter Sand begraben liegen.

So war es auch mit Susanne, einer Heilpraktikerin, die in einer schweren Ehekrise steckte und sich mit ihrem Mann Ferdinand stets wegen Kleinigkeiten stritt, über alltägliche Dinge. Zudem war es so, dass Susannes Mann ein großes Alkoholproblem hatte, dass er zwar als solches ansah, es jedoch nicht aufgeben wollte, täglich einige Flaschen Bier zu konsumieren. Er dachte, er hätte es selbst in der Hand, jederzeit aufzuhören.

Sie hatte ihre beiden Kinder großgezogen, die aus erster Ehe stammten. Die Kinder waren ausgezogen, um ihr eigenes Leben zu gestalten. Sie waren auch gelinde gesagt froh darüber, dass Sie dem Familienleben mit den ständigen auftretenden Streitigkeiten und Konflikten entfliehen konnten.

Susanne hatte sich von ihrem ersten Mann getrennt, weil dieser ebenfalls Alkoholiker war, der sogar aggressiv wurde, wenn er nicht mehr Herr seiner Sinne war. Dann schlug er seine Frau und seine Kinder. Susanne blieb nur bei ihm aus Angst, er würde ihr und den Kindern etwas antun. Sie spielte nun in der neuen Beziehung wieder mit dem Gedanken, ihren Mann zu verlassen. Dagegen sprach jedoch eine gewisse finanzielle Abhängigkeit ihm gegenüber. Ihre eigene Praxis lief nicht gut. Aus diesem Grund zögerte sie, sich von ihrem Mann zu trennen.

Susanne schrieb mir eine Mail, in der sie mir kurz ihre Sorgen schilderte und mich um eine Geistlichtreise zu ihr bat. Susannes Freundin hatte mich weiter empfohlen. Sie war ebenfalls Heilpraktikerin.

Ich schrieb ihr, dass ich gerne eine Geistlichtreise zu ihr umsetzen würde, durfte aber nicht direkt mit ihrem Mann Ferdinand feinstofflich in Zusammenarbeit mit den hohen Lichtwesen arbeiten. Ohne Zustimmung reise ich nicht zu den Menschen. Es wäre ein Übergriff, und die feinstoffliche Haustüre beachte ich sehr genau. Wir wollen ja auch nicht, dass irgendjemand ungefragt unsere Wohnung betritt.
Also sollte ich nun feinstofflich zu Susanne reisen.

Es war an einem Sonntagnachmittag. Ich lud die höchsten Lichtwesen ein, mich auf der Reise zu begleiten. Dabei strömte eine lichtvolle Energie durch meinen Körper. Es war ein Vibrieren, das durch meine Zellen strömte. Ich hatte den Eindruck, dass ich das Licht selbst ausströme. Christus, alle Erzengel, Maria, St. Germain, Hilarion, fünf Riesenengel sowie Selly, der Salzengel aus dem Himalaya und Turlin, ein Turmalinengel begleiteten mich auf der Geistlichtreise zu Susanne.

Als wir feinstofflich bei Ihr ankamen, sah ich, dass aus dem Dach und aus den Fenstern ein sehr grauer Rauch herausströmte. Das gesamte Grundstück, auf dem das Haus stand, war wie mit einer bleischweren Energie belastet. Es war dunkel und trüb. Zwischen diesen trüben Energien strömten rot-schwarze Wesenheiten, die von den Hausbewohnern durch deren Verhalten angezogen wurden. Es waren Aggressionswesen, die genau die partnerschaftlichen Probleme von Susanne und ihrem Mann Ferdinand widerspiegelten.

Die Lichtwesen ließen eine riesige Lichtpyramide entstehen, die Haus und Grundstück komplett einhüllte. Von höchster göttlicher Ebene wurde über die Spitze und über die Außenflächen der Pyramide ein strahlendes Licht gestömt. Es wurde gleißend hell, und ich sah, dass sich eine Art Licht-Tornado aus golden-weißen Licht bildete, der all das Bleierne, das Graue und die schwarz-roten Wesenheiten in einem schnell drehenden Lichtstrudel nach oben weg zog. Jenseits der Pyramide wurde dies alles in bedingungsloser Liebe von Gott transformiert. Anschließend strömte neues Licht in die Pyramide und damit auf das gesamte Grundstück.

Es glitzerte wie Millionen winziger Sterne, wie glühende Goldfunken, die Haus und Grundstück jetzt bedeckten. Die Lichtbegleiter verteilten sich auf dem Grundstück und ließen aus ihren Fußsohlen eine strahlend weiß-glitzerndes Licht ausströmen, das sich wie eine gelartige Masse auf dem Boden verteilte, dabei immer dicker und härter wurde, bis sich eine dicke Lichtplatte bildete, die bis zum Erdmittelpunkt spitz zulaufend hinein reichte.

Es sah schließlich so aus, als würden Haus und Grund-stück auf dem Boden einer umgedrehten Pyramide stehen. Strahlendes Licht strömte aus dieser Licht-pyramide nach außen auf das Grundstück und hüllte das gesamte Gelände sowie das Haus ein. Aus diesem strahlenden Licht heraus bildete sich ein überdimen-sionales, rosafarbenes Lichtherz, das in der Mitte über eine Lichtsäule mit der göttlichen Urquelle verbunden war. Über diese Lichtsäule wurde beständig die bedingungslose, allumfassende Liebe von Gott als ein leuchtend goldenes Licht in das Herz hinein gestömt.

Es begann sich zu drehen und ließ eine spiralförmige Lichtenergie aus dem Inneren nach außen strömen, so hell und strahlend, dass auch die benachbarten Grundstücke in gleißendes Licht getaucht wurden.

Die Lichtwesen führten mich nun ins Innere des Hauses. Hier herrschte noch immer die bereits anfangs erwähnte Schwere und Dunkelheit. Ich erkannte im Inneren etliche Wesenheiten, die sich durch die Räume des Wohnbereichs bewegten.

Christus und die Engel stellten sich in der Mitte des Wohnbereichs auf. Sie ließen eine strahlende Lichtsäule entstehen. Dabei erstrahlten die Räume in diesem Licht, das sich in einem spiralartigen Wirbel drehte und die Schwere und die grauen Energiestrukturen in sich aufnahm, so dass alles ins göttliche Licht gezogen wurde, damit die Transformation dort geschehen durfte.

Susanne stand nun feinstofflich vor uns! Sie war von einer grauen Energiewolke umgeben, in der sich Angstwesen versteckt hielten. Sie sahen aus wie die Figuren auf den Bildern von Edvard Munch „Der Schrei". Sie hatten aufgerissene Münder, die sie sich zuhielten und große schreckgeöffnete Augen, die angstvoll schauten.

Die Bilder, die ich auf den Reisen sehe, sind Bilder und Zeichen der Seelen. Infolgedessen schien es hier eine Tendenz zur Depression zu geben, die Susanne so sehr einengte. Mir leuchtete ein, dass Susanne bei alledem nicht einfach eine gutgehende Heilpraxis haben konnte, zumal die private Partnerschaft zu Ferdinand auch noch fehlzuschlagen drohte. Feinstofflich waren meine Wahr-nehmungen hier eindeutig.

Eine Lichtsäule bildete sich um Susanne herum. Ich konnte erkennen, dass die dunkle Wolke samt ihren Angstbesetzungswesen innerhalb der Lichtsäule hinauf-gezogen wurde wie von einem Staubsauger. Die Lichtsäule löste sich auf. Es wurde erkennbar, dass an Susannes feinstofflichem Körper ein Gebilde haftete, das aussah wie ein Saugrüssel.

Diese Saugrüssel sehe ich immer wieder auf den Reisen bei Menschen, die in bestimmten Beziehungen zuein-ander stehen! Es sind Schläuche, die von Menschen oder auch von Situationen ausgesandt werden, sei es bewusst oder unbewusst. Wie sehen diese Saugrüssel aus? Bitte lachen Sie nicht. Sie ähneln sehr stark Abluft-Schläuchen von Wäschetrocknern. Sie können sich vorstellen, dass in den Ansaugstellen dieser Saugrüssel Stachel sitzen, die permanent ein Gift in die feinstofflichen Körper einbringen, um den Träger der Saugrüssel gefügig zu machen, bereitwillig seine Energien abzugeben.

Es sind Energieräuber für die Personen, die ahnungslos diese Gebilde an ihren feinstofflichen Körpern angedockt tragen, ein perfides System, denn die so feinstofflich angezapften Personen bemerken dies allenfalls mit einem Gefühl von Energielosigkeit, Müdigkeit und Abgeschlagenheit.

Susannes Saugrüssel war von ihrem Mann unbewusst ausgesandt worden. Er steckte in ihrem Solarplexus-Chakra und zog kräftig Energie, die immer dann genutzt wurde, wenn es wegen Ferdinands Alkoholproblematik Streit und Drohungen gab, ihn zu verlassen. Dieser Saugrüssel, der Susannes Aktivitäten in beruflicher wie in privater Hinsicht lähmte, wurde von Erzengel Raphael, Erzengel Michael und Christus aus ihrem Körper heraus gezogen. Wie eine Art Gummischlauch schnellte der Saugrüssel wieder zurück zu Ferdinand.

Es war erkennbar, dass an der Ansaugstelle, in der zuvor der Giftstachel seine Arbeit verrichtet hatte, eine feinstoffliche Verletzung entstanden war. Es floss ein eitriges, grünes Sekret heraus, das von den Engelwesen in einem Lichtbehälter aufgefangen und in einem Reinigungsfeuer, das neben Susanne aufloderte, entsorgt wurde.

Christus stellte sich vor Susanne. Er ließ mit einem weiß strahlenden Licht, das aus seinen Handinnenflächen strömte, die Verletzung ausheilen. Es war wie ein Lichtbalsam, der Linderung für Susanne bedeutete.

Auf den Geistlichtreisen gibt es weder Zeit noch Raum, alles ist gleichzeitig vorhanden. Die Quantenphysik spricht von einer sogenannten „stehenden Welle", in der ich mit den Lichtwesen, wie in einer eingefrorenen Filmszene, in die Vergangenheit oder in frühere Leben reisen darf. Hier erfolgen dann die Problemlösungen. Es wird gearbeitet an der Auflösung von Karma und an Löschungen von Blockaden, wenn sie im Zusammenhang mit den heute vorhandenen Problemkreisen stehen. So auch im Fall von Susanne. Wir wurden von den Lichtwesen in Sekundenbruchteilen in ein früheres

Leben von Susanne gezogen. Es sah aus wie im Mittelalter…

Der Winter hatte das Land in eine kalte und karge Landschaft verwandelt. Felder und Wälder waren weiß gefroren. Ein Mönch saß mit einigen anderen Mönchen in einer Art Speisesaal eines großen Klostergebäudes an einem grob gezimmerten Holztisch. Es war Susanne in einer anderen Inkarnation. Sie war damals ein Mönch, der mit eingefallenen Wangen auf den Tisch starrte.

Die klirrende Kälte des eiskalten Winters ließ den Atem der fünf Mönche an der kalten Luft in Nebel verwandeln. Es gab kein Feuer in der Feuerstelle. Die Männer hatten löcherige Wolldecken um die Schultern gelegt, Sie kauerten nach vorne gebeugt. Jeder von ihnen hielt einen Kanten trockenes Brot in der Hand. Dabei bissen sie immer wieder kleine Stückchen ab, damit sie es irgendwann, nach unendlich langem Kauen, herunterschlucken konnten. Immer wieder legten sie das Brot von der einen Hand in die andere Hand, um dann mit ihrem Atem die eisgefrorenen Hände anzuhauchen.

Es war dunkel geworden. Einer der Mönche stand auf. *„Beten wir zu Gott"*, sagte der Abt, die Hände faltend. *„Lieber Gott, du hast uns gelehrt, in Armut zu leben, wir haben gelobt, die Armut deines Sohnes als Vorbild zu nehmen. Nun sind wir an einem Punkt angelangt, an dem wir in dieser Armut wohl bald sterben werden, da wir nichts mehr haben außer unseres halbverfallenen Klosters, ein wenig zu essen, um noch einige Tage auszuharren. Möge uns dein Weg führen, wenn wir einst im Lichte sind. Dennoch werden wir um Hilfe ersuchen* *beim Bischof.*" Seufzend setzte sich der Abt an den Kopf des Holztisches. Er wandte sich an die anderen Mönche.

„Wir haben das Armutsgelübde abgelegt, um Christus zu folgen, nichts Weltliches zu beanspruchen, sondern um Gott zu lobpreisen. Nun sind wir an einem Punkt, an dem unser Orden, der einst mächtig und groß war, da er in der Gunst des Bischofs stand, vergessen wurde. Frühere Zuwendungen blieben aus. Es sind harte Zeiten, und das Geld der Kurie reicht nicht mehr für alle Klöster aus. Dennoch habe ich entschieden, dass ihr euch morgen früh nach Sonnenaufgang auf den Weg zum Bischof macht, um ihm unsere Sorgen und das mögliche grausame Ende des Ordens zu schildern, denn wir fünf sind die Letzten, die hier ihren Dienst tun. Ich werde als einziger hier bleiben, werde das Kloster bewachen, und ich bin voller Hoffnung, dass der Bischof unserem Flehen Gehör schenkt. Eine Bittschrift an den Bischof habe ich vorbereitet, in der ich ihn um Gnade vor dem Herrn bitte, uns Brennholz und Nahrung zu geben." Die vier Mönche nickten wortlos. Sie gingen in ihre Klosterzellen, die sie ein letztes Mal sehen sollten. Am nächsten Morgen brachen sie auf, begleitet von einem kräftigen Schneesturm. Sie kamen nie beim Bischof an.

Diese Bilder zeigten sich mir sehr deutlich auf der Geistlichtreise. Ich sah, dass diese schrecklichen Bilder aus Susannes feinstofflichem Feld gelöscht wurden. Es war wie eine Filmleinwand, die an Susannes Rücken mit Fäden verankert war. Die Bilder waren auf der Leinwand zu sehen, und gleichzeitig war Susanne eingebunden in dieses mittelalterliche Geschehen. Es war eine tiefe Erleichterung, als die Leinwand von ihrem Rücken gelöst und die Bilder in einem reinigenden Lichtfeuer gelöscht wurden.

Sofort reisten wir zurück in unsere Zeit, wobei wir durch eine Lichtmauer strömten, die alle früheren Inkarnationen von unserem heutigen Leben abtrennte. Es sah aus, als wäre Susanne viel heller und leichter geworden nach dieser Maßnahme der Lichtwesen. Die Ablösung des Armutsgelübdes hatte offenbar auch funktioniert auf dieser Reise. Armutsgelübde sind immer wieder für die Menschen ein Hindernis, in ihre berufliche Fülle zu kommen, gut mit Geld umgehen zu können, einhergehend mit einem inneren Gefühl von mangelndem Selbstwert und fehlender Selbstliebe. Susanne hatte von jetzt an eine Chance, in ihre eigene Kraft und in die Fülle zu kommen.

Christus und die anderen Lichtwesen führten mich nun in Susannes Kindheit. Hier war der Keim gelegt für die Probleme, die sie wie eine sich selbst behauptende Prophezeiung durch die Programmierung ihres Unterbewusstseins erleben musste. Christus wandte sich an Susanne, als wir die Probleme mit Ihrem Vater sahen, der auch gebunden war wie durch eine Kette an seinen Großvater und an seinen Urgroßvater. Diese bindende Kette symbolisierte das Familiendrama, denn alle drei Männer waren in den Vorgenerationen dem Alkohol verfallen.

„Du hast dich entschieden, vor deinem Eintritt in dieses Leben, in dem du lernen wolltest und auch darfst, dir deine Eltern mit diesen Themen auszusuchen", erklärte Christus, *„Du hast dich entschieden, alte Themen aus*

früheren Inkarnationen aufzulösen. Verzage nicht. Nimm es an, wie es ist. Gehe in die Eigenliebe und wisse, dass alles, was geschieht, so richtig ist, wie es geschieht.“ Ich sah, dass die kleine Susanne als Siebenjährige auch eine Art Aufgabe für sich angenommen hatte, ihren alkoholabhängigen Vater, der an Leberzirrhose litt, zu retten, ihn vom Alkohol zu befreien. Ihre Mutter hatte es nicht geschafft, weinte viel und suchte Trost bei der vermeintlich starken Susanne. Diese war natürlich vollkommen überfordert mit der depressiven Mutter, die versuchte, irgendwie die Ehe mit ihrem damaligen alkoholkranken Mann zu ertragen und aufrecht zu halten. Irgendwann konnte sie es nicht mehr ertragen und ließ sich scheiden. Sie erhielt auch das alleinige Sorgerecht für Susanne, die mit der Situation in ihrem Kindesalter nicht fertig wurde. Sie hatte im Inneren ein unbewusstes Gefühl, versagt zu haben, ihren Vater nicht vom Alkohol zu befreien, damit ihre Mama doch bei ihrem Vater bleiben konnte.

Und da Susanne all diese Probleme schon nach der Schwangerschaft mitbekam, hatte sie alles in ihrem Unterbewusstsein abgespeichert. Dabei hatte sie ein Programm entwickelt, das im Gehirn gezeigt wurde wie ein feinstoffliches Tonbandkästchen, dass alles aufgezeichnet hatte. Sie hatte dieses Programm gebildet, in dem ihre Nervenbahnen mit den jeweiligen Andockstellen, den Synapsen, wie breit gefahrene Autobahnen erkennbar waren, weil immer die gleichen Gedanken gedacht wurden.

Alles, was wir Menschen kennen und gelernt haben, bildet im Gehirn neuronale Verbindungen. Mit der Zeit werden fortgesetzt die gleichen Strategien und die gleichen Verhaltens- und Glaubensmuster abgerufen.

Christus, Erzengel Raphael und Erzengel Michael zogen das feinstoffliche Kästchen, das diese Muster symbolisiert, aus Susannes Gehirn heraus und lösten es auf in göttlichem Reinigungslicht. Damit war das alte Programm feinstofflich auf *„Nullstellung"* gebracht. Christus nahm den Kopf von Susanne. Er hielt seine Hände rechts und links an ihre Schläfen. Ein glitzerndes Licht strömte in ihre beiden Gehirnhälften. Es veränderte die neuronalen Verbindungen und die Nervenbahnen über weiße Lichtwellen. Auch die Amygdalae, die mandelförmigen Gebilde in der Mitte des Gehirns, die in Richtung des Stammhirns zeigen, wurden in den vorderen Stirnbereich umgeschaltet durch die hohe Lichtenergie, die von Christus ausging.

In den Amygdalae können viele Rezeptoren mit Angstgefühlen verknüpft sein. Hier sorgte eine lichtvolle Energie dafür, dass diese Ängste aufgelöst wurden. Damit war das Programm gelöscht, wodurch Susanne unbewusst dem inneren Zwang folgte, weiterhin in ihrem Leben ihre Aufgabe darin zu sehen, ihre Partner vom Alkohol zu befreien. Eine traumatische Erfahrung fand so ihr Ende.

Die Lichtwesen stellten sich um Susanne herum auf. Ich sah, dass eine Dunkelheit aus ihrem Herzen strömte, das eingewickelt war in einer Art Metallkasten. Sie hatte ihre Gefühle regelrecht weggeschlossen, damit sie nicht weiter verletzt werden konnte. Ja, all die emotionalen

Verletzungen des inneren Kindes waren im Herzen vergraben und durch eine Art Metallpanzer abgeschottet. Mit strahlend weißem Licht entfernten die Engelwesen den Panzer, um ihn in ihrem Reinigungsfeuer aufzulösen.

Christus näherte sich Susanne behutsam. Er nahm vorsichtig das verletzte Herz in seine Hände und ließ verschiedene Lichtqualitäten in den Herzmuskel strömen, der übersät war mit kleinen Messerchen und Narben. Aus dem Herzen floss eine dunkle Flüssigkeit, die zeigte, wie sehr Susanne gelitten hatte. Goldenes Licht strahlte ins Herz und ließ es aufleuchten, solange, bis es selbst goldenes Licht ausströmte.

Mit großem Mitgefühl spürte ich, dass die Schwere aus Susannes Körper wich. Es wurde leicht in ihr und um sie herum. Christus legte das mit Licht erfüllte Herz sanft wieder in ihren Brustraum zurück, der zuvor von Saint Germain und Hilarion mit violettem und smaragdgrünem Licht erfüllt wurde. Ein weißes Licht verschloss zum Abschluss die Wunde.

Da ich zu dieser Zeit nicht mit Ferdinand arbeiten durfte, wurde zwischen Susanne und ihrem Mann ein Lichtherz aufgestellt, das sich in einer schnellen Rotation bewegte und Lichtspiralen aussandte, die zwischen Ihrem Mann und Ihr selbst die Herzen berührte, die feinstofflichen Körper umhüllte. Liebe kann angeboten werden. Die Seele von Ferdinand kann selbst entscheiden, was daraus wird.

Ein weiteres Lichtwesen erschien, um Susanne im beruflichen Bereich mit ihrer Praxis zu unterstützen. Dieser Berufsengel, ich nenne ihn Heilengel, der bei allen Heilberuflern in Erscheinung tritt, stand vor Susanne. Ich sah, dass sich über Susanne ein goldener Lichtkanal eröffnete. Durch den Lichttunnel sank ein göttliches, goldenes Füllhorn herab und gelangte in Susannes Solarplexus-Chakra.

„Es ist die Resonanz zur höchsten göttlichen Fülle", sagte der Heilengel. *„Ab sofort bist du stets über die sprudelnde Quelle in deinem Körper mit dem unendlichen und ewigen göttlichen Licht verbunden. Es ist eine sprudelnde Quelle in dir, die stets über das göttliche Licht aktiviert ist. Denke immer wieder daran. Fühle diese Quelle der Kraft in dir, und du wirst spüren, wie sehr dich diese Quelle in die Fülle bringt."*

Dieses Füllhorn entließ über das Kronenchakra unzählige golden-weiß strahlende Füllhörnchen, die sich um sie schwebend verteilten. Dabei wurde auch ihre Praxis mit dieser lichtvollen Energie versorgt, so dass alles in einem strahlenden Licht eingetaucht war. Zusätzlich wurde in Susannes Praxis ein Füllhorn installiert, so dass sich hier ebenfalls eine lichtvolle Energie etablierte. Ein weiteres Lichtherz aus goldenem Licht entstand wie aus dem Nichts, und ich sah, dass es das goldene Licht der unzähligen kleinen Füllhörnchen verstärkte, alles in bedingungslose Liebe tauchte.

Unter Susannes Füße wurde ein geschliffener Lichtkristall installiert, der sich ebenfalls drehte. Gleißend-glitzerndes Licht strömte durch Susannes feinstoffliche

Körperschichten, durch ihre Praxis, durch das Wohnhaus und dehnte sich weit durch die kleine Stadt aus. Wie goldene Lava verteilte sich das Licht durch die Straßen, damit Susanne mit ihrer Praxis bekannter wird und mehr Patienten anziehen kann.

Schließlich stellten die Engelwesen Susanne in ihr eigenes, sich drehendes Lichtherz, dessen Mittelachse sie darstellte, es war wie das Ausstrahlen von Herzenergie, die das Licht der kraftvollen Liebe ausstrahlte nach außen und in die Herzen, die installiert wurden auf der Geistlichtreise. Diese Lichtherzen waren alle miteinander in Verbindung. Dieses Licht aus der Mitte des Herzens berührte ebenso Susannes Herz, und ich sah, dass sie weinte. Sie weinte vor Glück, Liebe und Frieden. Christus gab ihr einen Riesenengel an die Seite, der sie mit seiner Kraft weiterhin unterstützen sollte.

Benommen kehrte ich mit den restlichen Lichtwesen von der Lichtreise zurück. Ich dankte in tiefer Demut den hohen Engelwesen für diese wundervolle Lichtarbeit. Susanne erhielt eine besprochene CD der Geistlichtreise auf dem Postweg. Einige Wochen später meldete sie sich wieder. Ich öffnete morgens meinen PC und schaute in die Mailnachrichten. Dort fand ich Susannes liebevollen Brief:

„Lieber Herr Frantzen,
es hat sich so vieles verändert in meinem Leben. Erst einmal meinen herzlichsten Dank an Sie und Ihre lichtvollen Begleiter für diese wundervolle Arbeit. Täglich höre ich Ihre CD an und bemerke immer wieder etwas

Neues. Es ist ein wahrer Schatz für mich geworden, die Geistlichtreise anzuhören.

Es gibt auch Ergebnisse zu melden. Jetzt, da ich weiß, dass ich nicht verantwortlich für meinen Mann bin, fällt es mir leichter, mit seiner Krankheit, die ich als solche auch viel besser annehmen kann, umzugehen. Ferdinand sehe ich mit vollkommen anderen Augen, jetzt, da ich weiß, dass ich mir ihn ausgesucht habe aus einer Art Anspruch, ihn unbedingt heilen zu wollen. Ob ich bei ihm bleiben kann, weiß ich noch nicht, aber ich gehe viel liebevoller mit ihm um, trotz seiner alkoholisierten Wutausbrüche.

Ich weiß, ich habe die Wahl, ihn zu verlassen oder bei ihm zu bleiben, ich erkenne die Freiwilligkeit meines Tuns. Ich werde noch darüber entscheiden. Dabei fühle ich mich wunderbar geführt von den hohen Lichtwesen, wenn ich liebevoll aus meinem Herzen handle, so wie Sie es auf der CD gesagt haben. Halten Sie sich fest. Er will auch eine Geistlichtreise wegen seiner Alkoholsucht. Er wird sich bei Ihnen melden.

Und meine Praxis, läuft besser denn je. Mein Heilengel ist stets bei mir, ich erfahre aus meinem Herzen eine liebevolle Unterstützung. Mittlerweile kommen immer mehr Patienten, und ich habe mich entschieden, in einer Heilpraktiker-Schule zusätzlich als Dozentin stundenweise zu arbeiten, weil mir das Freude macht.

Ihnen und allen Begleitern von Herzen ein liebes Dankeschön von einer glücklicheren
Susanne

Ferdinands Reiseanfrage ließ nicht lange auf sich warten. Er hatte viele Gespräche mit Susanne geführt, die ihm deutlich gemacht hatte, dass er selbst verantwortlich sei für sich und sein Leben.

Als ich mit den hohen Lichtwesen zu ihm reiste, sah ich sofort, dass er von zahlreichen Suchtwesen umgeben war. Es waren ausgemergelte, dürre Wesen, die immer wieder, wenn er trank, aus seinem Mund, seinem Hals, seinem Gehirn, seinen Lungen, seinem Magen, aus den Nieren und der Blase feinstofflich den Alkohol herauszogen und sich selbst *„einverleibten"*. Dadurch entstand ein noch stärkeres Mangelgefühl in Ferdinand, der immer mehr Alkohol zu sich zu nehmen wollte, als es seiner Gesundheit zuträglich erschien. Durch dieses Mangelgefühl, zu dem diese feinstofflichen Suchtwesen beitrugen, hatte er seinen Alkoholkonsum immer weiter gesteigert.

Ferdinands Problem war, dass er sich als Versager fühlte, der zu nichts taugte, ein altes Muster, dass ihm seine Eltern vermittelt hatten. Er war oft von seinem Vater verprügelt worden, ein Machtthema also. Er wurde schon als Kind auf das Thema gestürzt, das in ihm Wertlosigkeit, Angst und Wut gegenüber Autoritäten ausgelöst hatte. Die Folge war, dass er auch seine Partnerin Susanne als einen Menschen wahrnahm, die für ihn Autorität widerspiegelte. Daher ging aus seiner Sicht von Susanne Gefahr aus, da er sie als stark wahrnahm. Er hatte das Gefühl, sich ihr gegenüber nicht so zeigen zu können, wie er wirklich war, angstvoll und gedemütigt, ein Programm, das ihm sein Vater vermittelt hatte durch die vielen Schläge, die er bezogen hatte.

Folglich hatte er eine Scheinlösung für sich gefunden, sich mit Alkohol Mut anzutrinken, um scheinbar bei den Menschen in seiner Umgebung als kraft- und machtvoll zu wirken. Jedes *„falsche"* Wort von Susanne erinnerte ihn an die frühe Kritik in der Kindheit daran, ein Versager zu sein. Diese tiefe innere Leere wollte er mit Alkohol ertränken, sich taub machen, alles im Außen vernebeln, damit er seine innere Einsamkeit, sein Gefühl des Nicht-Verstanden-Seins betäuben konnte. Dabei war der Konflikt mit Susanne nur eine Spiegelung seiner traumatischen Kindheitserlebnisse.

Christus und die hohen Lichtwesen befreiten Ferdinand von den Suchtwesen und ließen sie in einem Lichtkanal transformieren. In Ferdinands feinstofflichem Gehirn befanden sich zwei Implantate. Eines war eine Scheibe, die wie eine Festplatte aussah, die alle Schwingungen gespeichert hatte von Anbeginn seiner Zeugung. Es war in der Seelensprache das Programm seines Unterbewusstseins, das Ferdinand in den ersten Jahren seiner Kindheit gespeichert hatte.

Gleichzeitig fanden die Lichtwesen hier ein weiteres Implantat, eine metallisch glänzende Kugel, die aussah wie ein Morgenstern aus dem Mittelalter. Von dieser Kugel gingen Spitzen aus, die in beide Gehirnhälften hineinragten. Es war ein Selbstsabotage-Programm, das mir die hohen Engelwesen zeigten. Christus, Erzengel Raphael und Erzengel Michael entfernten diese beiden Implantate. Es folgten einige Reinigungsmaßnahmen wie eine Blutwäsche und eine Reinigung des Lymphsystems. Strahlend bunte Lichtsubstanzen strömten dabei durch den Körper. Sie zogen die Gift- und Schlackenstoffe aus seinen Fußsohlen heraus.

Christus und Erzengel Raphael führten eine Operation an seiner Leber und seinen Nieren durch. Zelle für Zelle wurden die Organe erneuert, so dass sie dann als rosafarbene Organe wieder dem Körper dienen konnten. St. Germain und Hilarion gaben zur Unterstützung und Reinigung zuvor violette und grüne Substanzen in Ferdinands Bauchraum.

Christus hielt die Hände um Ferdinands Kopf und veränderte bei ihm die neuronalen Verbindungen. Es sah aus, als würden in den beiden Gehirnhälften laserartige Lichtsubstanzen hin und her fließen. Damit wurden seine früheren traumatischen Erfahrungen vollkommen neutralisiert. Über einige weitere Maßnahmen der hohen Lichtwesen, die ich dem Leser an anderer Stelle in diesem Buch schildern werde, wurden die alten emotionalen Verletzungen von Ferdinand aufgelöst.

Christus und die hohen Engelwesen stellten ihn in ein eigenes strahlendes Lichtherz, dessen Achse er darstellte. Dieses Lichtherz drehte sich um ihn herum, so dass liebevolle Energie ausgestrahlt wurde in seinen eigenen feinstofflichen Körper. Endlich war es ihm möglich seine Eigenliebe zu spüren. Ebenso strahlte das Licht aus dem Herzen nach außen zum dem großen goldenen Lichtherz, das zwischen ihm und seiner Susanne stand. Es strahlte enorm hell. Christus gab ihm einige der Riesenengel an die Seite, um ihn weiterhin zu schützen.

In tiefer Dankbarkeit aus meinem Herzen sprach ich die Reiseschilderung auf und brannte die CD für Ferdinand, vorher sandte ich ihm aber zusätzlich eine mp3-Datei, da er dringend und sehr zeitnah die Maßnahmen der Geistlichtreise hören wollte. Hier endete die Reise zu Ferdinand, der mir am nächsten Tag schrieb:

„ Hallo Herr Frantzen,
was haben Sie und die Engel gemacht? Ich habe gestern nur noch mit Fieber und Schüttelfrost im Bett gelegen, habe mich einige Male übergeben müssen, hatte Durchfall, Schweißausbrüche, habe ca. 2 Kilogramm abgenommen seit gestern. Das waren ja eine richtige Rosskur und eine Entgiftung. Ich glaube, ich kann keinen Tropfen Alkohol mehr trinken, Mich ekelt es schon, wenn ich daran denke. Ich bin froh, dass ich die Reise gemacht habe, denn ich sehe Susanne mit ganz anderen Augen. Ich beginne zu verstehen, dass sie keine Schuld hat an alledem. Ich selbst habe die Eigenverantwortung, in meine Eigenliebe zu kommen und in die Liebe zu meiner Frau, die ich bisher als Feind gesehen habe. Dabei hilft sie mir, wo sie nur kann und ist immer wieder um mein Wohl bemüht. Ich werde Sie auf dem Laufenden halten.“

Einige Wochen später schrieb mir Susanne eine Nachricht: *„Ein herzliches Dankeschön noch einmal von Ihrer Susanne. Ferdinand hat sich entschlossen, sein Leben zu verändern. Er wird eine Entziehungskur machen, und ich werde ihm dabei helfen. Ich habe die Kraft, ihm beizustehen, freiwillig und in Freiheit. Ich muss nicht bei ihm bleiben, aber ich liebe diesen Menschen aus dem Herzen, und ich werde für ihn da sein, wenn er mich* *braucht. Etwa zwei Wochen lang hatte er keinen Tropfen angerührt, er war absolut angewidert vom Bier. Doch er hat es nicht durchgehalten. Allein scheint er es nicht zu schaffen, daher die Entscheidung von ihm, die Kur anzutreten."*

Ein halbes Jahr später erfuhr ich, dass Ferdinand nach der Kur nicht mehr getrunken hatte. Dennoch ist er immer wieder gefährdet, darf in der Liebe zu Susanne seine eigene Stärke finden. Ich habe noch einmal feinstofflich nachgeschaut mit den hohen Lichtwesen: ganz weit hinter ihm stand wieder ein neues Suchtwesen, das auf seine Chance wartet, sich bei ihm einzuklinken. Es wurde wieder von den Lichtwesen ins Licht geschickt.

Es waren sehr intensive Geistlichtreisen mit den beiden Eheleuten. Erst kürzlich habe ich nach über einem Jahr noch einmal Ferdinand geschrieben und mich nach seinem Befinden erkundigt. Er hat seinen Beruf, der ihn belastet hatte, aufgegeben, tut nun das, was er vom Herzen her tun möchte: er ist zuhause, kümmert sich um das Haus und den Garten. Dabei unterstützt er seine Susanne, die eine gut gehende Heilpraxis unterhält, und die noch immer mit ihm zusammenlebt, in Liebe und Frieden.

Liebe verbindet, Liebe trennt nicht. Sie ist der Teil der göttlichen Energie, die in unseren Herzen wohnt, wir haben die Freiheit und die freiwillige Wahl, sie anzunehmen, so wie sie ist.

Es blühen still vor meinem Fenster,
Ein bunter Strauch, und lieblich auch,
Gerötet zart und sanfte Rosen.
Und wenn der himmlisch Wandlungsquell
Wie Perlen hell hernieder fällt,
Und Ros´ und Strauch umschlungen hält,
Belebt das Nass den neuen Morgen.
Bezauberndes Fragment der Erde,
Welch mich so anmutsvoll belehrte:
Das Leben wartet nah vorm Fenster.
Kai Keller

Liebe das Leben

Es gibt oft im Leben Erfahrungen und Erkenntnisse, die wir Menschen zunächst aus dem reinen Verstand nicht glauben können oder wollen. Wir Menschen spüren und fühlen jedoch, dass diese Erfahrungen uns reich machen können, wenn wir den Mut haben, diese äußeren Ereignisse als Impuls zu verstehen, neue Wege zu beschreiten.

Das Gesetz der Anziehung, und ein tiefes Gefühl des Wissens aus dem Herzen, erschafft die veränderte Wahrnehmung des Lebens. Es geht darum, die Wechselwirkungen jenseits der dreidimensionalen Welt mit unserer materiellen Ebene zu erkennen zum Wohle vieler Menschen. Wenn wir uns genau anschauen, wie die Wechselwirkungen sind, dann verstehen wir unser Leben besser und kommen zu spirituellen Erkenntnissen und zu einem erweiterten Bewusstsein.

Die Person, die dir begegnet, ist die richtige Person.

Niemand tritt *„rein zufällig"* in unser Leben. Zufall ist nur der Name für ein Gesetz, das kaum noch jemand kennt. Es fällt dir nur das zu, was vom Gesetz her an der Reihe ist. Nichts kommt plötzlich und unerwartet aus heiterem Himmel. Alle Personen in unserem Leben, die mit uns in irgendeiner Form in Beziehung treten, die sich mit uns austauschen, die uns umgeben, stehen dafür, uns etwas zu lehren. Damit bringen sie uns in unserem Leben voran.

Das, was geschieht, ist das Einzige, das geschehen konnte.

Alles, was in unserem Leben geschieht, ist genauso, wie es geschehen soll, selbst das kleinste Detail. Wir können immer wieder sagen: *„Wenn ich das anders gemacht hätte, dann wäre dieses oder jenes nicht passiert."*

Nein! Alles, was geschieht, ist so richtig, wie es ist! Es musste so geschehen, damit wir in unserem Leben die Lektionen lernen, um uns weiter zu entwickeln. Jede einzelne Situation in unserem Leben ist absolut perfekt, auch dann, wenn unser Verstand und unser Ego sich wiedersetzen, es nicht wahrhaben wollen.

Jeder Moment, in dem etwas beginnt, ist der richtige Augenblick.

Alles beginnt im richtigen Augenblick, nicht früher und nicht später. Sind wir bereit anzuerkennen, dass in unserem Leben etwas Neues beginnt, dann ist es bereits auf einer anderen Ebene vorhanden, damit es hier beginnen kann. Wir brauchen es nur noch in unser Leben zu ziehen, herab in die dritte Dimension. Alles ist bereits vorhanden. Wir entscheiden selbst, was geschieht und wie es geschieht.

Wir geben den Impuls!

In der Wetterforschung wurde herausgefunden, dass der Impuls für einen Blitz von der Erde ausgeht, erst dann schlägt der Blitz von oben ein.

Also, wir selbst geben den Impuls! Dann dürfen die Dinge heruntergezogen werden in unser Leben, wenn wir für einen Neuanfang bereit sind.

Das erfordert absoluten Mut, denn wenn wir uns darauf einlassen, wird das „alte" Leben verändert in etwas Neues, vielleicht zuvor nie Gekanntes. Dieser Schritt ist ein Wagnis, da wir uns aus den alteingefahrenen Schienen heraus wagen, um neue Wege zu finden, Wege, die bereits vorhanden sind.

Was zu Ende ist, ist zu Ende.

Wenn etwas in unserem Leben endet, dann dient es unserer Entwicklung. Deshalb ist es gut, wenn wir loslassen können und vorwärts schreiten, damit wir aus den gemachten Erfahrungen lernen und neue Wege wählen dürfen.

Was zeigen uns nun diese spirituellen Thesen?

Wir haben vor unserer Inkarnation Vereinbarungen getroffen, mit denen wir zum Beispiel unsere Eltern ausgewählt haben, und mit denen wir unsere verschiedenen „Baustellen" im Leben bearbeiten dürfen, um daraus zu lernen und daran zu wachsen.

Was wollen wir Menschen?

Wir wollen glücklich sein!
Ja, das steht schon in einer ägyptischen Pyramide geschrieben:
Jeder Mensch hat den höchsten Anspruch darauf, ein glückliches Leben zu führen.

Nur: Glück definiert jeder Mensch anders. Jeder hat eine andere Vorstellung von Glück und vom Glücklich-Sein. Viele Menschen verwechseln Glück mit finanziellem und beruflichem *Erfolg.* Sicherlich, das kann Glücksgefühle wecken. Doch es ist dann nach einer gewissen Zeit zur Normalität geworden. Es stumpft ab, wenn wir gewohnheitsgemäß erfolgreich im Beruf sind und mit finanziellen Mitteln gut versorgt sind.

Ist das Glück?

Ein gutes Beispiel dafür ist der Kauf eines neuen Autos! Viele von uns kennen das! Stellen Sie sich also vor, dass wir nun ein Autohaus besuchen in Vorfreude, ein neues Auto auszuwählen.

Interessant dabei ist, dass das Wort „*Auto*" aus dem Griechischen stammt und übersetzt „*SELBST*" bedeutet. Damit ist gemeint, dass das Auto viel über seinen Besitzer verrät, seine Bedürfnisse und seine Persönlichkeit widerspiegelt.

Ungeachtet der vertriebsgeschulten Autoverkäufer haben wir oftmals schon eine klare Vorstellung eines Autos. Es soll zweckmäßig sein, einen bestimmten Betrag nicht überschreiten. Was geschieht dann aber bei der Kaufentscheidung? Autokauf geschieht emotional, genauso, wie wir Menschen emotional sind.

Plötzlich werden bei manchen Kaufinteressenten die guten Vorsätze außer Kraft gesetzt, und ehe wir uns versehen, sitzen wir in einem hochglanzpolierten Wagen, der eindeutig nicht mehr zu den gesetzten, verstandesmäßigen Vorsätzen passt. Er ist größer, hat mehr PS, natürlich alle Extras, die ein Autofahrer in einem Autoleben so benötigt, alles inklusive, was der Mensch so „braucht".

Was sagt das nun aus? Wir sind emotional, und unser Unterbewusstsein kennt uns besser als unser Verstand. Es weiß, was wir uns *wert* sind.

Meistens setzt bei den männlichen Kaufinteressenten dieser technikverliebte Zustand ein. Und wehe, eine Ehefrau ist nicht gerade zur Stelle, um die Herren der Schöpfung wieder auf den Boden der Tatsachen zurückzuholen, ist die Unterschrift schneller unter den Kaufvertrag gesetzt, als es uns lieb ist. Meistens sind die Ehefrauen anders zum Autokauf eingestellt. Hier ist der

Erwerb eines Autos zwar auch emotional, doch letztlich obsiegen hier die praktischen Erwägungen hinsichtlich der Nutzungsmöglichkeiten des fahrbaren Untersatzes.

Dennoch: Ausnahmen bestätigen wie bei allen Dingen auch hier die Regel. Nun, wie dem auch sei: Der neue Wagen steht vor der Haustür, wird gehegt und gepflegt wie ein Augapfel. Wir genießen den Geruch im Inneren des Fahrzeugs, wobei wir hier nicht die Ausdünstungen des Innenraums näher betrachten wollen. Wir bewundern das schön geformte Armaturenbrett mit den schönen Leuchtanzeigen, das schöne neue Motoren-geräusch… Ja, der Wagen ist genau richtig für uns gemacht. Und dann? Nach wenigen Wochen wird das Fahrzeug zur Selbstverständlichkeit und zur Gewohnheit. Das vermeintliche Glück verblasst zusehends.

Wie verhält es sich nun mit dem Erfolg?

Erfolg ist nur dann Erfolg, wenn wir das alles zulassen, was wir erfolgen lassen wollen. Wer bedankt sich denn beim lieben Gott für die Gaben des täglichen Wohlstands?

Glücklich-Sein heißt letztlich:

Was wir erhalten, wollen wir! Was im Augenblick ist, nehmen wir an!

Wie oft setzen wir Erfolg mit Anerkennung gleich? Warum wollen wir Anerkennung? Wir verwechseln Liebe mit Anerkennung, denn wir wollen und brauchen Liebe, eine immerwährende und stets vorhandene Liebe aus dem Herzen. Liebe ist bedingungslos. Daher brauchen wir nichts dafür zu tun. Sie ist einfach da! Bedingungslose Liebe hat nichts mit Wertschätzung zu tun, da diese von Normen innerhalb der Gesellschaft abhängt. Dennoch verwechseln wir manchmal Liebe mit Wertschätzung, weil wir uns als nicht vollkommen betrachten.

Nehmen Sie sich doch einfach einmal ein Blatt Papier und schreiben auf, was Sie an sich mögen.

Was glauben Sie, wie das Ergebnis ausfallen wird? Ist es nicht so, dass den meisten Menschen kaum etwas dazu einfällt? In unseren Seminaren haben wir das schon getestet. Manche Seiten blieben sogar unbeschrieben!

Nehmen wir nun ein neues Blatt Papier und notieren, was wir an uns nicht mögen. Wie ist Ihre Vermutung? Richtig, dieses Blatt ist schnell gefüllt. Manchmal reicht ein Blatt nicht aus, um all die Dinge, die wir an uns nicht mögen, zu notieren.

Woran liegt das?

Wir können uns nicht so annehmen, wie wir sind. Immer wieder finden wir etwas in oder an uns, an dem wir etwas auszusetzen haben. Zudem kennen wir uns mit uns selbst bestens aus. All unsere vermeintlichen Schwächen sind uns geläufig, denn sie wurden uns von Kindheit an immer wieder vor Augen geführt, so lange, bis wir um die Schwächen wussten und genau die Folgen davon zu spüren bekamen.

Wir selbst kennen uns besser als jeder andere Mensch im Außen uns kennt, weil wir um jedes einzelne, nicht erreichte Ziel und um jedes einzelne eigene Versagen von uns wissen. Also fällt das Selbstbild, das wir von uns selbst haben, in den meisten Fällen schlechter aus als die Meinung anderer Menschen über uns.

Dennoch sei an dieser Stelle bereits verraten, dass jeder Mensch einzigartig ist. Jeder Mensch ist hier in seiner Einzigartigkeit auf dieser Erde, um seine Vollkommenheit zu leben. Zweifeln wir an der Vollkommenheit von Gott? Nein, diese göttliche, bedingungslose, urteilsfreie und allumfassende Liebe stellen wir nicht in Frage, denn sie ist vorhanden! Wäre ein einzelner Mensch nicht gerade an dem Punkt, an dem er gerade steht, gäbe es keine Vollkommenheit auf der Erde und im gesamten Kosmos.

Das morphische Feld ist die Verbindung von Allem mit Allem. Daher wirkt sich in dieser Verbundenheit das Verhalten des Einzelnen immer auf das gesamte Umfeld aus. Und da es kein Verhalten im Außen ohne Grund gibt, dürfen wir in unser eigenes, inneres Erleben schauen. Hier ist der Auslöser in uns selbst für unser Verhalten im Außen.

In unserem Gehirn befindet sich das limbische System. Es hat die Eigenschaft, auf Gefühle sehr intensiv zu reagieren. Das Interessante daran ist, dass das limbische System im Gehirn nicht unterscheiden kann, ob wir etwas erhalten oder etwas abgeben. Widmen wir uns nun anderen Menschen in Liebe und mit sehr viel Herzgefühl, dann ist es für das Gehirn so, als hätte es etwas erhalten. Dies ist ein Schlüssel, das zu leben, weshalb wir hier auf der Erde sind.

Helfen wir anderen Menschen und stellen uns in den Liebesdienst für andere Menschen. Konzentrieren wir uns darauf, anderen Menschen zu geben statt zu nehmen, dann sind wir im Zentrum der göttlichen Quelle, weil wir dann in das Eins-Sein mit Allem verschmelzen und unser wahres Sein erkennen. Wir erhalten sodann in großem Maße Geschenke zurück, die wir aus dem Herzen und in der Liebe wahrnehmen und erkennen können.

Nehmen wir unsere Mitmenschen und Situationen mit Liebe aus dem Herzen an, sind wir in einem vollkommen neuen Prozess, nämlich uns selbst anzunehmen. Nehmen wir uns selbst an, so wie wir sind, dann verändern sich im Außen die Projektionen. Wir glauben immer, dass das Außen getrennt ist von unserem Inneren. Das Gegenteil ist der Fall. Das Außen spiegelt unser Inneres und umgekehrt. Gleiches zieht Gleiches an. Die Außenwelt ist die sichtbare Leinwand unserer Innenwelt.

Lieben wir die Menschen, dann lieben wir uns selbst. Lieben wir uns selbst, dann lieben wir die Menschen. Es gibt keinen Unterschied darin. Wir sind das Außen. Wir sind alles, was uns umgibt, angefangen von jedem einzelnen Stein, jeder Pflanze, jedem Tier, jedem Lebewesen. Und wenn ich Lebewesen sage, dann sind damit auch die Lebewesen oder Geistwesen gemeint, die wir nicht so ohne weiteres sehen. Es ist wie das Auswählen eines TV-Programms. Wähle ich einen Sender, dann sind die anderen Sender ebenfalls vorhanden, auch wenn ich sie gerade nicht anschaue.

Ärgern wir uns zum Beispiel über einen Menschen, von dem wir uns vielleicht beleidigt oder verletzt fühlen, dann ärgern wir uns über uns selbst. Wie gesagt, Gleiches zieht Gleiches an. Unser Gegenüber im Außen ist der Mensch, der uns etwas sagen will mit seinem Verhalten, der uns etwas spiegelt, nämlich wer und was wir sind. Er reflektiert in unserem Inneren Gefühle und Verhaltensweisen sowie Persönlichkeitsanteile, ebenso alte emotionale Verletzungen des inneren Kindes.

Solch ein Mensch, den wir als Widersacher für uns im Außen erkennen, ist ein guter Coach, aus der Situation und aus dem Verhalten dieses Menschen etwas über uns selbst zu lernen, wenn wir nicht bewerten, sondern beobachten, was in unserem eigenen Inneren vorgeht. Es ist ungefähr so, als würden wir uns in einem großen Kokon aufhalten, der im Inneren verspiegelt ist. Es ist wie eine Ei-Matrix, ein riesiges Ei aus Spiegeln, die uns in allen erdenklichen Facetten aufzeigen, wer und was wir sind.

Wie können wir damit umgehen? Unser Verstand und unser Ego können es nicht zulassen, dass wir im Außen unser Inneres erkennen.

Nur wenn wir dem Ruf unseres Herzens folgen, sind wir in der Lage, uns dafür zu öffnen. Es ist das Aufschließen eines Tores, das wir nur von innen aus dem Herzen her öffnen können. Das erfordert eine Transformation des eigenen Egos.

Durch unsere Erziehung und besonders in der Pubertät wird das Ego gebildet. Wir erleben uns aus dem

Verstand, weniger aus dem Herzen. Das Ego ist zu erklären über seine äußeren Merkmale. Es sagt: *„Dein wahres Sein ist der Besitz und das Eigentum".* Dabei möchte uns das Ego sagen: Je mehr du hast, desto wertvoller bist du! Was tun die meisten Menschen?

Sie gehen auf die Suche nach Besitz und Reichtum. Sie wollen haben und besitzen, und das, was sie haben, vermehren und schützen. Was ist nun, wenn Menschen, die so denken, den Besitz verlieren? Verlieren Sie sich dann selbst?

Das Ego sagt: *„Meine Tätigkeit ist mein Sein."*

Hängt mein Erfolg, mein Wert von meinen Leistungen ab? Leistungserfüllung um jeden Preis führt zu einem unerfüllbaren Kreislauf und zu dem Gefühl, nie gut genug zu sein. Wir glauben, wir müssen mehr arbeiten, mehr verdienen, befördert werden, Karriere machen. Dies ist ein fragwürdiges Unterfangen. Denn: ist es ein Erfolg, das alles zu erreichen?

Es ist ein Programm, *„die Nr. 1"* zu werden in allen Belangen. Das Leben wird zu einem Kampf gegen alle anderen, die das Gleiche wollen. Es ist eine Art Konkurrenzglaube, dass unser gesamtes Leben ein Wettkampf ist. Denken Sie einfach einmal nach, wie es im Sport ist?

Schneller-höher-weiter-besser! Hauptsache Gewinnen!

Das Ego sagt: *„Mein Sein ist, wie mich andere wahrnehmen."* Wir fühlen uns meist nicht gut, wenn andere uns nicht mögen. Wir glauben dann, nicht geliebt zu sein, es nicht Wert zu sein Liebe zu empfangen. Unterwerfen wir uns dann nicht der Meinung anderer Menschen? Wollen wir anderen Menschen gefallen, in deren Wertvorstellungssystem hinein passen, damit wir geliebt werden? Das halten wir nicht durch!

Ist es nicht wichtiger, in die eigene Wertvorstellung zu kommen, sich selbst als wertvollen Menschen wahr- zunehmen und anzuerkennen, so wie wir sind? Das Ego sagt: *„Dein Sein ist getrennt von allem anderen."*

Getrenntsein ist Isolation!

Wenn wir uns getrennt fühlen, dann empfinden wir uns auch unbewusst getrennt von der göttlichen Schöpfung und Schöpferkraft. Trennung ist ein Gefühl von Alleinsein, nicht dazu zu gehören. In dem Wort ALL-EIN-SEIN steckt jedoch, ein Teil von ALLEM zu sein. Es geht um das EINSSEIN mit ALLEM.

Das bedeutet, wir alle kommen aus einer einzigen Quelle, die man als höheres Bewusstsein, als göttliche Urquelle oder als Gott bezeichnen kann. Diese Quelle ist gleichzeitig in uns und außerhalb von uns in der Begegnung mit allem, was im Außen ist. Wir sind das Außen, weil es eine Projektion von uns ist, die wir in jeder einzelnen Sekunde erschaffen.

Machen wir uns bewusst, wer wir wirklich, nämlich ein Teil dieser Quelle, ja sogar diese göttliche Quelle selbst sind, dann gibt es niemals ein Getrenntsein. Wir stehen mit allem in Verbindung.

Wir sind dann das „ICH-BIN"- in Gott und „Gott in uns".

Ich = Gottesgegenwart
Bin = Aktivierung der Gottesgegenwart

Dann sind wir geführt von der göttlichen Liebe und erschaffen in jeder einzelnen Sekunde unsere Welt, die uns im Außen gespiegelt wird. Haben wir VERTRAUEN in unsere Gefühle, dann sind wir authentisch. Dann sind wir auch gleichzeitig im Vertrauen zum göttlichen Sein. Wir sind verbunden mit allen Ereignissen und Personen, die uns begegnen. Wir sind in der tiefen Kraft unseres Herzens. Die Gefühle sind der Maßstab zu erkennen, ob ich aus dem Ego handele, das die Frage stellt:

Wer bin ich? Woher stamme ich ab?

Dabei kann das Ego diese Frage nicht beantworten, da es sich getrennt von Gott wahrnimmt. Gefühle wie Stress, Wut, Nervosität entstammen dem Ego.

Die Gefühle sind auch der Maßstab dafür, ob ich aus dem höheren Selbst handele oder nicht. Diese Gefühle äußern sich über ein positives Selbstwertgefühl und dem Empfinden von Glücklich-Sein. In der Verbindung mit meinem höheren Selbst werde ich mit Glück belohnt. Dann folgen wir dem inneren, göttlichen Ruf.

In der tiefen Stille, die uns in die Liebe des Herzens führt, sind wir Eins mit der Quelle allen Seins. Es ist dann die Rückkehr zu Herzerkenntnis, zum Ursprung, zur Quelle, zum Wiedererkennen. Dieses EINSSEIN mit der universellen Schöpferkraft, mit allem, was ist und allem, was nicht ist, bedeutet folglich auch, sich der eigenen

Göttlichkeit bewusst zu sein. Es geht darum, zu erkennen, dass ein Leben in diesem göttlichen Bewusstsein uns einen neuen Lebenssinn geben kann.

Werden wir uns dieses Bewusstseins im göttlichen EINSSEIN gewahr, dann verändern wir uns im Inneren aus dem Herzen heraus. Gleichzeitig gibt es Veränderungen im Außen, das uns ja unser Selbst spiegelt und ebenfalls Veränderungsprozesse.

Dabei führen wir uns immer wieder vor Augen, dass genau das im Leben geschieht, das für uns wichtig und richtig ist. Wir dürfen sanft und flexibel zulassen, was auf uns zukommt, und Altes loslassen. Alles ist dann offen. Alles arbeitet und entsteht zum höchsten Wohle. Wir lassen also Gott zu. Das Ego dürfen wir loslassen, in dem wir in unser Herz gehen, und das Leben in der absolut vollkommenen Liebe mit Enthusiasmus (Gott im Inneren) annehmen.

Mut, wirkliche **DE-MUT** ist erforderlich, es ist der Mut, Gott (DEUS) in uns selbst wahrzunehmen, anzunehmen und seine Liebe zu leben! So entsteht Vertrauen und das Annehmen des eigenen höheren Selbst. Wir lernen das Leben zu lieben, und die Herzensliebe in diesem Leben zum Maßstab aller Dinge zu machen.

Dieses göttliche Geschenk ist der Schlüssel, den eigenen Lebenssinn und die eigene Bestimmung zu erkennen. Wir erlauben, uns von der höchsten göttlichen Quelle, die in uns ist, führen zu lassen und uns ihr anzuvertrauen.

Genau nach dem hermetischen Prinzip: *„Innen wie Außen – Außen wie Innen"* zeigt sich deutlich, dass ein liebevolles, dienendes, helfendes Handeln im Außen ein Geschenk für uns selbst ist, weil es im Innen spürbar ist. Wir erhalten diese Liebe und Zuwendung wieder zurück, so viel, wie wir vertragen können. Wir alle sind wahre Meister im Projizieren nach außen. Seien wir also auf der Hut!

Als Instrumente der Liebe einem anderen Menschen gegenüber dürfen wir Respekt vor allem Leben zeigen, aufrichtige Ehrlichkeit praktizieren, Güte und Hilfsbereitschaft aus der Liebe des Herzens zeigen, ohne darauf zu warten, ob wir etwas dafür zurück erhalten.

Gott verschenkt sich allen Menschen, denn wir sind göttliche Wesen, die durch die Liebe aus unserem Herzen und durch äußere Projektionen die Liebe wahrnehmen können.

Projektionen können wir grob in 4 Bereiche einteilen:

1. Was mich am anderen ärgert, aufregt, stört oder in Wut geraten lässt, das habe ich selbst in mir und wünschte, dass es anders wäre.
2. Das, was ein anderer an mir verändern will oder an mir kritisiert, zeigt mir, dass es mich *„betrifft"* und damit in mir selbst nicht erlöst ist, wenn es mich kränkt oder beleidigt.
3. Alles, was ein anderer an mir kritisiert, verändern oder bekämpfen will, ist dessen Bild, dessen eigene Unzulänglichkeit, dessen Charakter, sofern es mich nicht berührt.

4. Alles, was ich an einem anderen Menschen liebe, was mir an ihm gefällt, bin ich selbst. Ich habe es in mir. Dadurch liebe ich es auch im anderen, denn ich erkenne mich selbst im Gegenüber.

ERKENNE DICH SELBST IM GEGENÜBER!

In dem Wort Person steckt das lateinische Wort *„Sonare"* für Hindurch-Scheinen oder Hindurch-Strömen. Das heißt, jeder andere Mensch ist dein Spiegel.

Der Schlüssel ist, darauf zu schauen, wer oder was uns umgibt, und dabei stellen wir uns die Frage: Was hat das mit mir zu tun, wenn dich etwas an Diesem oder Jenem stört? Würden wir versuchen, die Dinge, die uns am Gegenüber stören, bei diesem zu ändern, dann würden wir lediglich unser eigenes Spiegelbild bekämpfen. Also, es ist besser, in sich selbst zu suchen. Wir finden, wenn wir nicht das Außen bewerten, sondern beobachten, was wir dabei empfinden.

Dich findet immer, was du suchst.

Nach allem, was Sie bisher gelesen haben, werden Sie erkennen, dass wir selbst mächtige Schöpfer sind, denn wir erschaffen unsere eigene Realität.

Lerne das Leben lieben!

Das Leben lieben heißt auch, sich selbst zu lieben, sich selbst wahrzunehmen, sich selbst als das zu erkennen, was wir in Wahrheit wirklich sind. Der Weg zur Selbstliebe ist die Aufmerksamkeit, die Achtsamkeit der Gedanken.

Täglich senden wir ca. 60.000 bis 80.000 Gedankeninformationen aus, die Auswirkungen auf uns selbst, doch gleichzeitig auch Auswirkungen auf die äußeren Begebenheiten haben. Tägliche Körperhygiene ist uns geläufig, doch wie steht es mit der Hygiene der Gedanken?

Die Frage ist: Wie denke ich selbst über das Leben?

Du bist, was du denkst!

Deine inneren Programme erschaffen deine eigene Realität, bewusst oder unbewusst. Nur wenn du diese Programme erkennst, dann kannst du sie verändern! Denken kann dich einschränken oder befreien. Es ist deine eigene Entscheidung.

Sehe ich das Leben als schwere Pflichterfüllung, als trauriges Ereignis, das ich mir angeblich nicht ausgesucht habe? Oder sehe ich das Leben als etwas, das ich vor meiner Inkarnation vereinbart habe, in dem alles gut ist, wie es ist und wie es geschieht? Sehe ich mich minderwertig, nicht geliebt, mit Fehlern behaftet? Oder nehme ich mein Leben an mit der Einstellung: Alles ist richtig, wie es ist?

Es geschehe dir nach deinem eigenen Willen! Das steht schon in der Bibel.

Wie also denke ich über mich selbst?

Habe ich einen Glaubenssatz aus einer negativen Polarität, dann schaue ich mir den Pluspol an, so dass ich das alte Programm ins Gleichgewicht bringe und damit in die **NEUTRALITÄT**.

Wie schaffe ich das?

Ich fühle und horche in mich hinein. Ich betrachte meine Gefühle und ihren Ursprung, der vielleicht aus der Kindheit stammt, lasse Intuition zu und höre auf meine Herzenswünsche, auf meine Träume. Damit erschaffe ich neue Programme, die ich aus der Liebe meines Herzens heraus real werden lasse.

Gedanken und Überzeugungen schaffen Wirklichkeit, die wir als unsere Realität erfahren.

Stellen wir uns eine Waage vor: auf der einen Seite ist ein Sack mit vielen negativen Gedanken, die sich so manifestieren konnten. Auf der anderen Seite der Waage steht ein kleinerer Sack mit positiven Gedanken. Verändere ich meine Gedanken in positive Gedanken mit einem großen Vertrauen, dann gelingt es schließlich, diese Waage in die Balance zu bringen. Durch die Kraft der Gedanken entsteht Resonanz, die Liebe und Erfolg an sich zieht.

Das Vertrauen und der Glaube in unsere eigene Schöpferkraft finden immer im Leben einen Weg oder eine Lösung, wobei Glaubenssätze entweder starke Bremsen oder starke Antriebe sein können.

Wenn wir das verstehen, können wir durch ein Bewusstmachen unsere inneren Einstellungen und Glaubenssätze verwandeln. Wir lernen damit, Gedankenmuster und Glaubenssätze in die Neutralität zu bringen. Alles sollte gleich - gültig sein in dem Sinne, dass alles die gleiche Gültigkeit hat. Annehmen, was ist, heilt! Dabei sind wir in all unserem Tun und all unserem Handeln frei. Freiheit und Freiwilligkeit sind die Basis. Auf dieser Plattform und unter diesen Voraussetzungen dürfen wir unser Leben gestalten.

Wie denke ich über mich?

Gedankenmuster könnten sein:

Ich bin nicht schön genug, gut genug, intelligent genug.

Gedankenmuster aus dem Gegenpol sind:

Ich liebe mich so, wie ich bin! Ich bin genau richtig so, wie ich bin!

Gewiss, wir sind genauso. wie wir jetzt sind, richtig und am richtigen Platz in diesem Leben. Wären wir nicht an diesem Platz, so wie wir erschaffen und beschaffen sind, wäre das Universum anders.

Jeder einzelne Mensch übernimmt in seinem Leben eine gewisse Aufgabe über seine Energie, die er aussendet. Verändert er sein Dasein durch Spiritualität und klare Bewusstseinsanhebung in ein liebevolles und damit göttliches Leben, erkennt der Mensch den Sinn seines Daseins.

Jedes gesprochene Wort und jeder einzelne Gedanke eines jeden Menschen findet in allen Universen und Dimensionen eine Resonanz. Das heißt, Gedanken beginnen sich sofort in unserem multidimensionalen

Universum zu manifestieren, weil sie Energie sind. Das unterstreicht die wundervolle Bedeutung von uns allen.

Wir sind am richtigen Platz, in der richtigen Situation, in der richtigen Zeit, jeder Einzelne von uns! Die Quantenphysik kann schon seit langer Zeit beweisen, dass alles miteinander verbunden ist.

So können wir uns unserer Verantwortung nicht mehr entziehen, nämlich zu erkennen, wie wichtig es ist, das Licht der Liebe Gottes in die Herzen strömen zu lassen, uns unserer eigentlichen Aufgabe bewusst zu sein, Licht und Liebe auszusenden. Licht und Liebe schwingen in uns selbst und gleichzeitig in allen Universen und Dimensionen. Wir sind das Außen, denn wir erschaffen durch Resonanzen Realitäten in jeder einzelnen Sekunde unseres Daseins.

Wir erkennen unseren Wert, unseren Selbstwert und damit unsere Selbstliebe, die wir in uns selbst leben und lieben dürfen. *„Liebe dich selbst wie deinen Nächsten"*. Ohne Selbstliebe kann ich einen anderen Menschen auch nicht wahrhaft lieben.

Wie steht es nun mit unserer Selbstliebe?

Stellen wir uns immer wieder zurück und vernachlässigen unsere eigenen seelischen und vitalen Interessen und Bedürfnisse?

Jeder neue Tag bietet uns die Chance zum Neuanfang.

Was möchte ich in meinem Leben erleben und erfahren? Eine Komödie oder ein Drama, Langeweile oder Hochspannung, Lust oder Frust?

Wenn wir morgens früh aufstehen und uns vor dem inneren Auge vorstellen, welche vielen unangenehmen Pflichten wir an diesem Tag zu verrichten haben, dann haben wir schon verloren und den Sack mit den Negativpolen auf der beschriebenen Waage gefüllt.

Sagen wir nicht Nein zum Tag, sondern begrüßen wir jeden einzelnen Tag mit einem freudigen **JA!** Gehen wir in die Welt unseres Herzens und fühlen intuitiv, welche positiven Visionen wir für den Tag entwerfen können.

Wie erschaffe ich diese Visionen?

Lernen wir, das Leben zu lieben, in dem wir uns den Tag persönlicher gestalten, um dadurch mehr Freude zu erleben. Es gibt oft äußere Gegebenheiten, denen wir uns nicht so leicht entziehen können, doch das *„Wie"* liegt in unserem Gestaltungsbereich. Versuchen wir es einfach alle: schenken wir unseren Mitmenschen Hilfsbereitschaft, Mitgefühl (Vorsicht, das hat nichts mit Mitleid zu tun!), Herzlichkeit und kommen wir ihnen mit mehr Geduld und Gesprächsbereitschaft entgegen.

Verwandeln wir das mürrische, schlecht gelaunte und sorgenvolle Gesicht in ein Lächeln, in ein Kompliment, vielleicht sogar mit einem wundervollen Blumenstrauß, den wir uns einfach einmal selbst schenken und ein paar Tage Freude daran haben.

Glauben Sie mir, die Lichtwesen freuen sich über freudige, lustvolle und liebevolle Menschen, die aus dem Herzen sich selbst lieben und diese Liebe über andere Menschen erfahren dürfen.

Stellen Sie sich die Frage: was biete **ich** diesem neuen Tag? Fühlen Sie sich nicht abhängig vom Außen, vielleicht vom schlechten Wetter, von schlecht gelaunten Menschen oder von unschönen Situationen. Sonst bleiben Sie ein Spielball des Schicksals.

Seien wir uns im Klaren, dass wir selbst aus dem Gestern das Heute kreieren. Also steuern wir das Lebensgefühl positiv aus uns selbst heraus! Wir gestalten es selbst, und es liegt in unserer Hand. Nehmen wir uns an, trauen wir uns etwas zu.

Jeder ist der wichtigste Mensch in seinem eigenen Leben. Das hat nichts mit Egoismus zu tun. Nur wenn es uns selbst gut geht, können wir hilfreich für andere Menschen sein. Niemand hat etwas davon, wenn wir unsere Energie auspowern.

Aufmerksamkeit zieht Energie an, also sind wir sehr aufmerksam über unsere Gedanken und unsere Gefühle, die über die Botenstoffe aus dem Gehirn in unser System einströmen. Damit informieren wir jede einzelne Zelle in unserem Körper.

Die Information gestaltet die Form!

In unserem Leben geben wir selbst den Ereignissen eine Bedeutung, so dass wir selbst entscheiden, ob wir ein

Ereignis verdrängen, oder ob wir es genau betrachten und damit verstehen lernen.

Verdrängen wir ein Ereignis, da es uns lästig oder unangenehm erscheint, dann verschieben wir es in die Zukunft unseres Lebens.

Es lässt sich dann nicht verhindern, dass wir unseren eigenen Handlungsspielraum einengen. Das Ereignis wird uns immer wieder gespiegelt, nachdem sich ähnliche Ereignisse wie Ballast in unserem feinstofflichen System angestaut haben. Verstehen wir das Ereignis, dann erweitert es unseren Spielraum, denn Bewusstwerdung ist Heilung!

Nur wir selbst messen den Gegebenheiten eine Bedeutung zu!

Jeder einzelne Mensch hat die Freiheit, sich durch eine veränderte Betrachtungsweise und Wahrnehmung aus den selbst definierten Zwängen zu befreien und sich dadurch zu entwickeln. Wir haben die Freiheit, uns aufzuregen, oder es zu lassen. Nach einem extremen Ärger kann es bis zu vierundzwanzig Stunden dauern, bis die Hormone, die Atmung, die Herzfrequenz wieder auf Normalniveau arbeiten.

Denken wir immer wieder daran, dass wir zu einem hohen Prozentsatz aus Wasser bestehen und dadurch mit jedem einzelnen Gedanken unsere Zellen verändern, entweder in ein schmutziges Gebilde oder in einen leuchtenden Kristall, wie Masaru Emoto in seinen Bildern eindeutig zeigt.

Lösen wir uns von den Erwartungshaltungen anderer Menschen. Erwartungshaltungen sind Quellen für Frust und Ärger. Verhalten sich die Menschen nicht so, wie wir es erwartet haben, dann fühlen wir uns gekränkt, wenn wir im unbewussten Zustand sind. Legen wir also unsere Erwartungshaltungen ab. Niemand möchte uns absichtlich verletzen.

Stoßen wir uns nicht an Notwendigkeiten im Alltag, die abzuarbeiten sind. Es sind äußere Bedingungen unserer dreidimensionalen Matrix-Welt, die zum materiellen Leben dazu gehören.

Lernen wir Zufriedenheit empfinden, denn Zufriedenheit ist eine Frage von Intelligenz. Diese Zufriedenheit erreichen wir nur in uns selbst, nicht durch äußere Verhältnisse. Wenn wir von äußeren Faktoren wie Lob oder Anerkennung von anderen abhängig sind, dann sind wir nicht frei! Wenn wir uns selbst leben wollen, dann braucht es den Mut, nicht „everybody´s Darling" zu sein.

Beobachten wir also täglich unsere Gefühls- und Gedankenprogramme und transformieren diese in eine Ausgewogenheit, damit wir lernen dürfen, das Leben zu lieben, das uns dann reich beschenkt.

Das Ganze ist in jedem Teil anwesend, auf jeder Ebene der Existenz. Die lebendige Wirklichkeit, total, ungebrochen und ungeteilt, befindet sich in uns allen.
David Bohm, Physiker

Körper - Seele - Geist

Ramana Maharshi, ein indischer Weiser, fand treffende Worte, die das Selbst benennen:

„Das Selbst kann nicht erreicht werden. Wenn das Selbst erreicht werden könnte, würde das bedeuten, dass das Selbst nicht hier und jetzt ist, sondern dass es erst noch erlangt werden muss. Was neu erworben wird, wird auch wieder verloren werden. Was nicht beständig ist, ist es nicht wert, erstrebt zu werden. Du bist bereits das Selbst!"

Entscheiden wir uns für den spirituellen Lebensweg, dürfen wir lernen, einen Weg zu beschreiten, der uns zu uns selbst führt, der uns deutlich macht, dass wir ALLES sind. Alles ist in uns und um uns. Alles ist ein Teil des großen Ganzen, innen wie außen. Wir sind das Außen, wir sind das Innen. Alles sind wir selbst. Die Spiritualität ist die gefühlte und gelebte Verbindung mit dem göttlichen Sein, getragen von bedingungsloser Liebe. Das bedeutet, dass wir Menschen einen göttlichen Funken in uns tragen. Die ICH-BIN-Gottheit ist in allen Menschen. Wir dürfen uns nur bewusst sein, dass wir dieses ICH-BIN-Gottesbewusstsein in uns wiederfinden.

Es ist die direkte Verbindung zur göttlichen Urquelle, die sich in allem Sein, in allen Universen, im gesamten Kosmos zeigt, alles ist Gott und Göttin zugleich. Alle Wesenheiten, Menschen, Tiere, Pflanzen, die Erde, die Planeten, alle Galaxien, alle Universen, das Licht der Sonne, die Wolken, der Regen, alle feinstofflichen Wesen der geistigen Welt, Seelen, Fremdenergien, egal ob wir sie als lichtvoll oder dunkel bezeichnen, all das ist Gott.

Wenn wir dies in unserem tiefen Mitgefühl, in Dankbarkeit und tiefer Überzeugung in unserem Herzen verinnerlichen, dann sind wir in dieser wunderbaren Gottesenergie, dann sind wir ein bewusster Teil der universellen, allliebenden Schöpferkraft, ein Teil des Ganzen. Dann sind wir wie die Tropfen in einem Ozean, weil wir gleichzeitig unser Ego erlösen. Es gibt dann kein Ego mehr, sondern nur noch reines Bewusstsein, nur noch Gott.

Sagen wir zum Beispiel: *„Ich bin krank"*, dann ist das eine Verzerrung, denn Gott in der Manifestation des ICH-BIN-DAS-ICH-BIN in uns allen und in allem, was uns begegnet, was existiert, oder nicht existiert, ist niemals krank. Krankheit im Verhältnis zur Gesundheit ist eine Seite der Dualität. Krankheit ist ein Aufruf unserer Seele an uns, ein anderes Leben zu führen.

Menschen sind eine Einheit aus Körper, Seele und Geist. Auf den Geistlichtreisen werden mir diese Bereiche des Menschen gezeigt als verschiedene Schwingungen. Sind die Schwingungsmuster von Körper, Seele und Geist unterschiedlich, also disharmonisch, dann können

Krankheiten entstehen. Dagegen zeigen harmonische Schwingungen von Körper, Seele und Geist einen Zustand von Gesundheit.

Menschen sind geneigt, immer den Körper anzuschauen. Die hohen Lichtwesen, die mich auf meinen Reisen begleiten, legen ihren Fokus auf den seelischen und feinstofflichen Bereich des Menschen. Sie sind eher interessiert an der Heilung der Seele als an Heilung des Körpers, da der Körper der Seele und dem Geist folgt.

Für die geistige Welt sind wir geistige Wesen, die körperliche Erfahrungen sammeln. Also sind wir für sie weniger körperliche Wesen, die geistige Erfahrungen machen dürfen. Das ist ein bedeutender Unterschied in der Sichtweise.

Die lichtvollen geistigen Wesen befassen sich mehr mit der Reise durch die verschiedenen Leben. Sie können unser ganzes Sein beleuchten, während sie vor uns stehen. Sie erkennen in unserem Energiefeld vergangene Leben, unser gegenwärtiges Leben und zukünftige Leben.

Wir alle haben eine andere Art zu denken, kommen aus unterschiedlicher spiritueller, kultureller Herkunft und Erziehung. Unabhängig davon ist es wichtig, dass wir mit hoher Aufmerksamkeit darauf achten, durch die Art, wie wir denken, unsere spirituellen und physischen Körper nicht zu beschmutzen und damit zu verunreinigen.

Daher sind bei manchen Menschen Heilungen schwieriger, da es vom Ausmaß der Verschmutzungen abhängt, also vom Schweregrad der Gedanken, Worte und Handlungen. Das führt zu Ungleichgewichten in Körper, Seele und Geist, so dass die Entstehung von Krankheiten begünstigt wird. Diese Störungen sind verbunden mit dem Körper, mit der Seele und mit dem Geist und bedingen sich wechselseitig.

Gesundheit ist ein Begriff, der individuell ist, nicht als allgemeingültig benannt werden kann, da wir subjektiv ein inneres Empfinden haben. Wir können krank sein und uns dennoch gesund fühlen. Allgemein kann ich sagen, dass Gesundheit eine Seite des dualen Pols im Einklang mit sich selbst und der Umwelt ist.

Krankheit selbst ist ein Begriff, der in unserer Welt negativ besetzt ist, weil er den Gegenpol zur Gesundheit darstellt. Dennoch ist Krankheit ist ein Prozess, der uns lehren will, umzukehren, wieder in die Balance zu gelangen, in den Einklang mit sich selbst und der Umwelt. Krankheit als Weg oder Sprache der Seele sind Themen, die in Büchern hinreichend erklärt werden. Es sind Geisteshaltungen in uns, die wir durch Krankheiten bewusst wahrnehmen und wieder erkennen können. Durch diese Erfahrungen entsteht ein Pendeln zwischen Gesundheit und Krankheit mit dem Ziel, wieder in die Balance zu kommen. Das kann unterstützt werden durch *„Meditation"*. Sie bringt uns wieder in die eigene Zentriertheit.

Das Wort „Medizin" kann auch so ausgelegt werden: *„Medi-Zie(h)n"*, also wieder in die Mitte ziehen, nur mit anderen Mitteln. Übrigens: das Wort *„Medikamente"* (medica mente) heißt übersetzt: *„Heilung durch den Geist"*.

Aha, da ist sie ja wieder, die Mitte!

Die Balance ist die Übung. Weder Gesundheit noch Krankheit sind statisch. Sie sind dynamisch und kraftvoll, weil sie uns durch die Gegensätzlichkeit zeigen, an welcher Stelle der Waage wir stehen, und wo unsere „Baustellen" sind, die wir noch bearbeiten dürfen.

Gesundheit und Krankheit sind für unsere Weiterentwicklung sinnvoll. Es ist wie Pendeln zwischen zwei Polen, die nur die Spiegelverkehrung der anderen Seite sind. Dabei spielt der Stress neben den Gedanken eine Hauptrolle und ist einer der größten Initiatoren für Krankheiten.

Hohe Stressfaktoren im Leben führen zu Belastungen von Körper-Seele-Geist und bedingen Krankheiten. Wenn das Haupt krank ist, dann trauern die Glieder, so heißt es in einem alten Sprichwort. Die Seele spürt Verletzungen und Kränkungen, die sich im Körper als Krankheit manifestieren können. Die Seele ist hier aus dem Gleichgewicht und lässt den Körper nicht gesund werden. Erst, wenn sie selbst genesen darf, kann Heilung für den Körper geschehen. Im Umkehrschluss geben die körperlichen Leiden den Hinweis auf die eigene Bedürftigkeit, und sie sind hilfreich, sich selbst zu erkennen.

Auf den Geistlichtreisen sind alle Formen von heilenden Möglichkeiten durch die lichtvollen Wesen erkennbar. Alle Bereiche des Menschen werden berücksichtigt, sofern es seinem höchsten Wohle dient.

Die Lichtwesen schauen die Seele und den Geist, auch den Körper an, der in Wechselwirkung zu Seele und Geist steht. Es ist faszinierend, dabei zu sehen, welche Bilder die Seelen der betreffenden Menschen zeigen und zugänglich machen. Die Lichtwesen transformieren die Energien von Krankheiten, letztlich, um die Balance wieder herzustellen, die Waage wieder ins Gleichgewicht zu bringen.

Mit dem Thema Heilung geht es nicht nur um vollkommenes körperliches Wohlbefinden. Heilung umfasst nicht allein den Körper, sondern wie bereits erwähnt auch Seele und Geist. Ein Problem, auch körperlicher Natur entsteht nur durch ein entsprechendes Bewusstsein, mit dem Erlebnisse und Ereignisse in einer ganz bestimmten Art und Weise erlebt und erfahren werden. Heilung umfasst nicht nur die Wiederherstellung der körperlichen Gesundheit, das wäre nicht tiefgreifend genug, sondern ein Heilwerden als ganzheitliches Geschehen auf allen Ebenen. Heilung kann jeden Augenblick und immer stattfinden.

Ich erlebe bei meiner Lichtarbeit, dass es sogenannte unheilbare Krankheiten nicht gibt. Es gibt jedoch immer wieder unheilbare Hilfesuchende. Je schwerwiegender eine Erkrankung zu sein scheint, desto mehr ist eine Bewusstseinsveränderung bei diesem Menschen von Nöten.

Jede Erkrankung ist also eine Berufung an den Menschen, ein anderes Leben zu führen. Heilwerdung geschieht demzufolge über Bewusstwerdung. In dem Augenblick, in dem ein Mensch tiefe Einsicht über sich und sein Leben erlangt, geschieht Heilung. Es erfolgt so, wie es auch Albert Einstein sinngemäß formulierte:

„Ein Problem kann man nicht mit dem gleichen Bewusstsein lösen, mit dem es entstanden ist." Das gilt auch für die Heilung.

Nach dieser Erkenntnis über sich selbst erzeugt der Mensch sofort andere Resonanzen. Damit ändert sich sein Feld, und er zieht ab diesem Moment andere Dinge und Personen in sein Leben.

Mit jeder Krankheit ist ein entsprechendes Bewusstsein verbunden, ohne das sie nicht entstehen könnte. Oft sind es unbewusste Dinge, auch innere Widerstände und Ängste, die sich körperlich manifestieren. Dinge, Menschen und Ereignisse, die wir vehement ablehnen, gehören genauso dazu wie die Ängste und Ereignisse aus längst vergangenen Tagen unserer frühen Kindheit, die gar nicht mehr zu unserem jetzigen Lebensalter passen.

Noch einmal sei betont, dass wir Menschen pro Tag ca. 60.000 - 80.000 Gedankeninformationen aussenden, bewusst oder unbewusst. Diese Gedankeninformationen beginnen sofort, sich in unserem multidimensionalen Universum zu manifestieren. Wenn wir uns darüber im Klaren sind, dass wir durch unsere Gedanken Resonanzen erzeugen, dann geschieht schon Heilung.

Gedankenhygiene ist für ein heiles Leben im Sinne von Ganzheit sehr wichtig.

Das multidimensionale Universum beginnt unsere Gedankenkräfte augenblicklich umzusetzen. Wir erleben dies dann durch Ereignisse im Außen und durch das Erleben im Inneren.

Der kranke Mensch erlebt sich selbst als getrennt vom Urgrund des Seins, getrennt von Gott. Er sieht sich nur noch auf der Körperebene und nicht mehr als geistiges Wesen, das hier auf der Erde ist, um körperliche Erfahrungen zu machen. Die Ganzheit erleben wir Menschen in der Verbindung mit der bedingungslosen göttlichen Liebe.

Bei meiner Geistlichtreise-Arbeit erschaffe ich eine Brücke zu dem Menschen, der um Hilfe bittet sowie der universellen Gottesenergie, die immer da ist. Die verschiedenen Religionen, zu denen sich die Menschen zugehörig fühlen, spielen dabei keine Rolle. Es ist egal, welchen Namen Gott jeweils trägt. Es sind nur unterschiedliche Interpretationen verschiedener Traditionen und Kulturkreise von der einen göttlichen Energie. Entscheidend ist die *"religio"*, also die Rück-verbindung zum göttlichen Sein.

Demzufolge ist ein Heiler ein Mittler und ein Kanal zwischen den Heilsuchenden und dieser Energie. Der Heiler stärkt das Vertrauen der Menschen in diese göttliche Kraft. Die grundsätzliche Annahme des Menschen, dass er heil werden kann, und sein Vertrauen darin, sind sehr wichtig. Ich bin auch schon zu Menschen feinstofflich gereist, die angaben, keinen Glauben zu haben. Dennoch erfuhren sie Heilung.

Das Vertrauen in die göttlichen Kräfte ist jedoch von Vorteil. Enge Mitarbeiter des bekannten Heilers Joao de

Deus sagen, dass der Mensch 50% der Heilung selbst übernehmen darf. Und das hat sehr viel mit Vertrauen zu tun, es ist das sogenannte Gottvertrauen.

Selbst bei den Menschen, bei denen eine körperliche Heilung nicht mehr möglich erscheint, der Point-of-no-Return erreicht wurde, stellen sich oft eine tiefgreifende spirituelle Erfahrung und tiefer innerer Frieden ein. Dies nimmt dem Krankheitsverlauf dann seinen Schrecken, so dass der Seele des betreffenden Menschen ein friedvolles Hinübergehen ermöglicht wird.

Unsere Lernaufgabe besteht darin, dieses Gleichgewicht, der entgegen ziehenden Fliehkräfte auch zu halten. Dies erfolgt durch hohe Aufmerksamkeit, durch die Liebe zu sich selbst und zu allem anderen im Außen.

Ich verweise nochmals auf das Thema unseres in der Kindheit programmierten Unterbewusstseins, das quasi automatisch in Programm-Mustern agiert und uns in eine Verhaltensweise hinein bringt, die wir ungeprüft leben, also unbewusst. Sind wir uns nun bewusst, welche Hintergründe zu einer Erkrankung geführt haben, können erst die Seele und danach der Körper genesen. Umgekehrt kann die Psyche durch einen genesenden Körper geheilt werden.

Zum Beispiel kann ein extrem stressreicher Beruf zu einer Erkrankung führen, die das Ausüben des Berufes nicht mehr möglich macht. Das kann ein Segen sein für den Menschen, der nun Ruhe und Kraft für seinen Körper wiederfinden kann.

Die Geistlichtreisen mit den hohen Lichtwesen führen oftmals zur Transformation und zu Heilreaktionen, denn die Maßnahmen der Lichtwesen berücksichtigen genau das, was gerade für den jeweiligen Menschen bedeutsam ist.

Der Fall von Manuel Ribeiro, zu dem ich mit den Lichtwesen reisen durfte, kann hier diesen Zusammenhang erklären.

Mario Ribeiro stammte aus Brasilien. Seine Eltern sind mit ihm nach Deutschland ausgewandert, da sein Vater hier beruflich zu tun hatte. Er war ein sehr braver, lieber Junge, der stets für andere Menschen da war. Nach einigen Jahren in Deutschland verstarb Mario Ribeiros Vater an einer Krebserkrankung. Die Mutter des Jungen blieb in Deutschland und schaffte es, ihrem Sohn eine gute Ausbildung zu ermöglichen. Er durfte sein Abitur machen, um dann ein Ingenieurstudium anzuschließen. Er stand mitten in seiner Doktorarbeit.

Ich erhielt einen Anruf, dass der junge Mann in die Notfallstation einer Klinik in München eingeliefert worden war mit sehr hohem Fieber und mit starken Atembeschwerden. Die Ärzte hatten ihn untersucht, konnten jedoch keine körperliche Ursache feststellen. Er bekam im Krankenhaus Infusionen, um das Fieber zu senken. Schließlich wurde ich zu Rate gezogen von der Freundin des jungen Mannes, die mich bereits aus einer eigenen Geistlichtreise kannte.

Am selben Tag lud ich die hohen Lichtwesen ein und reiste mit ihnen in das Krankenhaus. Dabei verband ich mich aus dem Herzen mit den hohen Lichtwesen und spürte eine große Wärme in meinem Herzchakra. Als wir ankamen, lag Mario Ribeiro in seinem Bett. Ich sah ein rotes Gesicht, ansonsten war der Körper fahl und grau.

Ein Wesen aus einer grauen Masse, ähnlich wie ein Wurm, lag auf seinem Brustkorb. Es ließ ein schleimiges Sekret in Marios Körper hineintropfen, in beide Lungenflügel, in den Hals und in die Blutbahn. Gleichzeitig sah ich in ihm ein rot glühendes Wesen, das sich seines Körpers bemächtigt hatte. Diese Wesenheiten zeigen meistens ein seelisches Problem an, das hinter der körperlichen Erkrankung steckt.

Die Lichtwesen stellten sich um seinen Körper und ließen aus ihren Herzen und Handinnenflächen eine gleißend weiß-goldene Lichtenergie in seinen Körper strömen. Gleichzeitig bildete sich um den Körper des jungen Mannes eine Lichtpyramide, die von Gott ein golden-glitzerndes Licht um und in den Körper einströmen ließ. Das Licht strömte auch über die Flächen der Pyramiden in den Körper hinein.

Ein tiefes Gefühl von Traurigkeit presste meine Brust zusammen, als ich dieses Leiden sah. Ich fühlte eine tiefe emotionale Verletzung im Herzen des Mannes, die mich tief berührte.

Die Lichtwesen schauten mich an. Sie erkannten, dass ich genau diesen Schmerz fühlte. Ein strahlendes Licht aus dem Herzen von Christus in meine Richtung brachte mich wieder in meine Neutralität, die sehr wichtig ist auf diesen Geistlichtreisen.

Christus und Erzengel Raphael zogen beherzt, und dennoch in absoluter Liebe, das graue, wurmartige Wesen von seinem Körper herunter. Es zeigte seine Zähne und wehrte sich sehr heftig. Doch die Lichtwesen ließen sich nicht beirren. Sie legten es in eine golden-weiß strahlende Lichtsäule. Diese hatte im Inneren eine Sogwirkung und beförderte spiralförmig den dicken Wurm ins Licht. Hier wurde er durch göttliche Transformation verwandelt.

Wir wandten uns wieder Mario Ribeiro zu, der stöhnend, unter großer Fieberhitze leidend, auf seinem Bett lag.

Eine starke und intensive Lichtenergie aus der Pyramide, in der er jetzt lag, zog mit großer Kraft das Graue von ihm fort wie eine Art Trauerschleier. Angstwolken, die um ihn schwebten, samt Angstwesen wurden von ihm weg gezogen. Sie wurden über die Spitze der Pyramide nach außen geleitet und durch göttliche Energie transformiert.

Christus stellte sich an das Kopfende. Er legte sanft seine Hände um die Schläfen von Mario Ribeiro. Golden-weißes Licht strömte aus seinen Handinnenflächen in die beiden Gehirnhälften des jungen Mannes, so dass die neuronalen Verbindungen verändert werden konnten. Auch wurde ein heilendes kühlendes Licht in seine Zellen geströmt um das Fieber zu senken, das eindeutig mit diesem rot glühenden Wesen in ihm in Verbindung stand. Christus konnte sich gedanklich mit Mario Ribeiro verbinden, so dass er auch mit dessen Gehirn verbunden war. Zu dem roten Aggressionswesen sprach Christus mit Mario Ribeiros Stimme und aus seinem Wissen herleitend:

„Ich weiß, dass du schon lange in meinem Körper bist, seit der Zeit, als ich mit meinen Eltern nach Deutschland ausgewandert bin. Immer in meinem Leben habe ich versucht, es allen Menschen recht zu machen, habe mich selbst nicht gelebt, also auch nicht geliebt, weil ich mich in der Schuld empfunden habe, nicht gut genug zu sein, nicht würdig zu sein, all die Anforderungen meines Lebens zu bewältigen, die ich mir selbst in meinem Studium auferlegt habe. Es ist ein Studium, das ich wie isoliert umsetze, da ich absolut keinen Kontakt zu Kommilitonen habe. Alles darf und muss ich mir alleine erarbeiten. Ich bin stocksauer auf mich und auf meine Umgebung, weil ich nicht wahrgenommen werde. Meine Seele leidet so, und ich weiß, dass ich im tiefsten Grund meines Herzens dieses Studium nicht mehr fertigstellen möchte. Ich möchte es aufgeben, weil es beruflich damit zusammenhängt, nur im Kopf zu arbeiten.

Mein Herz ist voller Liebe und ich möchte diese Liebe leben, diese Liebe den Menschen zeigen. Ich bin ein Mensch, der auch die Liebe der Menschen wahrnehmen möchte, erfahren möchte. Also bin ich nicht geschaffen, einsam zu sein, mich allein zu fühlen. Es war bisher mein Prinzip, mich allen Menschen anzupassen, anzugleichen, um Liebe zu erhalten. Niemand hat meine Bedürftigkeit gespürt, meine Verletzungen. Es ist eine tiefe Wut in mir entstanden, die ich nicht mehr kontrollieren kann. Sie ist übermächtig geworden, so dass du dich gebildet hast als Aggressionswesen in meinem feinstofflichen Körper. So wie bis jetzt will ich nicht mehr leben. Ich möchte lieben und geliebt sein, nicht mehr wie bisher eine Fassade aufbauen, um den Menschen etwas vorzumachen. Ich werde und möchte authentisch sein zu mir selbst und zu anderen Menschen. Es geht mir nicht mehr darum, Anerkennung von außen zu erhalten, sondern in mir selbst die Liebe und die Kraft zu entwickeln, mich selbst zu lieben und zu leben.

Und nun sage ich dir, du Aggressionswesen, in aller Liebe und Energie mit Christus, der mit mir verbunden ist, mit höchstem Bewusstsein und mit höchster Herzensliebe, aber auch in absoluter Klarheit. Verlasse jetzt und sofort meinen Körper. Gehe in das göttliche Licht, das dich transformiert. Verlasse mich. Ich danke dir für deine geleistete Arbeit, die mir gezeigt hat, dass ich mich verändern darf, lernen darf, mich selbst zu lieben, aggressionsfrei und in absoluter Einheit mit mir selbst. Verlasse mich jetzt!"

Christus verstärkte das Licht, das aus seinen Händen und aus seinem Herzen strömte. Er stand immer noch hinter Mario Ribeiro. Die Energien aus seinem lichtvollen Körper strömten in den Körper des Kranken. Es bildete sich oberhalb von Mario Ribeiro eine Art Lichtblase. Dort hinein wurde das Aggressionswesen gezogen. Ein strahlender Licht-Sog, innerhalb der Pyramide, ließ das Wesen samt Lichtblase durch die Pyramidenspitze aufsteigen, um durch die Gottesliebe transformiert zu werden. Dieses Wesen hatte im Körper des Mannes ein Art Abdruck in seinem Aussehen hinterlassen.

Von höchster göttlicher Ebene sank ein glitzernd goldener Lichttropfen über das Kronenchakra. Durch die

Pranaröhre hindurch strömte er bis hin zum Erdkern. Hier wurde heilende Energie von Mutter Erde wieder zurückgesandt, so dass innerhalb des Körpers der Abdruck des Wutwesens aufgefüllt, beseitigt und geheilt wurde. Christus zog sich aus dem Körper Mario Ribeiros heraus und stellte sich wieder seitlich an das Bett.

Sehr liebevoll und behutsam nahm Christus das Herz aus dem Brustkorb des jungen Mannes und hielt es in seinen Händen. Das weiß-goldene Licht zog in das Herz, das blutige Wunden aufwies, Narben und Verletzungen. Eine schwarze Flüssigkeit zog aus dem Herzen. Sie wurde mit gleißendem Licht ausgetauscht, so dass es im Inneren des Herzens deutlich strahlte wie eine Sonne. Dieses Licht strömte nun in alle Zellen und feinstofflichen Ebenen. Es veränderte alle Zellen in gleißendes Licht.

Saint Germain und Hilarion gaben ihre heilenden Lichtenergien in den Brustraum, und Christus legte das Herz wieder behutsam in Marios Körper zurück.

Auch mit Leber und Galle wurde hier lichtvoll gearbeitet, damit Mario Ribeiro wieder in seine Kraft und Energie hineinkommen und die Leichtigkeit des Lebens wieder spüren konnte. Bei Leberbehandlungen geht es auch immer um die „gestörte Leichtigkeit" im Menschen.

Ein Heilgebet zu Gott ließ in Verbindung mit Christus alle Zellen des Mannes verwandeln, das Zellgedächtnis wurde verändert. Die hohen Lichtwesen wickelten Mario Ribeiro noch einmal in einen Lichtverband, der von außen Licht nach innen in den Körper strömen ließ. Die strahlende Lichtpyramide blieb noch um seinen Körper bestehen, um ihm Schutz zu gewähren. Gleichzeitig vereinbarte Christus, dass die hohen Lichtwesen bei ihm bleiben sollten, um ihn weiterhin in seinem Heilungsprozess zu unterstützen. Die Geistlichtreise war zu Ende.

Diese Reise hatte ich auf einer mp3-Datei festgehalten und schickte sie sofort zur Freundin des Patienten. Am nächsten Morgen schrieb sie mir eine Nachricht, die mich von Herzen erfreute:

„Von ganzem Herzen ein Dankeschön Gott, Jesus, Mutter Maria, Selly, Saint Germain,, Hilarion, Erzengel Raphael und allen Lichtwesen und Engeln die diese Reise begleitet haben.
Mario Ribeiro darf morgen nach Hause. Er hat kein Fieber mehr. Die Ärzte haben nichts gefunden. Er ist jetzt erst mal noch krankgeschrieben und bekommt dann von seinem Arzt den Bericht.
Von Herzen ein großes Dankeschön dir und all den hohen Lichtwesen, die das ermöglicht haben.".

Also konnte hier durch die Heilung des Körpers der seelische Hintergrund durchleuchtet werden.

Es bleibt abzuwarten, wie sich Mario Ribeiro entscheidet in seinem Leben. Er wird die CD mit der Geistlichtreise, die ich ihm zugeschickt habe, immer wieder anhören, und seine Erkenntnisse werden ihn aus dem Herzen führen, begleitet von all der lichtvollen Liebe Gottes.

Wir selbst haben in Krankheitszuständen vermeintlich unsere Verbindung zu Gott getrennt. Wenn wir dieses ICH-BIN als Teil der göttlichen Schöpfung verstehen, fühlen, und wahrnehmen, dass wir das ICH-BIN in Gott und Gott in uns sind, dann ist eine tiefe Verbindung zu ihm vorhanden.

Das soll hier nicht belehrend sein. Wir sind alle Schüler und Lehrer. Wir dürfen allesamt voneinander lernen. Der Schüler lernt vom Lehrer, der Lehrer wiederum vom Schüler auf diesem Weg der spirituellen Erfahrungen, der uns zu uns selbst führt, und damit gleichzeitig zu Gott.

Alle Personen auf unserem Weg sind hier hilfreich, uns Dinge zu offenbaren und zu Erkenntnissen zu führen. Daher ist niemals Überheblichkeit angebracht, sondern eine tiefe Demut und Liebe zu sich selbst und zum Gegenüber. Der gegenseitige Respekt und die absolute Demut zeigen sich auch im äußeren Verhalten der Menschen untereinander, denn unser Gegenüber stammt auch aus dem gleichen göttlichen Ursprung, dem Urgrund allen Seins.

Die Kunst Altägyptens stand pyramidenhoch über der Kunst unserer Tage. Wenn also die ägyptische Medizin Kunst war, dann hätte sie hoch über der unsrigen stehen müssen. Der Ärztestand in Altägypten hatte eine ausgezeichnete Stellung. Die Priesterärzte besaßen das große Wissen und erkannten mit erstaunlicher Scharfsicht die Bedürfnisse und Fähigkeiten des Menschen.
Prof. Dr. Hans Munch

Heilende Medizin

Das Telefon klingelte. Es meldete sich ein Mann, der sich als Dr. Lepinard ausgab. Er war äußerst freundlich und seine angenehme, warme Stimme mit Schweizer Dialekt machte ihn mir sehr sympathisch. Dr. Sebastian Lepinard stellte sich vor. Danach erzählte er mir, dass er in St. Gallen eine allgemeinärztliche Praxis führte.

„Die Praxis ist sehr gut besucht, ich habe viele Patienten, und ich könnte sehr zufrieden sein. Aufgrund meiner Ausbildung habe ich es mir zur Aufgabe gemacht, viele Krebspatienten zu betreuen. Zudem unterstütze ich die Patienten in der Sterbebegleitung. Ich lebe mit meiner Frau, die als Sprechstundenhilfe in meiner Praxis tätig ist, privat in einem schönen Haus. Wir fahren jeden Morgen in der Frühe in die Praxis und sind meist erst abends so etwa gegen 22.00 Uhr zu Hause, wenn nicht noch Notfälle dazwischen kommen. Ich bin auf Sie und Ihre Geistlichtreisearbeit aufmerksam geworden, und mir ist deutlich geworden, dass diese Lichtarbeit genau das ist,

was ich schon immer gefühlt und gespürt habe. Das begeistert mich!

Nun bitte ich Sie, mir in eigener Sache zu helfen. Es geht in erster Linie um meine Patienten, die einen Anspruch darauf haben, dass sie einen Arzt voller Energie und Leistungskraft vor sich haben, der ihnen weiterhelfen kann."

„Wie kann ich Ihnen denn helfen?" fragte ich den Arzt.

„Es ist ganz einfach. Bitte machen Sie doch mit Ihren Lichtbegleitern eine Geistlichtreise zu mir, meiner Frau, meiner Praxis und zu meinem Privathaus. Irgendetwas stimmt da nicht! Wir fühlen uns ausgelaugt, müde, haben keine richtige Energie mehr. In unserem Wohnumfeld finden wir auch keine Ruhe. Wir schlafen wenig, und am nächsten Morgen fahren wir beide vollkommen gerädert in die Praxis. Es ist nur eine Frage der Zeit, bis wir umkippen.

Außerdem habe ich nach einem Skiunfall einen Wirbelbruch im Halsbereich erlitten. Ich war schon bei etlichen Fachspezialisten auf diesem Gebiet, die mir aber allesamt nicht helfen konnten. Vielleicht schaffen Sie es ja. Ich selbst komme in meiner eigenen Sache nicht weiter".

Ich hörte sehr aufmerksam zu und versprach, gemeinsam mit den hohen Lichtwesen zu ihm zu reisen. Wir redeten noch eine ganze Weile am Telefon über seine Arbeit, und ich erfuhr, dass dieser Dr. Lepinard ein ganz besonderer Arzt sein musste. Er betete viel und sah die Menschen unter einem hohen Anspruch an Ethik und

Moral. Krankheit war für ihn immer ein Ausdruck einer seelischen und geistigen Belastung.

„Der Körper trägt immer die Dinge aus, die seelisch und geistig nicht bearbeitet wurden oder werden", sagte Dr. Lepinard. Er lief damit bei mir offene Türen ein.

Dr. Lepinard war ein außergewöhnlicher Mensch und Arzt, der sich besonderer Methoden bediente, um die schulmedizinischen Maßnahmen von den Nebenwirkungen her so erträglich wie möglich zu machen. Er nutzte dazu die Schulmedizin, naturheilkundliche Präparate und energetische Schwingungstherapien sowie etliche Diagnosemethoden, die den Patienten und Menschen in den Vordergrund stellten.

„Es geht nur über das Herz", sagte er mir einmal.

Dr. Lepinard suchte immer die Ursachen in den Erkrankungen seiner Patienten. Er lehnte es vollkommen ab, Präparate zu verordnen, die bestenfalls dazu dienen, die *„Leuchtbirnchen"* der organischen Maschine *„Mensch"* herauszudrehen, ohne die Hintergründe für das Aufleuchten der Warnlämpchen zu erforschen.

Dabei nahm er sich sehr viel Zeit für seine Patienten. Er suchte und forschte so lange, bis er alle Möglichkeiten ausgeschöpft hatte. Seine Fortbildungen waren vielschichtig und umfangreich. Immer wieder suchte er nach neuesten Erkenntnissen in allen Bereichen der Medizin, auch in Dimensionen, die als grenzwertig bezeichnet werden könnte. Mit exzellentem Scharfsinn fand er immer wieder heraus, was den Menschen fehlte.

Ein bekannter Mann sagte: *„Es wird einmal eine Zeit kommen, in der manche Krankheiten als asozial angesehen werden, weil wir sie selbst kreiert und gezüchtet haben."* Es wird eine zukünftige Anforderung der Menschen an die Mediziner sein, Priesterärzte zu sein, die den Menschen in seiner Ganzheit von Körper, Seele und Geist erkennen und nicht allein die körperlichen Defizite betrachten und behandeln.

Legen wir das zu Grunde, dann war Dr. Lepinard ein wahrer Priesterarzt. Einige Tage nach unserem Telefonat war es dann soweit. Meine Geistlichtreise, gemeinsam mit den hohen Lichtwesen, führte mich zum Privathaus des Arztes. Vor dem Anwesen saßen zwei dunkle Gesellen mit großen, starren und aufgerissenen Augen. Offenbar bewachten sie das Haus und das Grundstück. Eine von Christus und den Erzengeln errichtete Licht-säule brachte die beiden dunklen Wächter ins Licht.

Um das Haus herum war eine schwarze Energie, bestehend aus befremdlich aussehenden Wesenheiten, die wie ein dunkles Band im Uhrzeigersinn um das Haus flogen. Die mitgereisten Riesenengel begannen sich über dem Haus sehr schnell im Kreis zu drehen, so dass sich ein Tornadotrichter aus hellem Licht bildete. Dieser zog den dunklen Wesenheitenverbund nach oben und beför-derte sie in das göttliche Licht. Hier konnten sie in Liebe transformiert werden.

Doch war dies nicht ausreichend. Um Haus und Grund-stück herum schwebte eine hohe, graue Wolke, die entsorgt werden musste.

Christus ließ eine Glocke aus einem besonderen Licht um das Haus aufbauen. Dieses pyramidenähnliche Gebilde kam direkt aus der höchsten göttlichen Ebene und ließ im Inneren strahlende Lichtenergie entstehen, die sich in eine Lichtspirale formierte und das Haus von dieser Wolke befreite. Das Gebäude war nun frei. Wir konnten in das Innere hinein gehen.

Hier fanden wir Dr. Lepinard vor, der in der Diele stand. Unzählige, nicht gerade freundlich dreinschauende Wesen kamen aus seinem Körper heraus oder hingen an seinem feinstofflichen Körper. Eine Lichtsäule, die sich um ihn herum bildete, zog diese Energiewesen überall aus seinem Körper heraus, so dass sie innerhalb der Lichtsäule verwandelt wurden und ins göttliche Licht der Transformation gesogen wurden. *„Woher kommen diese Wesen?"*, fragte ich Christus.

„Sie sind von der Hospiz-Arbeit des Doktors. Wenn er die Sterbenden begleitet, springen diese Wesen auf den Arzt über. Sie suchen sich einen neuen Wirt, da die schwerkranken Körper der Patienten dem Tod geweiht sind."

Doch was war das? Hinter Dr. Lepinard stand eine lange Schlange Menschen. Sie waren grau, fahl mit traurigem Gesichtsausdruck. *„Dies sind verstorbene Seelen aus der Patientenschaft des Doktors, die sich bei ihm wohl und gut verstanden fühlten, als sie noch lebten. Sie sind nach ihrem Tod zu ihm gekommen, aus Angst. Sie wussten nicht, dass sie gestorben sind. Bei ihm haben sie sich sicher und beschützt gefühlt"*, erklärte mir Christus, der meine Frage bereits erkannt hatte, noch bevor ich sie stellen konnte. Ich erfuhr von Christus, dass sich der Arzt bei seiner guten Arbeit mit den schwer kranken Menschen und in der Sterbebegleitung selbst nicht genügend auf allen Ebenen geschützt hatte, so dass sich diese Wesenheiten bei ihm „einklinken" konnten. Auf diese Weise sahen die Seelen eine Chance, „ihren" Doktor und dessen Hilfe weiterhin zu erhalten.

Die hohen Lichtwesen ließen hinter Dr. Lepinard mehrere breite Lichtsäulen entstehen, in die hinein alle Seelen gehen konnten. Sie wurden wie in einem Aufzug aus Licht schnell ins Licht gehoben.

Zur Erläuterung stellen Sie sich bitte vor, dass ich auf den Geistlichtreisen die Menschen und ihre feinstofflichen Körper hintereinander wie Buchseiten gefächert sehe. In jedem dieser feinstofflichen Fächer sehe ich unterschiedliche Dinge und Wesen, Situationen, Implantate oder ähnliche Dinge, die dem betreffenden Menschen Sorge und Not bereiten. So war es auch hier! In einem dieser feinstofflichen Fächer sah ich zwei weitere Fremdbesetzungen.

Der Vorbesitzer des schönen Anwesens, das nun seit einigen Jahren von Dr. Lepinard und seiner Familie bewohnt wurde, hatte sich seiner Zeit an einem schweren Metallhaken in der Diele des Hauses aufgehängt. Den schweren Schmiedeeisen-Leuchter hatte er vorher abmontiert, um dann seinen Freitod zu wählen. Der Geist des Selbstmörders war in Dr. Lepinards Körper bis zur Hüfte eingestiegen. Er hing mit dem Oberkörper halb aus dessen Schultern heraus. Dabei hielt er sich von hinten am Hals des Arztes fest. Er hatte seine Hände in den Kehlkopf hinein gekrallt und zog kräftig nach hinten, so dass dem Doktor regelrecht die Luft wegblieb. Dies war auch teilweise ein Grund für die Schmerzen, die Dr. Lepinard immer wieder in seiner Halswirbelsäule verspürte.

Alle Lichtwesen stellten sich um ihn herum auf. Sie sandten aus ihren Herzen eine helle, intensive Lichtenergie in das Herzchakra von Dr. Lepinard, das sich vollkommen aufladen konnte. Diese Lichtkraft war so kraftvoll, dass die Seele des Selbstmörders und früheren Hausbesitzers von dem Arzt abließ. *„Warum war das so?"*, frage ich die Lichtwesen.

„Die Verbindungen zum Doktor wurden gekappt, weil die Seele versucht hatte, durch ihn weiterzuleben. Sie bezog seine Energie und gab umgekehrt ihre Probleme, Sorgen, Trauer, Ängste und Schmerzen in den Körper des Arztes. Damit lebte sie durch den Doktor weiter", gab mir Erzengel Raphael zu verstehen.

Ich erfuhr durch die Lichtwesen, dass die Seelen von Selbstmördern normalerweise so lange am Ort des tödlichen Geschehens verweilen, bis sie eines natürlichen Todes sterben würden. Diese Zeit war noch nicht da. Doch Christus hatte Erbarmen mit der armen Seele, und so durfte sie in dem Lichtaufzug auffahren. Diese Seelenanbindung hatte im feinstofflichen Körper von Dr. Lepinard tiefe Wunden hinterlassen, die sofort mit weißem Licht geheilt wurden.

Ein weiteres Seelenwesen, der durch schwere Erkrankung verstorbene Freund des Arztes, hing an seinen

Schultern. Es war zudem mit Hunderten feinen Fäden mit dessen Rücken verbunden. Diese Fäden wurden mit Hilfe eines weißen Lichtes abgelöst. Dadurch konnte der verstorbene Freund von dem Doktor ablassen.

Christus sagte: *„Er war zum Zeitpunkt des Todes nicht in der Lage, zu verstehen, dass er gestorben war. Deshalb suchte er seinen langjährigen, guten Freund auf, von dem er sich die Hilfe des Fachmannes und Freundes erhoffte. Diese Hilfe war jedoch so nicht mehr möglich.“*

Dem Verstorbenen wurde erst mit der Zeit bewusst, was mit ihm geschehen war. Doch all seine Trauer und Not hatten ihn sich weiter an seinen Freund klammern lassen. Er hatte schließlich vollkommen vergessen, seinen Weg ins Licht zu suchen, denn er fühlte sich bei dem Arzt wohl. *„Du hast nun die Möglichkeit, ins Licht zu gehen“*, forderte ihn Christus auf.

„Sagt bitte meinem Freund, dass ich ihn als Menschen und guten Freund sehr geschätzt habe, und sagt auch meiner Familie, dass es mir sehr gut geht. Ich bin froh endlich ins Licht gehen zu dürfen.“ Mit diesen Worten strömte seine Seele in einen vorbereiteten Lichtkanal und fuhr mit einem Lachen und winkend hinauf ins Licht.

Ich bemerkte, dass an Dr. Lepinards Körper hunderte kleiner und größerer Saugrüssel festsaßen. Es waren die Saugrüssel seiner Patienten, die immer wieder Energie von ihm abzogen. In diesen Saugrüsseln saßen kleine Giftstachel, die in seinen Körper gestochen waren, damit er auf diese Weise über diese Mittel gesteuert werden konnte, ihnen immer wieder mit seinem Wissen und seinen Fähigkeiten zur Verfügung zu stehen. Dabei wurden natürlich auch seine hilfsbereite Haltung und sein großes, liebevolles Herz energetisch ausgenutzt. Die Lichtwesen lösten alle Saugrüssel vom Körper des Arztes ab. Diese Maßnahme bewirkte, dass diese gummiartigen Saugschläuche wieder zu ihren Absendern zurück strömten.

Die bei Dr. Lepinard durchgeführten, feinstofflichen Heilungsmaßnahmen beinhalteten auch die Behandlung seiner Wirbelsäulenprobleme. Erzengel Raphael und Christus lösten die Wirbelsäule aus seinem Rücken und legten sie in einen hellen, länglichen Lichtkasten, um sie mit Licht, das aus ihren Händen strömte, Wirbel für Wirbel zu korrigieren.

Dabei sah ich auch, dass Erzengel Raphael in einem zweiten, kleineren Lichtkasten eine Lichtmasse entstehen ließ, aus der er einen neuen Halswirbel formte, der in der Wirbelsäule mit dem gebrochenen Halswirbel ausgetauscht wurde. Die so optimierte Wirbelsäule wurde wieder in den Rücken eingesetzt.

Im Haus des Arztes wurden überall Lichtsäulen mit einer enorm starken Energie errichtet. Wie in einem Sog wurden wir gemeinsam in die Arztpraxis nach St. Gallen gezogen. Auch hier sahen wir etliche Seelen von Verstorbenen und viele unterschiedliche Krankheits-energien der Patienten, durch die die Praxisräume stark belastet waren. Alle Fremdenergien wurden in ein intensiv goldenes Licht eingehüllt und *„entsorgt"*.

Im Eingangsbereich, in der Nähe der Patientenannahme und in den Behandlungsräumen wurden verschiedene Lichtsäulen errichtet, die hohe Energie abstrahlten.

„Immer, wenn der Doktor, seine Frau und seine Angestellten durch diese Säulen hindurchgehen, erhalten sie eine hohe Lichtenergie in ihren feinstofflichen Körper. Außerdem werden gleichzeitig Fremdbesetzungen von den vielen Patienten im Eingangsbereich durch diese Lichtsäulen abgezogen", erläuterten mir die hohen Lichtwesen.

Die Reise war zu Ende und die Lichtwesen begleiteten mich wieder in mein Arbeitszimmer. Völlig benommen von der langen Reise setzte ich mich an meinen PC und verfasste den „Reisebericht", den ich noch am gleichen Tag in die Schweiz verschickte.

Wenige Tage später rief mich Dr. Sebastian Lepinard an. *„Das war fantastisch! Ich habe Ihre Schilderungen mit großem Interesse aufgenommen, und ich darf Ihnen verraten, dass ich total gut „beieinander" bin. „Ich arbeite wie noch nie, die Müdigkeit ist verschwunden, und meine Rückenschmerzen gehören der Vergangenheit an.*
Meiner Frau geht es auch gut, und im Haus bei uns ist es auch besser. Ich kann sogar nach meiner Praxisarbeit wieder mehr an meinem familiären Leben teilnehmen. Ich fühle mich frisch und fit. Ihnen und Ihren wunderbaren Lichtwesen danke ich hundertfach mit einem „Vergelt's Gott" und Ihnen ein herzliches „Salu", lieber Herr Frantzen."

Was zeigt uns nun diese tatsächlich auf diese Weise erfahrene Geistlichtreise? Sie zeigt, dass wir in einem Umbruch sind, mehr denn je. Dieser Umbruch ist erst einmal durch äußere Bedingungen im Gesundheitsbereich gekennzeichnet. Das Gesundheitswesen wird immer mehr gestrafft, weil die finanziellen Ressourcen immer knapper werden. Die Ärzte leisten enorme Arbeit in dem sich immer mehr verändernden Gesundheitssystem, oft weit über die eigenen Kräfte hinaus.

Alleine die Begriffe wie „Kranken"-Kasse oder „Kranken" -Häuser (anstelle von Gesundheits-Häusern) zeigen die Energie, die dahinter steckt. Gehen wir davon aus, dass die Energie der Aufmerksamkeit folgt, unterstellen wir weiterhin, dass allein durch diese Wortwahl eine energetische Definition in den Raum gesetzt wird, wie können dann Menschen wahrhaft gesund werden?

Jedes Wort ist eine Schwingung, die sich feinstofflich manifestiert. Es geht darum, mit sehr großer Aufmerksamkeit die Worte zu wählen, die ein feinstoffliches Energiepotential kreieren, das genau jene Möglichkeiten in unser Leben zieht, die uns heil werden lassen.

Wohin geben wir unsere Aufmerksamkeit? Auf Krankheit oder auf Gesundheit? Auf welchen Kanal stellen wir unseren „Sender" ein? Wie können dieser Umbruch und diese Veränderung erfolgen, damit Heilung entstehen kann?

Das Bewusstsein erschafft das Außen. Sobald wir unsere Selbstverantwortung anerkennen, wissen wir, dass wir selbst es sind, die Krankheiten erschaffen.

Viele Menschen geben ihre Eigenverantwortung beim Arzt ab und sagen: *„Lieber Doktor, machen Sie mich gesund, aber ich selbst möchte nichts in meinem Leben verändern!"* Dabei verkennen viele Menschen, dass sie selbst die Initialzündung für ihre Erkrankungen gesetzt haben.

Selbst wenn Ärzte den Patienten helfen, ist Umdenken und *„Umfühlen"* für die Menschen wichtig, um die erforderlichen Veränderungen im Leben mutig anzugehen. Es könnte sonst sein, dass die Krankheiten wiederkehren, vielleicht sogar noch intensiver. Oder der Körper zeigt an anderer Stelle, wie sehr die Interferenzen, will sagen die Schwingungsmuster vom seelischen und geistigen Befinden disharmonisch vom Körper abweichen können.

Der Weg der Heilung kann nur beschritten werden, indem wir unsere schöpferischen Potentiale anerkennen und unsere Aufmerksamkeit auf Gesundheit legen. Es ist relevant, unsere eigene Beteiligung zu erkennen und anzunehmen. Das ist wirklich nicht immer ganz einfach, denn Selbsterkenntnis ist oft schwer auszuhalten.

In jeder Sekunde erschaffen wir unsere Realität, also damit auch Gesundheit oder Krankheit. Jeder Mensch bekommt auch immer den Arzt oder Therapeuten, egal ob aus Schulmedizin oder Alternativmedizin, der zu ihm in Resonanz steht.

Leider gibt es hier bislang sehr viel Trennendes, das transformiert werden, verwandelt werden darf heraus aus einem polaren Gesichtspunkt in Gemeinsamkeit. Es geht nicht mehr darum, dass Ärzte auf der einen Seite des Weges, die alternativen Heilberufler auf der gegen-überliegenden Seite des Weges. Auf der Mitte dieses Weges gehen die Menschen als Patienten und hoffen auf Linderung und Heilung.

Der entscheidende Aspekt ist, dass es um die Menschen geht, die sich hilfesuchend an die heilenden Mediziner oder an Heilpraktiker und die vielen anderen Heil-berufler wenden. Dazu zählen auch die Geistheiler, die zum Beispiel in England auch in den Kliniken integriert sind.

Es darf umgedacht werden, nämlich zu integrieren, dass alles EINS ist, denn: Wer heilt, hat Recht.

Doch geht es hier wirklich um das Rechthaben? Geht es nicht darum, dem durch Krankheit geschwächten Menschen als helfende Hand zur Seite zu stehen, damit er wieder seinen Körper mit Seele und Geist in Einklang bringen kann, damit er selbst erkennen kann, was diese Krankheit aus der ganzheitlichen Betrachtungsweise hervorgerufen hat?

Wäre es nicht wünschenswert, wenn die Medizin mit der Naturheilkunde und den vielen anderen Heiltherapien zusammenarbeitet um gemeinsam die Menschen in den Mittelpunkt der Heilung zu stellen? Dabei darf der Patient erkennen, an welchem Punkt seine Eigenbetei-ligung zu sehen ist.

Du bist, was du denkst. Erkennt der Mensch, sei er nun Arzt oder Heilpraktiker, oder sei es der Patient selbst, die eigenen Programme, nach denen er bisher *„funktio-nierte"*, kann sich die Realität verwandeln.

Dieser Umbruch ist in vollem Gange, denn das Gesundheitswesen in der bisherigen Form wird sich ändern, hin zu einem gemeinsamen Handeln und Heilen. In einigen Ländern gibt es bereits hoffnungsvolle Beispiele, wonach Ärzte, Heilpraktiker und Geistheiler Gemeinschaftspraxen betreiben und so jeder innerhalb dieser Gemeinschaft das Optimum für die Patienten anbieten kann. Das Gesundheitswesen wird sich schon allein deshalb verändern, weil die Kosten immer weiter explodieren.

Es geht darum, dass die Therapeuten in allen Fakultäten auch den Willen und den Herzenswunsch in sich fühlen, Veränderungen auch zuzulassen, diese anzunehmen und auch zu leben im Denken, Fühlen und Handeln. Wir sind das Außen, das wir in unserem Inneren erschaffen, und das uns gespiegelt wird. Ärzte, Heilpraktiker und die vielen heilenden Menschen ziehen die Patienten an, zu denen sie in Resonanz stehen.

Würden wir beispielsweise die Patienten in zwei verschiedenen Arztpraxen oder Heilpraxen anschauen, würden wir schnell erkennen, dass hier unterschiedliche Krankheitsmerkmale schwerpunktmäßig behandelt werden. Das bestätigen auch Personen, die oft Vertretungen in unterschiedlichen Praxen durchführen.

Viele Mediziner und Heilpraktiker sind zu diesen Berufen gelangt durch eigene leidvolle Krankheits-Erfahrungen oder im familiären Umfeld. Oft versteckt sich dahinter der tiefe Wunsch, den Menschen helfen zu wollen.

Nehmen wir an, dass dies der Wunsch aller Ärzte und Heilpraktiker ist, dann sind wir genau an dem kleinsten gemeinsamen Nenner, der eine Zusammenarbeit begründen kann. Weder Arzt, noch Heilpraktiker, noch Patient sind voneinander getrennt, sondern im morphischen Feld miteinander verbunden. Wenn wir dies erkennen, gibt es keinen Grund, die polaren Strukturen aufrecht zu halten, sondern darüber nachzudenken, aus der Liebe des Herzens heraus für den Patienten alles zu tun, damit er gesund werden kann. Gleichzeitig erfolgt die Heilung auch beim Arzt, beim Heilpraktiker oder den vielen anderen Therapeuten.

In der Quantenphysik ist bekannt, dass derjenige, der ein wissenschaftliches Experiment durchführt, durch seine Sichtweise, seine Historie, durch sein unbewusstes Programm alle Denkmuster in sich trägt, durch seine Einstellung und durch seine innere Wahrnehmung ein Experiment entscheidend beeinflusst. Also ist der Beobachter immer auch der Teilnehmer.

Übertragen wir diese Erkenntnis auf das Thema des Heilens, erkennen wir, wie bedeutsam und wichtig es ist, wie die Einstellung des Heilenden, sei es nun Arzt oder Heilpraktiker, dazu beiträgt, wie der Heilungsverlauf des Patienten ist. Ein liebevolles, empathisches Herzgefühl, dass der Patient bereits gesund „ist", nimmt bereits das Ergebnis vorweg. Das zeigt, wie wichtig das Bewusstsein des Arztes oder Heilenden ist, wenn Patienten behandelt werden.

Deutlich wird, dass der Behandelnde in sich selbst die Heilung vollzieht und damit gleichzeitig im Außen beim

Patienten. Da ist der Begriff des Priesterarztes anzu-
siedeln: die Menschen in der Ganzheit von Körper, Seele
und Geist zu betrachten, ganzheitlich also. Der
Behandelnde sollte mitfühlen, was dem Patienten fehlt
und die Ursache erspüren, die hinter einer Krankheit
steckt. Dabei darf der Behandelnde erkennen, dass er
durch seine innere Einstellung, in „Gesundheit" zu
denken und zu empfinden, eine große Kraft erhält in
seinem Bemühen, den Patienten zu heilen.

Und ich gehe noch einen Schritt weiter!

In Bezug auf Heilung ist unverzichtbar zu erwähnen, dass
der Patient auch Eigenverantwortung übernehmen muss
und nicht in einer passiven Haltung verharren darf, frei
nach dem Motto *„Macht Ihr mich mal gesund, aber ich
möchte im Leben nichts verändern"*.

Erkennt der Patient, dass er selbst die Ursache für seine
Erkrankungen gesetzt hat, dann ist es auch tröstlich zu
wissen, dass er selbst in sich seinen inneren Arzt
aktivieren kann, der ihn bei seiner Heilung unterstützt.
Es macht deutlich, dass wir uns der eigenen Verantwortung nicht entziehen sollten, damit wir in uns selbst
Krankheit in Gesundheit verwandeln aus einem
Bewusstwerdungsprozess heraus. Dieser Bewusstwerdungsprozess entspringt der Mitte des Herzens.

In uns ist eine große Kraft, die wir nutzen können, wenn
wir endlich aus der Opferrolle heraus treten.

Werde nicht gleichgültig in der Krankheit, bete zu Gott, denn er kann dich heilen. AT Sir 38,9

Rebecca

Der Koffer war gepackt, der Wagen vollgetankt. Etwa 8-9 Stunden Fahrt lagen vor uns. *„Hast Du an alles gedacht?"* fragte Inge. *„Ja, alles an Bord",* beruhigte ich sie. Der Seminarort wartete auf Inge und mich, ein Hotel in Süddeutschland. „Fahr nur vorsichtig, wir haben Zeit", meinte Inge. Sie kannte meinen Fahrstil.

Wissen Sie, wenn ich feinstofflich mit den hohen Lichtwesen reise, dann sind in Sekundenbruchteilen die Wegstrecken überwunden, egal wohin ich auch reise, in andere Länder, in Städte, in Regionen, in andere Galaxien und in andere Dimensionen. Es spielt einfach keine Rolle. Dann kommen mir mit dem PKW gefahrene 200 km/h wie ein Zeitlupentempo vor. Die fahre ich selbstverständlich nur, wenn kein Risiko besteht und ich niemanden auf der Autobahn gefährde, mich und Inge eingeschlossen.

Unser Königspudel Benito saß schon am Vorabend der Abreise neben Frauchen und schaute sehr wissend auf die Koffer. *„Aha, die zwei sind mal wieder auf Reisen",* dachte er wohl. Er folgte uns an diesem frühen Morgen in die Garage und sprang in den Wagen. Ich informierte mein Navigationsgerät, wohin es gehen sollte.

Benito setzten wir bei unserer Freundin ab, die mit drei Berner Sennenhündinnen das richtige „Junge-Rüden-

Programm" für Benito kannte. Hier war er Hund, hier durfte er es sein!

Ich darf Ihnen verraten, dass es mir immer schwer fällt, ihn abzugeben, obwohl ich genau weiß, dass er es gut hat bei unserer Freundin. Daher brachte Inge ihn in das Haus unserer Freundin und ließ ihn nach einigen Minuten zurück. Als Inge ins Auto einstieg, sagte ich zu Ihr: *„Ich würde es demnächst gerne so einrichten, dass wir ihn mitnehmen können auf unsere Seminare."* Inge gab mir liebevoll einen Kuss auf die Wange: *„Ja, das machen wir."*

Die Autofahrt nahm meine ganze Konzentration in Anspruch. Schnell waren wir auf dem Autobahnzubringer, die Straße war leer. Es war Sonntag und der Fernlastverkehr hatte gerade die vorgeschriebene Auszeit. Schnell war ich auf *„Betriebsgeschwindigkeit"* und fuhr zügig in Richtung Süden.

Ich sage mir immer: ein Auto ist keine Immobilie. Angesichts der unzähligen Baustellen auf Deutschlands Autobahnen sind solche langen Fahrten ein neuzeitliches Abenteuer, wenn ich bedenke, dass es manchmal 16-km-Baustellen oder sogar noch längere Abschnitte gibt, in denen ich bei einer Geschwindigkeitsbegrenzung von 60 km/h große Sehnsucht nach dem Geistlichtreisen bekommt. Möge es bald eine Zeit geben, in der die Überwindung von Wegstrecken auch dreidimensional über Dematerialisierung und Materialisierung möglich ist. Das würde viele Probleme lösen, die den Straßenverkehr belasten.

Die Musik im Radio spielte Mozarts Konzert für Flöte, Harfe und Orchester, ein sehr melodisches Stück, das mich schon deshalb faszinierte, da ich selbst gelegentlich irische Harfe spiele, sofern es meine Zeit erlaubt. Diese beschwingte Musik war die passende Einstimmung auf unser Tagesseminar. Die Autofahrt verlief angenehm. Sie wurde lediglich unterbrochen von einigen Kaffeepausen, die auch einem menschlichen Bedürfnis Erleichterung verschafften.

Am späten Nachmittag erreichten wir das Seminarhotel. Es lockte schon von weitem durch seine festliche Beleuchtung der eingeschalteten Laternen, die den gepflasterten Weg vom Parkplatz zum Hotel in Licht tauchte. Ein mit Blumenbeeten umkränzter Spring-brunnen war ebenfalls angestrahlt. Er lud die Gäste mit seinem munteren Plätschern zur Einkehr und zum Verweilen ein.

Wir gingen in das Foyer des Hotels. Die Dame an der Rezeption wies uns ein sehr schönes, ruhig gelegenes Zimmer zu. Das Seminarequipment durften wir bereits in dem sehr schönen Seminarraum aufstellen und schon für den nächsten Tag vorbereiten. Danach gönnten wir uns später ein gutes Abendessen und freuten uns auf das kommende Tagesseminar.

Nach einem schmackhaften Frühstück begann am nächsten Morgen ein sehr interessantes Seminar, in dem wir theoretische und praktische Übungen mit den Teilnehmern umsetzen konnten. Am Ende dieses herzöffnenden Seminartages kamen noch viele der Teilnehmer zu mir mit Fragen und ihren Bitten um Hilfestellungen. Dabei kamen auch immer wieder Fragen nach einer persönlichen Geistlichtreise auf. Unter anderem sprach mich eine ältere Dame an, die für ihre Nachbarin um eine Geistlichtreise bat.

„Meine Nachbarin, Frau Annemarie Borsch ist eine junge Frau im Alter von 24 Jahren. Ihre kleine Tochter Rebecca hat eine Zyste im Gehirn. Sie liegt in einem Krankenhaus in München. Rebecca hat einen Shunt im Kopf, einen Schlauch, der in den Bauchraum verlegt wurde, um Wasser abzuleiten. Die Kleine ist gerade mal zwei Jahre alt und schreit von früh bis spät vor Schmerzen. Bitte helfen Sie doch dem Kind."

Selbstverständlich versprach ich der Dame, mich mit Rebeccas Mutter nach unserer Rückreise in Verbindung zu setzen. Frau Borsch schluchzte laut am Telefon und bat mich unter Tränen, der kleinen Rebecca zu helfen.

„Rebecca kam per Kaiserschnitt auf die Erde. Die Geburt verlief damals recht problematisch. Vor zwei Monaten wurde bei ihr im Kopf eine Zyste diagnostiziert, die anscheinend Gehirnwasser speichert. Die platzt immer wieder auf und übt im Kopf meiner Kleinen einen enorm schmerzhaften Druck aus. So bekam sie einen Shunt in den Kopf gesetzt, der die überschüssige Flüssigkeit in den Bauchbereich ableitet. Letzte Woche Dienstag hat sich eine Infektion durch den Schlauch gebildet, und Rebecca musste wieder operiert werden, damit der Schlauch entfernt werden konnte. Sie bekommt zurzeit ein Antibiotikum. Rebecca hat wahnsinnige Kopfschmerzen, die Ärzte können auch nur sehr wenig Schmerzmittel

geben bei meiner kleinen Tochter. Bitte helfen Sie meinem Kind."

„Ich werde nach unserem Telefonat sofort die Reise zu Rebecca antreten. Ich hoffe, die hohen Lichtwesen können Ihrer Tochter helfen." Ich spürte große Hoffnung bei der Mutter des kranken Kindes aufkeimen. *„Ja, bitte, ich vertraue auf die Engel",* sagte sie und schluckte.

Die Reise zu Rebecca gestaltete sich einfach. Schnell war ich mit meinen wunderbaren Reisebegleitern bei der kleinen Rebecca. Sie lag in dem von Annemarie beschriebenen Krankenhauszimmer in München. Das Mädchen hatte einen roten, heißen Kopf, es weinte und jammerte. Ich sah, wie eine Krankenschwester sich liebevoll um das Kind kümmerte, als sie Rebeccas Wange liebevoll streichelte. Eine Infusionsflasche wurde ausgetauscht, und sie kontrollierte die Temperatur des Kindes, machte Notizen auf dem Krankenblatt.

Rebeccas Zustand schien sich angesichts der Infusion nicht zu verbessern. Die Krankenschwester verließ den Raum. Ich sah einen kleinen Monitor, der die Herztöne des Kindes ständig aufzeichnete, den Puls, den Blutdruck. Mir fiel eine Kamera auf, die auf das Kind gerichtet war. Offenbar wurde Rebecca von einem anderen Raum aus ständig überwacht.

Hinter Rebecca standen zwei Seelen, die sich als die verstorbene Tante und ihr Opa ausgaben. *„Wir wollten noch nicht ins Licht gehen, weil wir große Sorge um Rebecca haben. Wir wollen sie beschützen",* sagte

Rebeccas Tante, deren Stimme wie Flüstern in meinen Ohren klang.

Christus versicherte den Beiden liebevoll, dass sie nun ins Licht gehen können. Er würde sich um Rebeccas Gesundheit kümmern. Zunächst kam noch Widerspruch der beiden verstorbenen Familienmitglieder, weil sie die Kleine nicht im Stich lassen wollten.

Im Hintergrund stand ein etwa 12-jähriges Mädchen in einen weiß-goldenen Strahlenkranz gehüllt. Sie hatte langes, goldenes, gelocktes Haar, goldene Flügel und ein überirdisches Strahlen in einer unglaublich schönen Präsenz. Es war Rebeccas Schutzengel!

Christus zeigte den beiden Verstorbenen, dass sie sich keine Sorgen machen müssten: *„Rebeccas Engel ist sehr nah und passt auf. Geht ins Licht, ihr lieben Seelen."* Schweren Herzens trennten sich die beiden verstorbenen Verwandten von der Kleinen, gaben ihr noch einen sanften Kuss auf die Stirn und gingen in die Lichtsäule, die Christus neben ihnen errichtet hatte.

Als Christus ganz behutsam das kleine Mädchen feinstofflich aufrecht ins Bett setzte, weinte Rebecca sehr heftig. Sie musste unmenschliche Schmerzen haben. Christus nahm sofort den Kopf des Kindes zwischen seine Hände, aus denen leuchtendes Licht den Kopf durchdrang. Dieses Licht wirbelte nun mit hellem Glitzern in ihrem gesamten Gehirn umher, und es verstärkte die Aktivität im Bereich der Zyste auf der rechten Gehirnseite. Rebeccas Gesicht entspannte sich! Der Kopf des Kindes erschien mir wie aus Glas. Ich konnte hineinsehen. Diese recht große Zyste nahm ich deutlich im Kopf des schmerzgeplagten Kindes wahr.

Christus und Erzengel Raphael errichteten um Rebecca einen Lichttunnel, in dessen Inneren mehrere weiße Kästchen angebracht waren. Es dauerte nicht lange, da begannen die Kästchen, eine enorme Hitze auszustrahlen. Diese mittlerweile zu einem Brennen angestiegene Hitze trocknete Rebeccas Körper zum Zwecke der Reinigung und Erneuerung regelrecht aus. Nun saß sie in diesem extrem heißen Lichtkanal auf ihrem Bettchen und — bitte erschrecken Sie nicht — Rebecca war feinstofflich wie mumifiziert!

Die Lichtwesen näherten sich dem ausgetrockneten Körper und zogen die Zyste, die wie eine vertrocknete Pflaume im Gehirn saß, heraus. Es entstand nun durch Christus und Erzengel Raphael eine neue Lichtsäule, die sich um den Körper des Kindes legte. In diesem hellen Licht regenerierte der Körper wieder in seinen ursprünglichen Zustand.

Christus und Erzengel Raphael gaben unterschiedliche Lichtsubstanzen in das Gehirn des Mädchens, ebenso Erzengel Raphael, St. Germain und Hilarion, so dass weißes, violettes und smaragdgrünes Licht das Gehirn durchfluteten. Diese Lichtsubstanzen verliefen durch den gesamten Körper, insbesondere auch im Bereich des Darms, um hier für den Abbau der Entzündungen zu sorgen. Zudem sollte nach den Hinweisen der Lichtwesen durch die Lichtgaben die Darmflora, die durch die Antibiotika gelitten hatte, umgestimmt und wieder aufgebaut werden.

Ich selbst sollte mich in Rebeccas Gehirn einklinken, und sie erhielt die Affirmation: Ich bin vollkommen gesund! Diese Affirmation sprach ich etliche Male, bis mir Rebecca signalisierte, dass sie mich sehr gut verstanden hätte. Wir legten das kleine Mädchen feinstofflich behutsam wieder auf ihr Bett.

Selly trat in ihren Körper und übergab seine reinigende und heilende Salzkristallenergie an das Mädchen. Als er wieder aus dem Körper ausstieg, gab uns Christus ein Zeichen, dass wir uns nun zurückziehen sollten. Die Reise war beendet!

Bereits am nächsten Tag rief mich Annemarie Borsch an: *„Es ist unfassbar, meine Kleine hat offensichtlich keine Schmerzen mehr im Kopf. Sie hat die ganze Nacht über durchgeschlafen. Das Kind ist zwar noch schlapp, aber es scheint sich zu bessern. Ich danke Ihnen so sehr und ich könnte Sie umarmen."*

„Nein, danken Sie nicht mir, sondern Christus und den hohen Lichtwesen, die die Heilungsarbeit durchgeführt haben", freute ich mich. Drei Wochen später meldete sich die Mutter von Annemarie noch einmal bei mir. Ich hob den Hörer ab.

„Stellen Sie sich vor, die Zyste im Kopf von Rebecca ist vollkommen verschwunden. Ich bin so glücklich darüber!"

Ich hörte wieder ein Schluchzen, doch dieses Mal waren es Freudentränen.

Erwachen
Der Wind im Netz des Wald´s gefangen,
Gerötet Himmel, blau umhangen -
Erwachter, losgelöster Tag;
Am Horizont die Lichter flimmern,
Und stetig, stetig weiter schimmern,
Bis schattne Spiele wieder langen.

Ein leicht orangen, gelbes Rot,
Schönwetterzeichen, Sonnenbot´ -
Es raschelt, säuselt, springt und fliegt;
Vorbei die Ruh´ entfernter Stunden,
Aus Dunkelheit hat sich entwunden,
Was schien nur leblos, schlafend, tot.

Im leisen Klang die Hunde bellen,
Doch nach und nach die Töne schwellen -
Der Tag pulsiert in Strömen fort;
Der mächt´gen Kraft ganz hingegeben,
Tanzt auch mein Boot, das große Leben,
Auf glitzernd, funkelnd, strahlend Wellen.
Kai Keller

Lebensentscheidungen

Leben oder Tod.
Gibt es das jenseits unserer Wahrnehmung?

Wir kennen die Zeichen Alpha und Omega. Sie stehen für Anfang und Ende. Auch die Schlange, die sich in den Schwanz beißt, dient als das gleiche Symbol. Es gibt in diesem Sinne keinen Anfang und kein Ende, denn diese vermeintliche Gegensätzlichkeit hebt sich auf, da alles EINS ist. Es ist das gleichzeitige Vorhandensein verschiedener „*Aggregatzustände*". Die Seelen der Menschen und Tiere entscheiden, wann sie die eine oder die andere Richtung einschlagen. Gehen wir heraus aus unseren Bewertungsschemen, erkennen wir, dass Leben ewig ist, der Tod lediglich einen Übergang ins neue Leben ermöglicht, egal in welche Richtung die Seele wandern möchte.

Diesseits und Jenseits sind Begriffe aus unserem polaren Denken, denn Diesseits ist Jenseits und umgekehrt, es ist Eins. In unserer aller Entwicklung geht es darum zu erkennen, wer wir sind und warum wir so sind. Wir erkennen schnell, wir dürfen SEIN. Und *sind* wir, dann *sind* wir ewig. Es gibt kein Auslöschen oder Auflösen. Alle Energien sind stets und ewig vorhanden, nur in anderen Zustandsformen. Was macht es da für einen Unterschied, ob wir diesseits oder jenseits sind?

Das Thema Tod oder Leben kann sehr unterschiedliche Entscheidungen in einzelnen Menschen hervorrufen, von denen ich Ihnen hier berichten möchte:

Adrian

Stefan, ein Freund von mir, war ganz aufgeregt am Telefon: *„Bitte, wir brauchen deine Hilfe! Mein Schwager Adrian liegt seit zwei Wochen im Koma im Krankenhaus. Er hatte einen Motorradunfall. Er wurde von einem Auto angefahren. Gott sei Dank ist er nicht schuld! Er wurde schlicht auf der Straße übersehen. Ich habe erst eben davon erfahren, auch, dass er künstlich beatmet wird. Er* *lässt sich nicht aus dem künstlichen Koma erwecken, und die künstliche Beatmung kann immer noch nicht abgestellt werden. Kannst du mit den Lichtwesen dahin reisen? Es sieht „böse" aus! Stefan ist alleinstehend, doch ich kann dir von seinen Eltern, eine Einverständniserklärung zumailen lassen, dass du zu Stefan reisen darfst. Ich weiß, du fragst es ja ohnehin immer wieder vor den Reisen feinstofflich bei den Lichtwesen ab, ob deine Arbeit stattfinden darf. Nein, noch besser, ich bringe sie dir heute noch vorbei, dann kann ich die besprochene „Reise-CD" direkt mitnehmen, denn morgen fahren wir in die Klinik, und ich kann dann die CD den Eltern mitgeben."*

„Klar, Stefan, ich werde mit den Lichtwesen reisen. Komm nur vorbei, wir machen das so wie du empfohlen hast. Gibt es Hinweise zu deinem Schwager? Kannst du mir was zu ihm sonst sagen?"

„Nein", entgegnete mein Freund, „Du wirst es ohnehin sehen auf der Reise."

Sofort machte ich mich nach dem Gespräch, gemeinsam mit den hohen Lichtwesen, auf die Geistlichtreise zu Adrian. Die Lichtwesen führten mich sofort zu Adrian in die Klinik. Er lag an Geräte angeschlossen in der Intensivstation. Immer wieder kamen Schwestern, Pfleger und Ärzte, die ihn mit Infusionen versorgten und die Geräte überwachten. Ich konnte erkennen, dass die Lunge, die Rippen, die Knochen in den Beinen und die Hüfte Prellungen und Brüche aufzeigten. Auch der Kopf war schwer verletzt. Die künstliche Beatmung konnte ich ebenfalls erkennen.

Christus und die hohen Lichtwesen stellten sich um Adrian, der nun feinstofflich aus seinem Körper austrat. Sofort überkam mich ein tiefes Gefühl von Trauer, die ich in ihm wahrnahm. Gleichzeitig wurde mir das Bild des Unfallhergangs gezeigt. Meine Augen füllten sich mit Tränen. Adrian war mit seinem Motorrad auf einer Landstraße langsam entlang gefahren. An einer schlecht einsehbaren Kreuzung hatte er Vorfahrt. Im gleichen Augenblick wurde es bereits dunkel vor seinen Augen.

Ein älteres Ehepaar in einer Limousine hatte in erfasst! Er wurde schlichtweg übersehen. In hohem Bogen schleuderte Adrian über den Wagen und blieb in einem Graben bewusstlos liegen. Sein Motorrad hatte einen Totalschaden. Das ältere Ehepaar stand unter Schock! Ein nachkommendes Fahrzeug hielt an. Der Fahrer forderte über sein Handy einen Unfallwagen an, der den jungen Mann sofort in die Notfallaufnahme der Klinik brachte.

Hier schoben sich die Bilder wieder zusammen, und ich sah, dass die Lichtwesen um Adrians Seele standen. Er wollte nicht mehr leben. Es wurde sofort deutlich, dass seine Seele den Unfall unbewusst provoziert hatte.

Generell kann ich sagen, dass wir selbst Unfälle in unser Leben ziehen, weil wir dadurch aus einem einge-fahrenen Rhythmus gebracht werden wollen. Wir wollen Ruhe finden, damit wir zum Nachdenken kommen, da wir selbst für unsere Handlungen und unser Leben verantwortlich sind. Es ist ein deutliches Signal der Veränderung, nach der wir uns sehnen. Es ist eine Gegenreaktion auf Autorität, die Menschen als Gewalt und Übergriffigkeit erfahren und demnach nicht in der Lage sind, sich gegen diese Gewalt durchzusetzen. Die Lernaufgabe eines Unfalls ist der Richtungswechsel im Leben.

Unfälle sind Selbstbestrafungsprogramme, die auf Schuldgefühlen basieren. Wir ziehen sie uns an, weil die meisten Menschen Bestrafung in der Kindheit und im bisherigen Leben erfahren haben. Schuldgefühle und Angst sind die Triebfedern für Unfälle. Oftmals spielt hier das Gefühl der Ohnmacht eine Rolle, die Dinge nicht mehr unter Kontrolle zu haben im eigenen Leben. Also sind Konflikte im Umgang mit der Wirklichkeit gegeben, die nicht mehr akzeptiert werden wollen oder als unerträglich empfunden werden.

Der Auslöser lag bei Adrian in der Trennung von seiner Freundin, die ich so sehr als Trauer während der Reise spürte. Es war das einschneidende Gefühl, allein zu sein, verlassen worden zu sein, Isolation, Einsamkeit, das sich in meinem Herzen spürbar verstärkte, als ich mich immer stärker auf diese Bilder konzentrierte. Ich sah die Loslösung von seiner Freundin, die ihn verlassen hatte. Doch da war noch mehr!

Die Angst vor dem Alleinsein war ein Thema, das ihn schon seit seiner Kindheit begleitete, das aktiviert und noch extrem verstärkt worden war. Seine Eltern waren Inhaber einer großen Firma. Sie hatten rund um die Uhr sehr viel zu tun. Adrian war daher als Kind oft auf sich allein gestellt, erfuhr Liebe und Anerkennung nur durch Leistungserfüllung und durch Einhalten von Pflichten. Es wurde selbstverständlich, dass er so *„funktionierte"*. Die tiefe gefühlvolle Liebe seiner Eltern bekam er nur sehr selten zu spüren. Das Gegenteil war meistens der Fall. Es war eine Art *„negativ* empfundener Aufmerksamkeit und Zuwendung". Er bekam oft Schläge. Wohingegen sein jüngerer Bruder und seine beiden Schwestern davon verschont blieben. Die Eltern waren nervlich sehr angespannt, suchten in ihm den stets verfügbaren Sohn, der ihnen immer wieder in der Firma unterstützend zur Seite stehen sollte.

Adrian fühlte sich von seinen Eltern unverstanden. Er wollte als sensibler und feinfühliger Mensch viel mehr die Liebe seiner Eltern erfahren, doch die Realität war eben anders. Nur selten besuchte Adrian seine Eltern, die manchmal *„dicke Luft"* innerhalb der Familie war für ihn einfach zu viel. Daher zog sich Adrian immer mehr in sich selbst zurück, um in der familiären Situation jede Konfrontation zu vermeiden.

Da wir ja bereits wissen, dass es unser Weg ist, Dualität in die Nicht-Dualität zu transformieren, also in mittige Balance zu bringen, ist ein Verurteilen der Eltern nicht angebracht. Die Eltern sahen seinerzeit für sich keine anderen Handlungsmöglichkeiten. Sie gaben in ihrem Sinne ihr Bestes. Alles geschieht so, wie es sein soll und sein darf. Außerdem haben wir vor unserer Inkarnation bereits Vereinbarungen getroffen, die wir hier wie ein Drehbuch umsetzen dürfen, als *„Autor, Regisseur und Schauspieler"* unseres Lebensfilms. Alles, was uns hier bei der Bearbeitung unserer Lebensbaustellen weiter hilft, ist richtig und wichtig, so wie es ist.

Im Prinzip waren Adrians Eltern Erfüllungsgehilfen für die Bearbeitung seiner Themen und für seine Weiterentwicklung. Beurteilen und Verurteilen sind trennende Aspekte unseres Egos. Wir dürfen erkennen, dass nur das gleichmütige Anschauen und wertfreie Betrachten die Aufmerksamkeit in die Nicht-Dualität lenkt. Denn:

Energie folgt immer der Aufmerksamkeit. Der Weg des liebenden Herzens ist die Wandlung von der Trennung in das Vereinende.

Dieses Gefühl des Alleinseins war für Adrian unerträglich geworden. Er hatte innerlich eine *„Mords"*-Wut, als ihm seine Freundin den Laufpass gab, die genau sein Thema spiegelte und ihm das Gefühl der Isolation auf diese Weise unbewusst verdeutlichte. Sie war auch eine Erfüllungsgehilfin für sein Schicksal. Nach außen zeigte Adrian seine Wut nicht, denn er war es gewohnt, alles herunter zu schlucken.

Genau das waren die Bilder, die ich erhielt zu Adrians Unfall. Es waren Informationen des inneren Wissens, des inneren Hörens, des inneren Fühlens, das nur aus der Mitte des Herzens möglich ist.

Nun stand er als Seelenwesen vor uns, während die Ärzte um sein Leben kämpften. Christus entschied, mit ihm und allen begleitenden Engelwesen, die Gottesenergie unmittelbar aufzusuchen. Adrian stand in seiner Seelenform vor Gott in dieser strahlend weiß-goldenen Lichtenergie und schaute vorsichtig Gott an, den ich als eine nahezu konturlose Lichterscheinung sehe.

„Adrian, du hast die Wahl, dich zu entscheiden. Willst du in deinem menschlichen Körper weiterleben oder lieber ins Licht gehen?" fragte Gott ihn mit einer sanften und liebevollen Stimme. Adrian stand vor ihm und zuckte die Schultern. Er war sehr unschlüssig. Ich sah, wie es in ihm fieberhaft „arbeitete".

Was sollte er tun? Weiterleben wie bisher, mit all den Verletzungen des inneren Kindes, nun zudem noch mehr belastet mit einem schwer verletzten Körper? Vielleicht war sogar sein Verstand in Mitleidenschaft gezogen durch den Unfall? Wozu noch leben? Welche Alternative hätte er? Ins Licht gehen? Sein Leben beenden? Was würde ihn dort erwarten? Würde dann das gleiche Thema nicht wieder in einer weiteren Inkarnation auftauchen, da er es in diesem Leben nicht bearbeitet hat? Was würden seine Ex-Freundin und seine Familie empfinden? Vielleicht würden sie in Trauer versinken, wenn er nicht mehr da wäre? Wäre es diese Genugtuung für ihn Wert? Was würden seine Motorradfreunde sagen, seine Eltern, seine Geschwister? Würde er vielleicht etwas verpassen in seinem körperlichen Leben, wenn er sich jetzt für den Weg ins Licht entscheidet? Was würde sein Leben auf der Erde noch bereithalten, wenn er sich für ein Leben in seinem Körper entscheiden könnte, vielleicht eine liebevolle Familie mit eigenen Kindern?

„Ich bin noch jung", sagte Adrians Seele. Er entschied sich nach langem Zögern, wieder in seinen Körper hinabzusteigen. Gott stand vor ihm und legte behutsam seine Hände um Adrians Kopf.

Gleißendes goldenes Licht in seinem Kopf führte zu einem blitzartigen Strahlen, das durch seinen gesamten Körper strömte. In dieser Sekunde war Adrian wieder in seinem Körper in der Klinik, die eigene Atmung setzte ein und er erwachte endlich aus dem Koma.

Die Lichtwesen stellten sich um seinen Körper und behandelten ihn feinstofflich im Gehirn und an allen Körperstellen, die durch den Unfall verletzt waren, so lange, bis er in einem strahlenden Lichtverband, den ihm die Engelwesen umlegten, eingehüllt war. Friedlich lag er auf dem Bett und atmete wieder, war wach, schaute den Arzt an, der bei ihm stand. Adrian murmelte unverständlich so etwas wie *„Sch… Spiel"* und schloss die Augen, um wieder zu schlafen, denn die Schmerzmittel aus den Infusionsflaschen verfehlten nicht die Wirkung. Ich reiste wieder zurück mit den hohen Lichtwesen.

Während meiner Geistlichtreise zu Adrian waren Stefan und seine Frau Ruth zu uns gekommen, um die CD abzuholen. Sie saßen im Wohnzimmer und erzählten Inge von der Familiensituation Adrians.

Als ich hinzukam, schilderte ich den groben Verlauf der Reise und erfuhr, dass meine Wahrnehmungen und die Erkenntnisse der Gesamtzusammenhänge mit Adrians Familie vollkommen übereinstimmten. Davon hatte ich vor der Reise nichts gewusst. Stefan brachte am nächsten Tag die CD zu Adrians Eltern, die alle Details der Reise anhörten, auch ihre eigenen Verhaltensweisen in der Vergangenheit Adrian gegenüber.

„Sie haben sehr geweint", erzählte mir Stefan einige Tage später, als ihnen bewusst wurde, was hinter dem Unfall steckte. *„Und nun halte dich fest: Adrian ist genau in der Zeit deiner Geistlichtreise auf der Intensivstation aufgewacht und hat mit seiner Atmung selbstständig wieder begonnen. Das ist fantastisch."* Ich weinte vor Freude über diese gute Botschaft meines Freundes. Es war tiefste Demut und Dankbarkeit, die ich Gott, Christus, den Engeln und den begleitenden Lichtwesen gegenüber empfand.

Geistlichtreisen sind nicht nur Prozesse, die Menschen in ihrer Bewusstseinsentwicklung zu fördern. Sie sind auch dazu da heilende Kräfte für sie zu mobilisieren. Darüber hinaus werden auch *„Heilungen"* im Sinne von Verwandlungen und Veränderungen im Umfeld des betreffenden Menschen geschehen.

Auch in Adrians Verhältnis zu seiner Familie sorgte die schmerzhafte Situation ihres Sohnes und Bruders für ein Umdenken und ein tiefes Berühren der Herzensliebe. Alle Familienmitglieder gingen täglich in die Klinik. Sie leisteten ihm Beistand, streichelten ihn liebevoll, wenn Adrian vor Schmerzen immer wieder aufstöhnte. Viel sagen konnte er nicht. Liebe ist die beste Medizin, und die Heilung fand nicht nur in Adrians Herzen statt. Es war die Liebe der Eltern und Geschwister, die er sich immer vergeblich gewünscht hatte, sein ganzes bisheriges Leben lang.

Die Ärzte entschieden sich nach einigen Tagen, Adrian wieder ins Koma zu legen, damit weitere schwerwiegende Operationen durchgeführt werden konnten.

Stefan rief mich wieder nach den Operationen an: *„Bitte Uwe, schaue noch einmal nach Adrian. Er wird wieder künstlich beatmet und kommt wieder nicht ins Wachbewusstsein zurück. Vielleicht kannst du mit den Lichtwesen noch einmal etwas daran tun?"* Wieder reiste ich mit den höchsten Lichtintelligenzen zu Adrian. Hatte er es sich doch anders überlegt, seine Entscheidung für den Weg ins Licht gewählt?

Christus, die Erzengel, die aufgestiegenen Meister, St. Germain und Hilarion, Selly und Turlin brachten Adrian wieder zu göttlichen Urquelle. Gott stellte ihm noch einmal die Frage nach seiner Entscheidung. Dieses Mal brauchte Adrian nur wenige Sekunden, um sich wieder für das körperliche Leben hier auf der Erde zu entscheiden. Wieder schoss ein strahlender Lichtblitz von Gott durch Adrian.

Sofort fanden wir uns auf der Intensivstation wieder. Welche Freude: Adrian atmete wieder selbstständig und war wieder wach, genau wie bei der ersten Reise zu ihm. Wie ich später erfuhr, war auch in dieser Phase der Geistlichtreise gleichzeitig in unserer 3D-Realität Adrian aufgewacht im Beisein seiner Familie. Es bestand die Gefahr einer Lungenentzündung und geistigen Folgen durch den Unfall. Die Ärzte gaben Adrians Eltern nur wenig Hoffnung.

Die dritte Reise zu Adrian, in der die hohen Lichtwesen wieder intensiv mit seinem feinstofflichen Körper arbeiteten, war der Durchbruch: Es gab keine Lungenentzündung, keine geistigen Beeinträchtigungen, und in mir wächst die Erkenntnis, dass alles möglich ist, wenn wir in der großen und aufrichtigen Liebe unseres Herzens und mit großem Enthusiasmus (griechisch „*Gott im Inneren*") die Lichtenergie und die Aufmerksamkeit mit Hilfe der Lichtwesen an die Menschen und Tiere weitergeben. Ich kann auch sagen: Mit ihm, durch uns und mit uns geschieht Heilung und Transformation.

Monate sind seitdem vergangen, Adrian ist wieder gut „*beieinander*". Er ist zwar noch in Reha-Maßnahmen, macht jedoch sehr große Fortschritte. Er kann wieder recht gut gehen, spricht auch wieder recht gut, und die Familie freut sich, einen beinahe verlorenen Sohn wieder in ihrer Mitte zu wissen.

Zu Stefan hat er anlässlich seiner Geburtstagsfeier vor einigen Wochen gesagt: „*Meine Eltern haben mir erst vor kurzem die CD von Uwe gegeben, und ich muss dir sagen, es ist unfassbar. Er ist derjenige, der mich so sehr erkannt und verstanden hat wie sonst noch niemand vorher.*"

Kann es eine größere Freude geben? Ich fühle nur tiefe Dankbarkeit in meinem Herzen.

Martha

Martha war als 45-jährige Frau, an Darmkrebs erkrankt. Sie stand in regelmäßiger ärztlicher Behandlung. Ihr Mann und sie sprachen mich telefonisch an, ihr doch über eine Geistlichtreise zu helfen.

Die Geistlichtreise wurde gemeinsam mit den hohen Lichtwesen durchgeführt. Der Darm wurde während der Reise feinstofflich aus dem Bauchraum herausgeholt und in einen rot brennenden Lichtkasten gelegt. Feinstofflich verbrannte dabei der gesamte Darm bis auf die Außenhüllen in einer Art Reinigungsfeuer. Parallel wurde in einer anderen Ebene der Tumor aus dem Darm von Christus und Erzengel Raphael entfernt und in gleißendem Licht aufgelöst. In einer dritten Ebene setzte gleichzeitig Erzengel Raphael eine Lichtspritze in den Tumor, bis er sich vollkommen auflöste und pulverisierte. Martha wurde in der vierten Ebene in eine glühend heiße Lichtsäule gestellt, so dass hier der feinstoffliche Körper mumifizierte. Der ausgetrocknete Körper gab den Tumor, der aussah wie der harte Kern einer Avocado, frei. So konnte das Gebilde von Christus und den Erzengeln auch in dieser Ebene herausgezogen werden. Da es ja weder Zeit noch Raum in unserem Sinne gibt, geschehen diese Dinge folglich gleichzeitig.

In der ersten Behandlungsebene entnahm Christus die Darmhülle aus dem rot brennenden Licht. Er legte sie gemeinsam mit Erzengel Raphael in einen zweiten Lichtkasten, der golden strahlte. Der Darm in der ersten Ebene wurde über eine goldene Lichtmatrix, die von Gott über eine Pyramide in den Lichtkasten eingeleitet wurde, verschmolzen und dann wieder in Marthas Bauchraum hineingelegt, wobei hier zuvor St. Germain und Hilarion violettes und grünes Licht vorbereitend einleiteten. In den gesamten Darm legte Christus eine Art Kristall-Licht-Kette aus winzigen Kristallen, die im gesamten Darmbereich ihre heilende Wirkung ausbreitete.

Auch hier wurde Marthas seelische Thematik beleuchtet. Sie fühlte sich in ihrem Leben überfordert, konnte jedoch ihr berufliches Leben nicht loslassen, obwohl sie deutlich wusste, dass sie damit in Konflikt mit ihrer Familie stand. Sie strebte nach hoher Leistung in ihrem Beruf, hatte Ängste zu versagen. Sie war unzufrieden mit ihrem Leben und verdrängte ihre Gefühle. Es war ihr nicht möglich, ihren bisherigen Lebensstil loszulassen. Die Erkrankung zeigte ihr nun deutlich, dass sie loslassen muss um sich auf sich selbst zu konzentrieren. Der Tumor hatte sie darauf aufmerksam gemacht, dass das Zuviel in ihrem Leben die Überforderung spiegelte.

Dies wurde über Veränderungen der neuronalen Verbindungen durch die Lichtwesen in Balance gebracht. Die intensive Reise dauerte mehr als eine Stunde nach unserer Zeitrechnung. Marthas Ehemann rief mich einige Tage später an und sagte:

„Wir beide danken Ihnen sehr für diese hilfreiche Reise. Meine Frau hat sich die CD mit der Reisebeschreibung jeden Tag einige Male angehört. Sie hat sich nun entschieden. Sie weiß, dass sie den Krebs besiegen kann, will aber nicht mehr hier weiterleben. Wir sind beide so bewusst, dass wir wissen: es macht keinen Unterschied, welchen Weg Marthas Seele wählt. Sie freut sich darauf, ins Licht zu gehen. Ich als ihr Ehemann akzeptiere ihre Entscheidung. Wir sind beide sehr berührt von Ihrer Schilderung der Lichtreise. Es geht darum, dass ich meine Aufgabe erkenne, sie liebevoll loszulassen, auch wenn es vermutlich am Anfang sehr weh tut." Einige Wochen später starb Martha.

Daraus ist erkennbar, dass die Maßnahmen der hohen Lichtwesen weder die Freiheit noch die Freiwilligkeit eines jeden Einzelnen untergraben. Stattdessen geschieht genau das, was für den betreffenden Menschen richtig ist, und es geschieht zum richtigen Zeitpunkt. Wir können uns jederzeit neu entscheiden.

Es zeigt auch, wie schwierig es für uns Menschen ist, manche Ereignisse so anzunehmen, wie sie sind, selbst wenn sie uns tiefen Schmerz bereiten. Loslassen ist ein Prozess, der uns weiterbringt in die Neutralität, in die eigene Mitte. Es ist kein leichter Weg. Doch wer hat uns gesagt, dass unser Weg auf der Erde immer leicht ist? Wir sind hier in einer riesigen Schule, in der wir Lehrer und Schüler sein dürfen. Manche Aufgaben lassen uns halt gelegentlich verzweifeln. Dennoch sind alle Aufgaben in dieser Erden-Schule lösbar, da wir nur die Aufgaben erhalten, deren Bewältigung uns möglich ist.

Dabei erhöhen sich die Schwierigkeitsgrade unserer Aufgaben, je weiter wir in der Entwicklung unseres Bewusstseins vorwärtsschreiten. Es darf sein, dass wir uns in tiefer Liebe aus dem Herzen entwickeln.

Klaus

Eine unserer größten Ängste ist: die Angst nicht geliebt zu sein, nicht genug Aufmerksamkeit zu erhalten, nicht genug Wertschätzung zu erfahren.

Es gibt jedoch die nächste große Angst, nämlich: die Liebe auch anzunehmen oder annehmen zu können.

Liebe annehmen, das ist nicht für jeden so ganz einfach. Das durfte ich über das Verhalten von Klaus lernen. Wie gesagt, wir alle sind Lehrer und Schüler auf unserem

Weg. Wie an beinahe jedem Abend saß ich in meinem Arbeitsraum. Das Telefon klingelte, Inge war in der Diele am Apparat. Ich hörte: *„Ach, du bist es, Claudia, was kann ich für dich tun?"* Claudia ist eine Freundin von uns. Inges Stimme ließ ein *„Aha, das ist ja schlimm"* vernehmen. Das Gespräch dauerte wohl einige Minuten, und Inge kam in mein Zimmer:

„Ein Notfall. Eben war Claudia in der Leitung und bittet dich um eine Geistlichtreise zu einem Bekannten, der an einem Lungentumor erkrankt ist. Es eilt, denn er hat schon eine Chemotherapie erhalten. Vielleicht kannst du ihm helfen mit den hohen Lichtwesen? Er glaubt nicht so richtig an die Möglichkeiten des Geistlichtreisens und Claudia hat ihn mehr oder weniger überredet." Es dauerte ein paar Tage, und Klaus, so der Name des erkrankten Mannes, meldete sich telefonisch bei uns. Inge sprach sehr lange mit ihm. Er willigte in die Reise ein, wollte es probieren.

Hintergrund war, dass Klaus in die Frührente entlassen wurde aus einer leitenden Tätigkeit. Er könnte als Workaholic bezeichnet werden, der sich über seine Arbeit definiert. Klaus bekam durch seine Arbeit stets Lob und Anerkennung, und das war ihm sehr wichtig. Er saß nun zu Hause, und ihm fiel quasi die Decke auf den Kopf. Kleinere Reparaturaufgaben am Haus und bei Freunden beschäftigten ihn leidlich. Doch ihm fehlten Lob und Anerkennung, wie er sie in seiner damaligen beruflichen Situation erfahren hat.

Klaus hatte Atemprobleme, die ihm Schmerzen bereiteten. Ihm war die Lebensfreude abhanden gekommen. Er konnte seine plötzliche Entlassung in die Frührente und seine Situation nicht annehmen. Er hatte bereits eine Chemotherapie erhalten. Wir vereinbarten einen Geistlichtreise-Termin, denn Klaus war etwas skeptisch. Er wollte alles während der Reise mitbekommen. Es war an einem Montag um 10.00 Uhr.

Klaus hatte sich vereinbarungsgemäß hingelegt. Leise Musik lief im Hintergrund, und er wartete auf meine Ankunft mit all den hohen Lichtwesen. Ich lud die hohen Lichtwesen zu mir ein, und wir reisten in Sekundenbruchteilen zu Klaus.

Feinstofflich stand er vor uns. Er hatte eine sehr dunkle Wolke um sich herum, die ihn vollkommen von den Füßen bis hinauf zum Kopf einhüllte, ein typisches Seelenbild depressiver Menschen. Eine Lichtsäule, die sich um ihn herum bildete, löste diese Wolke von ihm ab.

Christus und die Lichtwesen sorgten für Lichtenergien, die in seine Lunge strömten, wobei die Lunge beinahe wie in einer körperlichen Operation wiederum in einen Lichtkasten gelegt wurde, um beinahe wie in einer kompletten Auflösung zu verbrennen. Auch in den anderen drei Ebenen wurde der Tumor, wie in der Schilderung von Marthas Tumorgeschehen geschildert, behandelt.

Christus und die Erzengel legten die Lungenflügel wieder vorsichtig in den Brustraum zurück. Christus und Maria standen vor Klaus feinstofflichem Körper. Sie gaben einmal strahlend weiße Energien von Christus und von

Maria ein rosafarben-grünes Licht in den Brustraum, so dass sich die Lunge ganz aufblähte. Marias weibliche Lichtenergie entspricht dem Ying, das ein Zuviel an Yang (männliche Energie) ausgleichen kann. Klaus atmete diese Lichtsubstanzen wie eine heilende innere Salbe ein und aus. Von Gott strömte dabei goldenes Licht in seinen Körper, um die Maßnahmen zu unterstützen. Ich sah, dass die Lungenflügel nun rosafarben ausstrahlten. Der Tumor war in meiner Wahrnehmung verschwunden.

Wir reisten danach mit Klaus vor den Zeitpunkt des Ereignisses der Entlassung in die Frührente. Ein Parallel-Lebensweg brachte ihn in die Schwingung von Transformation, emotionaler Neutralität, So konnte Klaus auf diesem Parallel-Weg bis zum gegenwärtigen Zeitpunkt der Reise durch Lichtwände hindurch schreiten und allen Ballast aus seinem Leben abwerfen, der mit Lichtwirbeln gelöscht wurde.

Es bildete sich ein strahlendes Lichtherz, in dem die bedingungslose und allumfassende göttliche Liebe spürbar war über eine Lichtsäule, die in die Mitte des Herzens strömte. Pastellartige Lichtenergien flossen ebenfalls ein. Sie fühlten sich an wie weiche, sanfte Seide, die durch unsere Körper strömte, als wir in dieses Herz hineingingen.

Wie in einem Sog wurde schließlich unsere lichtvolle „Reisegruppe" in die 12. Dimensionsebene gezogen. Ein strahlend weißer Operationssaal wartete darauf, Klaus in seinem Heilungsprozess zu unterstützen. Ich sah, dass ihn viele Engelwesen auf einen weißen Operationstisch legten. Er lag auf dem Rücken. Christus stand an seinem

Kopfende. Er hielt den Kopf des Mannes, während eine Art Lichtstrahl in seine Lungenflügel fuhr, um hier auf dieser hohen feinstofflichen Ebene zusätzlich für Heilungsenergien zu sorgen. Der Brustkorb war nur noch glitzerndes Licht. Die Chakren-Energien wurden über Christus in eine liebevolle Energie des Herzchakras hineingeströmt. Dort wurde alles in Liebe transformiert.

Wir verließen den Raum und reisten mit Klaus zur höchsten Gottesebene. Gott ließ aus seinem Herzen ein goldenes Licht in das Herzchakra des Mannes fließen, so dass sich dieses Licht in allen Zellen verteilen konnte. Klaus strahlte wie eine Licht-Sonne, und ich betete zu Gott mit der Bitte um Heilung.

Wir kamen zurück zum Ausgangspunkt der Geistlicht-reise. Die Lichtwesen wickelten Klaus zur heilenden Unterstützung in einen Lichtverband. Maria trat zu ihm. Sie legte ein rosafarbenes Lichtherz in seine Hände. Sofort veränderten sich die Zellen in rosa schimmerndes Licht. Er nahm diese Energie, die in der Bildsprache die Liebe zu sich selbst darstellt, in all seinen Zellen an.

Die Reise war zu Ende. Ich brannte die simultan zur Geistlichtreise erzählte Schilderung auf eine CD. Wichtig war mir, dass ich Klaus darauf hinwies, er möge doch vor der nächsten Chemotherapie noch einmal eine ärztliche Untersuchung durchführen lassen, denn ich spürte, dass der Tumor verschwunden war.

Wochen später erfuhr ich von Claudia, dass Klaus nach der Geistlichtreise eine starke Grippe mit sehr hohem Fieber bekam. Er konnte in dieser Zeit seine Chemotherapie nicht weiter fortsetzen. Sie musste um ca. drei Wochen verschoben werden. Nach dem Abklingen der Grippe wandte Klaus sich wieder an die Klinik. Er ließ erneut eine Untersuchung seiner Lunge vornehmen. Die untersuchenden Ärzte trauten ihren Augen kaum. Der Tumor war restlos verschwunden.

„Das ist doch nicht möglich", meinte einer der Ärzte und rief den Chefarzt der Abteilung hinzu. *„Tatsächlich! Der Krebs ist nicht mehr zu sehen"*, staunte der Chefarzt. Klaus aber wollte dennoch die Chemotherapie komplett zu Ende führen – prophylaktisch!

Frei nach dem *Motto „Es darf nicht sein, was nicht sein kann"* entschied er sich, die vom Chefarzt empfohlene Therapie fortzusetzen, obwohl organisch kein Anlass mehr gegeben war. Zudem gab es keine Metastasen, soweit die Untersuchungen das feststellen konnten.

Wie wir sehen, kann Heilung auch dann erfolgen, wenn die Menschen nicht daran glauben. Dennoch darf gelernt werden, dass Heilung von jedem Menschen angenommen werden kann oder auch nicht.

Die Entscheidungen treffen die Menschen selbst. Wer das Geschenk der Heilung nicht annehmen kann oder möglicherweise glaubt, aus einer Erkrankung einen Krankheitsgewinn zu haben, der sucht dann eben weiterhin unbewusst Wege, dieses Leben zu verlassen.

Bernhard

Inge kam in mein Arbeitszimmer. Sie erzählte mir von einer Familie, die angerufen hat. Es ging um ihren Sohn Bernhard, ein 20-jähriger junger Mann aus Hamburg. Die Eltern berichteten am Telefon, dass Bernhard sehr große Probleme hat. Er hat nach den Schilderungen seiner Mutter eine Zeit lang Drogen genommen, dann kippte sein seelischer Zustand. Schwerste Depressionen und eine totale Veränderung seines Lebens waren die Folge, so dass Bernhard in eine psychiatrische Einrichtung eingewiesen wurde. Es bestand aktuell eine hohe Suizid-Gefahr. Natürlich wurden die Eltern von uns darauf hingewiesen, Hilfe von den Ärzten und Therapeuten zu bekommen, doch von dieser Seite war bereits alles veranlasst worden, den jungen Mann mit Medikamenten zu unterstützen.

Es hatte sich im Laufe der Jahre, seit dem damaligen Drogenkonsum, ein sogenanntes Asperger-Syndrom eingestellt, eine besondere Form des Autismus. Dies äußerte sich in innerer Zurückgezogenheit und Kommunikationsstörung des jungen, intelligenten Mannes.

Bernhard vermittelte seinen Eltern vor den Osterfeiertagen, dies wurde auch von den Ärzten in der Klinik bestätigt, dass er sein Leben beenden will. Nun war der Auftrag der Eltern an mich, mich in einer Geistlichtreise um Bernhard zu kümmern. Es war eine sehr intensive Lichtarbeit bei dem jungen Mann, die ich mit den hohen Lichtwesen umsetzen durfte.

Feinstofflich konnte ich wahrnehmen, dass Bernhard wie in einem Eisblock stand. Er versuchte, mit einem Eispickel im Inneren des Eisblocks eine Art Befreiung zu erzielen. *„Ich will nicht mehr in diesem eingeschlossenen Körper leben"*, sagte er mir, während er ohne Unterlass von innen her den Eisblock bearbeitete.

„Du hast die Wahl", sagte Christus zu ihm, *„Du kannst dich entscheiden, wohin dich dein Weg führt. Du selbst hast diese Entscheidung vor deiner Inkarnation getroffen, um zu lernen. Du selbst hast alle Freiheit, deinen Weg auszuwählen."*

Die Lichtwesen ließen das Eis mit gleißendem Licht, das aus ihren Herzen zu ihm strömte, schmelzen. Ich sah jedoch, dass sofort ein neuer Block aus Eis entstand.

Gemeinsam mit allen Lichtwesen wurde für Bernhard gebetet. Doch er schien sich längst entschieden zu haben. Selbst die Wut, die sich als feuerrotes Licht in seinem Körper zeigte, wurde nicht weniger. Er hatte sich entschieden. So kehrten wir unverrichteter Dinge von Bernhard zurück, wobei Christus ihm einige Engelwesen zur Seite stellte.

Ich rief nach der Reise die Mutter des jungen Mannes an. Ich erzählte ihr von den Ereignissen, die mir auf der Lichtreise gezeigt wurden. *„Bitte passen Sie auf, Frau Hansen, Ihr Sohn ist wirklich sehr gefährdet. Er will offenbar nicht weiterleben, so wie Sie und die Ärzte es gesagt haben. Die Maßnahmen der hohen Lichtwesen wirken nicht, da er immer wieder in die alten Muster verfällt."*

„*Was können wir tun?*", fragte mich Bernhards Mutter.

„*Ich würde mich mit den anderen Familienangehörigen verständigen, um ihn über die Feiertage Tag und Nacht nicht aus den Augen zu lassen, so dass Sie ihn damit vielleicht davor bewahren, sein Vorhaben in die Tat umzusetzen.*"

„*Das können wir nicht, wir sind an den Ostertagen nicht zu Hause, es ging leider nicht anders*", meinte Frau Hansen. Es kam so, wie es sich auf der Geistlichtreise angedeutet hatte. Bernhard hat sich in der Nacht von Ostersonntag auf Ostermontag erhängt. Die Mutter des jungen Mannes rief mich nach Ostern an und berichtete mir vom Tod ihres Sohnes. Sie bat mich, mit Bernhard noch einmal Kontakt aufzunehmen, um in Erfahrung zu bringen, wie es ihm geht.

Ich reiste mit den hohen Lichtwesen zu ihm. Er kam in einer wunderschönen Landschaft auf uns zu. „*Aha, euch kenne ich ja!*" rief Bernhard von weitem mit einem strahlenden Lachen. „*Ja*", sagte ich zu ihm, als er näher kam, „*wir waren alle bei dir, als du in der Einrichtung gelebt hast. Weißt du noch etwas davon?*" Christus und die anderen Engel-wesen umarmten ihn liebevoll.

„*Also, ich weiß noch, dass ich mich in meinem Körper nicht mehr wohlgefühlt habe. Ich habe es wie in einem Gefängnis empfunden, mich nicht mehr artikulieren und mein eigenes Leben nicht mehr gestalten zu können. Ich weiß, dass ihr versucht habt, mich von meinem Vorhaben abzubringen, meine gefühlte Gefangenschaft zu beenden. Doch ich wollte einfach nicht mehr.*"

„Wie ist es denn jetzt für dich?" fragte ich ihn. „Es ist in mir große Leichtigkeit, ein Gefühl der absoluten Freiheit! Für mich ist es ein eigenartiges Gefühl, denn alles, was ich denke, weiß ich schon sofort. Es ist Fühlen, Wissen, Sehen und Erkennen. Schau dich um, hier ist eine Landschaft, die ich immer geliebt habe. Wiesen, Seen, Berge, Wälder. Alles ist sofort erfahrbar für mich. Ich kann mich wieder in Worten ausdrücken, ohne sie auszusprechen. Jeder Gedanke ist gesprochenes Wort. Ich bin nicht mehr gefangen in meiner Welt der Isolation. Ich bin glücklich!"

„Hast du eine Information für deine Eltern, die sich große Sorgen um dich gemacht haben?"

„Ja, sag ihnen, dass ich sie immer geliebt habe, in meinem Körper und auch jetzt, nachdem ich den Körper verlassen habe. In mir ist nur noch Liebe, das Gefühl, mit allem verbunden zu sein. Ich empfinde tief in mir, nach Hause zu kommen, heimzukehren. Mein Leben war mein Leben, und ich bin glücklich so, wie es ist. Ich habe meinen Eltern weh getan. Doch bitte, sag ihnen, dass es mir gut geht, dass ich es so gewollt habe, und dass ich sie liebe. Sage ihnen, dass sie keine Schuldgefühle haben sollen, sondern ihr Leben lieben und leben sollen, so, wie es für sie vorgesehen ist.

Ich selbst werde mich weiterentwickeln. Ich werde auch nicht hier an diesem Ort der Zwischenwelt bleiben, der mir all das zeigt, was ich zu Lebzeiten auf der Erde so sehr geliebt habe. Schau nur diese wundervolle Landschaft. Ich werde weiter ins Licht gehen, wenn es für mich Zeit ist, den Weg aufzunehmen. Sage meinen

Eltern, ich umarme sie in Dankbarkeit für alles, was sie für mich getan haben. Erzähle ihnen, wie sehr es mir hier gefällt. Ich verabschiede mich von ihnen in Liebe."

Christus kam auf Bernhard zu und flüsterte ihm etwas ins Ohr. Ein Lächeln erhellte Bernhards Gesicht: *„Ja, ich bin bereit."* Sofort formte sich hinter Bernhard eine strahlende Lichtsäule, in die hinein der Seelenkörper strömte, um dann in einem Lichtsog aufwärts gezogen zu werden. Dabei winkte er uns ein letztes Mal zu.

„Er darf sofort ins Licht gehen", sagte Christus, *„seine Zeit ist gekommen, seinen weiteren Weg zu gehen. Es ist für ihn eine Ausnahme, denn normalerweise müsste er so lange warten, bis er eines natürlichen Todes gestorben wäre."*

Einige Tage später erzählte ich Frau Hansen die Inhalte der Geistlichtreise zu ihrem verstorbenen Sohn. Es war ein großer Trost für sie! Eine liebe Karte von Frau Hansen war in der Post:

„Lieber Herr Frantzen", stand dort geschrieben. *„Ich bin zwar voller Trauer über den Verlust meines geliebten Sohnes, doch ich habe verstanden, dass ich ihn schon vor langer Zeit verloren habe. Er war weit weg von mir, und doch so nah! Und jetzt ist er glücklich, dort, wo er ist.*

Ich sitze vor den alten Fotografien meines Jungen, und ich sehe eine Zeit, in der er glücklich war. Dieses Lächeln und Lachen eines unbeschwerten Kindes werde ich in meinem Gedächtnis haben, denn es muss das gleiche Lachen sein, dass er Ihnen in der anderen Welt gezeigt hat. Er ist bei Christus und bei Gott, und er darf seinen

Weg gehen. Ich lasse ihn in Liebe los und weiß, er war ein wunderbarer Mensch in unserem Leben. Danke Ihnen und den Lichtwesen für alles."

Wie hat Max Frisch es treffend gesagt:

Das klare Todesbewusstsein von früh an trägt zur Lebensfreude, zur Lebensintensität bei. Nur durch das klare Todesbewusstsein erfahren wir das Leben als Wunder.

In mir ist das Wissen, dass der Tod nur ein Übergang ist in eine andere Welt, in einen anderen Zustand. Und ich bin glücklich, solchen Menschen wie Bernhard und seiner Mutter begegnen zu dürfen.

*Wenn ich in der Sprache der Engel redete, hätte aber die
Liebe nicht, wäre ich nichts als ein dröhnendes Erz.*
1.Korinther 12.1-2

Engeleinweihung

Ich habe viele Einweihungen erhalten dürfen, die mich
im Sinne meiner Bewusstseinserweiterung vielen
Erkenntnissen näher gebracht haben. Diese
Einweihungsprozesse bringen immer wieder neue
Prüfungen mit sich. Sie sind ein Test zu erkennen, wie
sehr die Liebe des Herzens gelebt wird, wie sehr Einheit
mit dem göttlichen Sein möglich ist.

Diese manchmal schmerzhaften Einweihungen haben
mir immer wieder gezeigt, dass wir Menschen uns auf
dem Weg zum höchsten göttlichen Bewusstsein
allmählich herantasten dürfen, im ganz eigenen
Rhythmus, der jedem Menschen innewohnt. Daher ist
niemand schlechter oder besser als ein anderer. Wie
bereits gesagt: wir lernen alle voneinander.

Meine Einweihungen erhielten eine besondere Qualität
über einige Ereignisse, die ich erfahren durfte, die ich
Ihnen in diesem Buch gerne vermittele, damit ein
besseres Verständnis zu dieser komplexen Thematik
möglich ist. Khalil Gibran hat folgenden Satz geprägt:

*„Der erste Gedanke Gottes war ein Engel. Das erst Wort
Gottes war ein Mensch."*

Einweihungen begleiten den Weg jedes spirituellen Menschen, der sich vollkommen für die lichtvollen Energien öffnet. Auch in meinem Fall zeigten sich bald Energieanhebungen, die der reine Menschenverstand nicht erfassen kann. Doch glauben Sie mir. Es ist genau so gewesen!

Wir kennen Engel, Erzengel aus Bildern, aus Texten, allenthalben von Menschen, die unmittelbaren Kontakt zu Engelwesen haben. Damit entsteht eine direkte Verbindung, indem die Engelwesen durch diese Menschen reden und manchmal interessante Erkenntnisse und Zusammenhänge vermitteln.

Es gibt unterschiedliche Ebenen, zu denen bestimmte Wesen einen Zugang haben:

Ebene	Heilige Geometrie	Zugang für
Geistige Ebene	Dodekaeder	Menschen + Engel
Mentale Ebene	Oktaeder	Menschen
Gefühlsebene (astrale)	Tetraeder	Tiere, Elementarwesen, Menschen
Vitalenergetische Ebene	Isocaeder	Pflanzen, Tiere, Elementarwesen, Menschen
Materielle Ebene	Hexaeder	Mineralien, Pflanzen, Tiere, Menschen

Diese Ebenen sind eng miteinander verbunden.

Es ist beachtenswert, dass der Mensch als einziges Wesen auf allen fünf Existenzebenen existieren kann, nämlich auf der materiellen Ebene (sichtbare 3D-Ebene), auf der vitalenergetischen Ebene (Ätherleib), auf der emotionalen (Astralleib), mentalen und geistigen Ebene.

Auf der vitalenergetischen Ebene findet die Versorgung mit Lebensenergie mittels Transport über die Meridiane statt.

Die astrale Gefühlsebene tauscht die emotionale Energie aus und verarbeitet sie.

Die mentale Ebene bildet die Gedankenenergie ab, die höhere spirituelle Ebenen nach unten transformiert und gleichzeitig ein Gedankenaustausch von unten nach oben stattfinden lässt.

Die geistige Ebene stellt die Verbindung zu höheren spirituellen Ebenen dar.

Zentrum all dessen und Umschlagplatz ist das Herz, der Platz der Seele und das Bewusstsein im Dritten Auge des Stirnchakras, im Dritten Auge der Epiphyse im Gehirn und im Dritten Auge des Herzchakras.

In meinen Geistreisen bin ich in der Lage, auch auf der Geistigen Ebene (Engelebene) zu arbeiten, da die Bewusstseinsebene des Geistes und vor allen Dingen die Seelenebene des Herzens extrem stark aktiviert werden. Diese Energien sind mit einem intensiven Glaubens-gefühl verbunden, das mich sicher darin macht, erfolgreiche Veränderungen bei den Menschen herbei zu rufen, und das mit Hilfe der Geistigen Welt.

Schon oft haben mich Menschen als Dodekaeder-Licht wahrgenommen, wenn ich zu ihnen gereist bin. Auch das ist ein Beweis für die Stimmigkeit der Geistreisen.

Es ereignete sich an einem frühen Abend!

Inge war noch unterwegs, um Erledigungen zu machen. Ich hatte mir vorgenommen, eine Geistlichtreise zu unternehmen gemeinsam mit den hohen Lichtwesen. Also lud ich wieder die hohen Lichtwesen ein, um mich auf der Geistlichtreise zu begleiten. Da wurde es vor meinem inneren Auge extrem hell, ein gleißendes Licht strömte um meinen Körper. Ich saß auf meinem Stuhl, hatte normale Beleuchtung in meinem Arbeitszimmer, meine Augen waren geschlossen. Ich fühlte eine sehr intensive Wärme in meinem Herzchakra.

Die bekannten Lichtwesen wie Christus, Maria, alle Erzengel, St. Germain, Hilarion, die Riesenengel waren anwesend, Selly und Turlin, ein Turmalinengel. Es kamen weitere Engelwesen hinzu, so viele, dass alles in meinem Umfeld wundervoll erleuchtet wurde. Es waren so viele Engel und Lichtwesen, dass ich spürte: hier geschieht jetzt etwas ganz Besonderes.

Die Lichtwesen stellten sich um mich herum auf. Sie ließen aus ihren Herzen eine sehr intensive Lichtenergie aus allen Lichtfarben in meinen Körper strömen. Meine feinstofflichen Zellen nahmen das Licht vollkommen auf, so dass ich selbst glitzerte und leuchtete.

Christus stellte sich vor mich und umarmte mich. Dabei ließ er aus seinem Herzen eine strahlende Energie in mein Herzchakra fließen. Eine unbeschreiblich wundervolle Liebesenergie erfüllte in diesem Augenblick mein ganzes Sein.

In diesem Augenblick begann eine Veränderung in mir. Ich hatte das Gefühl in die Länge gezogen zu werden. Diese in Licht gezeigte Liebe ließ meine Zellen erstrahlen, so dass ich aus allen Poren feinstoffliche Lichtfäden ausstrahlte. Helles Licht umhüllte mich. Jetzt wurde ich weit hinauf gesandt in eine Ebene, die ich zuvor nicht kannte.

Ich stand mit all meinen lichtvollen Begleitern vor einer großen Treppe! Diese Treppe bestand aus weiß strahlenden breiten Stufen. Sie waren umsäumt von zahlreichen Lichtwesen. Stufe um Stufe ging ich aufwärts, geführt von Christus. Immer deutlicher zeigte sich, wie sehr das Licht zunahm. Die letzte Stufe führte uns zu einer lichtvollen Plattform, die ebenfalls reinstes weißes Licht ausstrahlte. Wir näherten uns einer Lichterscheinung, die ich deutlich als göttliches Wesen wahrnahm.

Mein Puls raste, meinen Herzschlag spürte ich im Hals. Ein Gefühl unfassbarer Liebe durchströmte mich. Ich fühlte deutlich, dass ich vor Gott stand. Ich nahm lediglich seine Silhouette aus purem Licht wahr, so hell, dass es mich blendete. Was geschah nur hier? Was soll ich hier? Das waren meine Gedanken in diesem Zustand. Ich fühlte ein Lächeln, das Gott mir schenkte.

„Du bist ein Zweifler, Uwe, immer wieder stellst du dich und deine Arbeit und die Arbeit des göttlichen Seins in dir in Frage. Du bist skeptisch, obwohl du schon so viele

Lichtreisen mit Christus und den Engelwesen gemacht hast. Du hast noch Raum für Vertrauen, und du wirst noch viele Aufgaben erhalten, die dein Vertrauen herausfordern. Du wirst Dinge erleben, die du nicht ahnst. Sei vollkommen im Vertrauen. Du wirst deinen gewählten Weg, den du seit vielen Inkarnationen bereits begonnen hast, weitergehen, deine Aufgabe in diesem Leben auf der Erde erfüllen, die ein Teil des göttlichen Seins ist." Ich schaute zu ihm auf und fühlte die tiefe Geborgenheit und Liebe, die von ihm ausging.

„Du wirst heute in die Erzengelenergie eingeweiht. Sei dir bewusst, dass du diese Energieanhebung brauchst, um die nächsten Schritte in deiner lichtvollen Arbeit umsetzen zu können", sagte Christus zu mir. Dabei legte er seinen Arm um meine Schultern. *„Komm mit"*, forderte er mich auf, näher zu Gott zu treten.

Er stand vor mir und fragte: *„Uwe, möchtest du die Erz-engelenergie in dein Sein integrieren? Bist du dazu bereit?"* Keine Sekunde zögerte ich und stimmte dem Vorhaben aus meinem tiefsten Herzen zu.

„Du hast in all deinen Reisen gelernt, dein Ego zu verwandeln in Herzensliebe. Stets bist du für die Menschen da, gibst bedingungslos deine Gabe in der Verbindung mit dem göttlichen Sein weiter an die Menschen. Daher wird dir dies zuteil."

Ich schaute zu Gott, aus dessen strahlendem Körper ein mächtiges Engelwesen auf mich zukam. Es war aus reinstem Licht. Wir umarmten einander sanft. So konnte es behutsam in meinen Körper eintreten, mit allen

Zellen in meinem Körper und mit meinen feinstofflichen Körpern verschmelzen. Mir wurde schwindelig. Im Inneren meines feinstofflichen Körpers nahm ich wahr, dass ich selbst kleine Lichtblitze aussandte, da ich mich erst allmählich an diese hohe Energie anpassen konnte.

Von früheren Einweihungen wusste ich, dass meine feinstofflichen Ebenen mit Kristallen ausgestattet wurden, um diese sehr intensiven Energien empfangen und integrieren zu können.

„Du hast nun die Energien eines Erzengels erhalten", sagte Gott lächelnd, *„denke wie ein Engel, fühle wie ein Engel, sprich wie ein Engel, handele wie ein Engel. So trägst du das Licht und die Liebe Gottes in die Herzen der Menschen."*

Ich dankte Gott vollkommen glücklich. Die Lichtwesen führten mich wieder zurück die Lichttreppe hinunter. Wie in einem sehr schnell drehenden Sog wurde ich mitgetragen, bis wir wieder in meinem Zimmer ankamen. Allmählich kam ich zu mir. Dabei stellte ich fest, dass ich vollkommen aufrecht und gerade auf meinem Stuhl saß. Ich hatte auch das Gefühl, größer zu sein und fühlte mich großartig. Mein Körper hatte sich bereits auf die Schwingungsebene der Erzengelenergie eingestellt.

In tiefer Demut dankte ich Christus und allen Lichtwesen, die mich begleiteten. Ich fühlte in mir eine große, tiefe Anbindung an das göttliche Sein.

Die Geistlichtreisen waren nach dieser Verschmelzung mit dem Lichtwesen noch intensiver und kraftvoller.

Dass diese Begebenheit letztlich stimmig war, zeigte sich schon nach kurzer Zeit.

Einige Zeit später gab ich ein Seminar in Bayern. Während dieser Zeit waren wir separat in einem Hotel untergebracht. Dort war angrenzend an den Seminarraum ein Speiseraum, so dass wir hier unsere Pausen verbringen konnten. Irgendwann, es waren schon einige Seminartage vergangen, verließen die meisten Teilnehmer den Seminarraum, um sich bei Kaffee und Kuchen im benachbarten Raum zu stärken. Ich kam später hinzu. Ich schritt durch die Türe des Pausenraums, um mir einen Tee zu holen. Da sah ich, dass am ersten Tisch, der in der Nähe der Tür aufgestellt war, vier Teilnehmer zusammenzuckten. Einer verschluckte sich gar an seinem Kaffee.

„Was ist los?" fragte ich vollkommen ahnungslos, da ich mich gedanklich auf die Pause freute. *„Du hast eine unfassbare Energie, eine Aura, die einem Erzengel gleicht"*, sagte ein Teilnehmer des Seminars, mit dem ich heute eng befreundet bin.

Da ich niemandem von der Erzengeleinweihung erzählt hatte, wurde hier deutlich, dass ich diese Energie tatsächlich ausstrahlte. *„Ich wollte Euch nicht erschrecken"*, beruhigte ich die Vier am Tisch. Ich holte mir einen Tee und setzte mich zu ihnen an den Tisch, um ihnen von meiner Einweihung zu erzählen.

*Die Engel verstehen unter dem Ewigen einen endlosen
Zustand, nicht aber seine endlose Zeit.*
E.Swedenborg

Erzengel Metatron

Erzengel Metatron nimmt unter den Erzengeln eine besondere Stellung ein. Er ist so etwas wie der König der Engel, der am nächsten die Verbindung zum höchsten göttlichen Sein in sich trägt, gepaart mit absoluter Liebe und Sanftmut, mit höchster Schwingung, die er uns Menschen verfügbar macht. Er ist reinste Liebe, die bedingungslos und allumfassend ist. Er ist der Engel, der mit seiner unfassbar intensiven Liebe tiefe Trans-formationsarbeit leistet.

Eine ältere Dame aus Norddeutschland meldete sich bei mir: *„Ich habe eine deutliche Durchsage von Erzengel Metatron erhalten, mich mit Ihnen in Verbindung zu setzen. Ich solle mit Ihnen gemeinsam eine Geistlicht-reise durchführen."*

„Seltsam", dachte ich, *„Erzengel Metatron hat die Dame beauftragt, sich bei mir zu melden."* Ich wollte es genauer wissen! Ein starker Impuls war in mir, mich mit diesem Erzengel in Verbindung zu setzen. Folglich bat ich Christus und die anderen Erzengel, mir eine Begegnung mit Erzengel Metatron zu ermöglichen. Vor meinem geistigen Auge erhellte sich plötzlich der Raum um ein Vielfaches.

Für einen kurzen Augenblick öffnete sich der Himmel. Eine Heerschar an Engelwesen sank herab und stellte sich um mich herum auf. Zuletzt schwebte ein enorm großer Engel, mit einer endlos scheinenden Flügelspannweite, herunter und kam direkt auf mich zu. Er war umhüllt von seiner magentafarbigen, Aura. In seinen Lichtflügeln waren unglaublich viele sehende Augen erkennbar.

Ich versank in Demut und ohne, dass ich es wollte, liefen Tränen der Ergriffenheit über meine Wangen. Mein Atem stockte. Ich hielt die Luft an, um dieses unglaublich schöne Geschehen nicht zu stören. Plötzlich begann ich zu hyperventilieren. Mein Puls raste. Ich dachte für mich: *„Jeden Moment zerreißt es dich."* Es war unfassbar schön, doch auch extrem anstrengend.

Der wundervolle Engel kam auf mich zu. Er umarmte mich mit einer solch tiefen Herzenswärme, dass ein überwältigendes Gefühl der Liebe in meiner Seele aufflammte. Es war ein Gefühl, als würde ich in wundervoller weicher Seide baden. Metatron ist sein Name. Ich wusste es von der ersten Sekunde an! Sein Gesicht war von einer überirdischen Schönheit, und er strahlte tiefe Geborgenheit aus. Allmählich beruhigte ich mich.

Metatron stieg in meinen feinstofflichen Körper ein. In mir kam es zu einer Lichtexplosion. Worte wie helles Strahlen, Liebe, Sensibilität, Freude, Humor, Gesundheit, Friede können nicht annähernd das wiedergeben, da ich all dies in diesem Augenblick gleichzeitig spürte. Es war innere Erhabenheit, tiefe Demut, kraftvolle Dankbarkeit in mir und das Sehnen nach diesem Sein in Ewigkeit.

Metatron sprach zu mir: *„Ich übertrage dir nun diese meine Kräfte, damit du lernen kannst."*

Ich kniete mental nieder und dankte mit Tränen in den Augen für die Gnade, die mir in diesem Augenblick zu Teil wurde. *„Ich? Warum gerade ich?",* dachte ich im Stillen.

„Du hast die Prüfungen bestanden", hörte ich Erzengel Metatron sagen. Sein gewinnendes Lächeln freute mich sehr, und ich spürte, wie mein Körper sich in Magenta-Leuchten verwandelte. In diesem Augenblick, strömte Erzengel Metatron aus meinem Körper heraus.

Er schwebte wieder mit den anderen Lichtwesen hinauf in die göttlichen Sphären.

Öffnen wir uns für die Energie in der Liebe unseres Herzens, ist sie zugleich bereits vorhanden und steht uns zur Verfügung, in jeder Sekunde unseres Seins.

Die unzählbaren Geistlichtreisen haben die Energien des höchsten Lichts mit mir verschmelzen lassen. Es ist ein stetiger und andauernder Prozess in dem Maße, wie ich die spirituelle Weiterentwicklung meines höheren Bewusstseins zulassen kann. Auf den folgenden Seiten finden Sie einige meiner Geistlichtreisen und können es nach empfinden.

Wenn je das Göttliche auf Erden erschien,
dann war es in der Person Christi.
Johann Wolfgang von Goethe

Christusberührung

Es war eine Geistlichtreise zu mir selbst! Die hohen Lichtwesen führten mich erneut in eine Reise zu mir selbst, die so tief ergreifend für mich war, dass ich sie Ihnen nicht vorenthalten möchte. Es war eine Einweihung, die ich 2009 erhalten und erfahren durfte. Die hohen Lichtwesen waren wie gewohnt bei mir, und es kam zu einer Art Zeitsprung.

Ich fand mich in Klostermauern wieder, die mir bekannt vorkamen, wahrscheinlich aus einer früheren Inkarnation. Die Kleidung der Mönche, die sich im Klostergarten zum Gebet trafen, bestand aus grauen Kutten, die mit Kordeln um ihre Hüften zusammengebunden waren. Die Füße schützten gebundene Ledersandalen. Dieses Bild erinnerte mich an eine Zeit im tiefsten Mittelalter.

Etliche Mönche waren mir bekannt. Ich sah Gesichter, die ich auf dieser Geistlichtreise als Menschen aus meinem aktuellen Leben wiedererkannte. In diesem Klostergarten wartete ich, schaute an mir herunter und erkannte, dass ich auch solch eine Kutte trug. Das war äußerst ungewöhnlich, denn normalerweise bin ich sehr neutral in meinem Aussehen auf den Geistlichtreisen.

Das hier war etwas Ungewöhnliches, etwas ganz besonders Ungewöhnliches! Dies war keineswegs mehr eine objektive Lichtreise. Das hier war eine Reise in meine Vergangenheit. Da mich Christus, die Erzengel, St. Germain, Hilarion, einige Riesenengel und andere Lichtwesen begleiteten, war ich keineswegs ängstlich oder besorgt. Vielmehr umfing mich eine besondere Spannung, denn das hier war etwas ganz Neues, etwas Aufregendes.

Die Lichtwesen vermittelten mir, dass sich in diesem Kloster viele Menschen aufgehalten haben, die in der jetzigen Inkarnation des 21. Jahrhunderts wieder zusammenkommen sollen. Es war faszinierend.

Ich erfuhr, dass etliche Menschen aus diesem Kloster in tiefer Erleuchtung zu Gott und zu Christus waren. Einige der damaligen Mönche haben ihre Erleuchtungen in den nachfolgenden Inkarnationen wieder vergessen. Jetzt sei wieder die Zeit, in der die Rückerinnerung an die damaligen Erleuchtungen möglich ist, ein Wandel im Bewusstsein, der den Menschen viel abverlangen würde. Es sei eine Zeit, in der sich die Strukturen wandeln, so dass eine neue Form der Wirklichkeit entstehen kann. Die Menschen seien im Umbruch. All die damaligen Erleuchtungen in diesem Kloster und auch in vielen anderen Klöstern seien nun wieder in einer Phase der Zusammenkunft und des Miteinanders.

Die Menschen brauchen Orientierungshilfen, um die schnellen und tiefgreifenden Veränderungen wahrnehmen, erkennen und akzeptieren zu können. Etliche

Menschen stünden weltweit in der Verantwortung, diese Wandlungen zu begleiten, den anderen Menschen mitzuteilen, ihnen zu helfen, den Sprung und die Entwicklung in die Veränderungen zu wagen und mitzumachen. Offenbar war ich auch ein Mitglied dieser Gruppe, den Menschen zu helfen in ihrem Prozess des Bewusstseinswandels. Ich konzentrierte mich auf dieser Reise auf den Klostergarten und bemerkte, dass plötzlich Christus vor mir stand. Was hatte er vor?

Er lächelte mir zu und kam näher. Mein feinstofflicher Körper schien sich zu öffnen, ein Vibrieren und Zittern umfing mich. Dann war Christus in meinem Herzen! Wie ein Donnerschlag fuhr es durch meinen Körper. Ich veränderte meine Konsistenz. Meine Wahrnehmung wurde heller, klarer, deutlicher. Ich löste mich auf, in ein Nichts, in Licht, Luft, Wasser, Erde. Ich war überall und nirgends. *„Wenn du mit dem Herzen schaust, erkennst du alles ganz klar und deutlich"*, sagte Christus in meinem Inneren.

Mich überwältigte diese Energie, und ich konnte meine Tränen nicht zurückhalten. Christus gab immer mehr von seiner weltumspannenden Liebe in mein Herz, und ich dachte, jetzt muss ich sterben. Ich wollte in dieser Energie sterben, nur noch diese Liebe und dieses Licht spüren. Mein Verlangen, nie wieder aus diesem Zustand zurückkehren zu wollen, ergriff mich immer wieder.

Christus war hartnäckig. Er ließ nicht locker, und diese überirdische Liebe war nicht mehr auszuhalten. Alles um mich herum war verschwunden. Ich war nur noch in dieser besonderen Existenz, die unmittelbar in einer Herzverschmelzung mit Christus begründet war.

Er zeigte mir alles, was ich wissen wollte. Mir waren in einem Augenblick der gesamte Kosmos, die Universen, die Dimensionen, jede Form der Existenz sowohl im Einzelnen als auch im Ganzen bewusst und klar. Ich fühlte, weinte, schüttelte mich.

Christus führte mich in diesem Zustand zu meinen Eltern, in meine Kindheit, Jugend, zu meinen Lehrern, zu allen Menschen aus meinem Leben. Ich konnte in diesem reinen Zustand allen Menschen verzeihen. Ich konnte vergeben die Pein, die Schmerzen der vielen emotionalen Verletzungen meines inneren Kindes.

Mir war klar, dass diese erlebten Dinge ein Teil meiner Eigenkreation waren, die es mir ermöglicht hatten, sensibel zu werden für die Schwingungen und zwischenmenschlichen Töne, damit ich meine eigenen Grenzen erkennen durfte. Ich selbst hatte mir dieses Leben ausgesucht, um durch die Widerstände Kraft und Energie zu sammeln, stark zu werden, das Leben so zu nehmen, wie es ist.

Die tiefe Erkenntnis war in mir, dass all meine Inkarnationen Teil einer langen Ausbildung waren, um für diese Zeit des Wandels gerüstet zu sein. Mit allem konnte ich Frieden schließen. Ich konnte endlich verzeihen, wirklich allen, an erster Stelle mir selbst. Ich verstand augenblicklich, dass alles in meinem Herzen aufgelöst wurde.

Alte Freunde sind gegangen, neue Freunde sind gekommen. Alles, was nicht mehr stimmig passte, wurde und wird immer wieder losgelöst, weil es keine Relevanz mehr hat. Für mich zählt nur eines, meine Mission zu erfüllen, der einzige Grund, warum ich in diesem Leben hier auf der Erde bin. Dabei war mein ganzes bisheriges Leben hoch bewusst und konzentriert. Es wurden und werden nur die Maßnahmen durchgeführt, die zum Erfolg dieser Mission gehören.

In meiner Verschmelzung mit Christus fühlte ich alles gleichzeitig, das Gute und das Böse, und ich erfuhr, dass alles einen einzigen Ursprung hat. Alles ist Eins! Ich fühlte die unerschöpfliche und ewige Liebe bei dieser Verschmelzung mit Christus.

Ich war mir bewusst, dass ich selbst EINS bin mit ALLEM. Es war das Gefühl wie ein Wassertropfen zu sein, der sich im großen Ozean mit allen anderen Wassertropfen zu einem großen Ganzen, zu einem Meer verbunden hat. Ich wusste es und fühlte es!

Sämtliche Ängste in mir lösten sich auf. Alles in mir war voller Liebe. Vor wem oder was sollte ich in meinem Leben noch Angst haben? Ich stand hier in einer festen Bindung mit Christus, ein unsagbar schönes Gefühl der Geborgenheit, des Sich-Fallen-Lassens und des absoluten Wissens, wieder sanft aufgefangen zu werden. Es war eine Liebesbindung mit Christus.

Während all dieser Gefühle und Gedanken trat Christus immer wieder aus meinem Körper heraus, bis ich wieder durchatmen konnte. Dann kam er wieder näher und verschmolz wieder mit mir. Heute vermag ich nicht mehr zu sagen, wie lange ich in diesem Gefühl schweben durfte.

Die Geistlichtreise war irgendwann zu Ende, und ich fühlte, dass dieses Gefühl niemals aufhört, niemals mehr.

Durch diese Einweihung hatte mich die Christusenergie erfasst. Durch seine Herzensberührung war ich in der tiefen Gewissheit, dass ich die Menschen in ihren Herzen durch seine Liebe berühren darf.

Genau so hat es sich zugetragen.

Es gab weitere Einweihungsprozesse im Verlauf meiner Geistlichtreise-Arbeit, von denen ich gern berichten werde.

Hebe deinen Blick von der Erde zum Himmel – welch bewundernswürdige Ordnung zeigt sich da.
Leo Tolstoi

Carolina´s Leben

„Uwe!" Keine Antwort. Inge kam ins Wohnzimmer. Sie fand mich schlafend auf der Couch. Sanft weckte sie mich. Ich hatte mir noch so viel vorgenommen an diesem Tag, doch nun hatte mich die Müdigkeit übermannt. Die gemütliche Couch hatte mich in die Welt der Träume geführt. Langsam setzte ich mich auf.

„Hier ist ein Auftrag für dich. Eine Frau Berlinger, zu der du bereits vor etwa zwei Jahren eine Geistlichtreise gemacht hast. Sie hat angerufen wegen ihrer kleinen Tochter Carolina. Ich habe dir alles aufgeschrieben. Es ist ein Notfall, da eine Herzoperation für die Kleine ansteht. Bitte kümmere dich um das Mädchen, die Eltern sind verzweifelt." Inge reicht mir den Zettel mit den Notizen, während ich die komfortable Ruhestätte aufgab und in mein Arbeitszimmer ging.

Berlinger, Berlinger, überlegte ich, wie war das denn damals…? Schnell fand ich in meinem Büro den Ordner mit den erledigten *„Reiseberichten"* und fand auch rasch die Unterlagen der Familie Berlinger, die bereits zwei Kinder hatte und sich sehnlichst ein drittes Kind wünschten. Damals war ein Problem aufgetaucht, weil die Eheleute beim Geschlechtsverkehr schmerzhafte Probleme im Genitalbereich hatten, da immer wieder starkes Brennen und Jucken auftrat, wofür im Vorfeld schulmedizinisch keine Ursache gefunden werden konnte.

Die damalige Geistlichtreise mit den hohen Lichtwesen hatte dazu geführt, dass ich über den Eltern feinstofflich ein Mädchen sah, klein, zierlich, blond gelockte Haare. Ich sehe auf den Geistlichtreisen die Kinder, die sich ihre Eltern ausgesucht haben, um hier auf unserer Erde zu lernen oder ihren Eltern etwas zu spiegeln, immer in einem Lichtkokon, der über den Eltern schwebt, bis es dann soweit ist, und die Kinder inkarnieren können. Dieses kleine zierliche Mädchen war damals noch in der *„Warteschleife"*, es war noch nicht soweit.

Auf der damaligen Geistlichtreise zu den Eltern waren die begleitenden hohen Lichtwesen sehr erfolgreich, da eine Entgiftung beider Elternteile angesagt war. Es bestand bei beiden ein Ungleichgewicht im Säure-Basen-Haushalt, und bei der Ehefrau war eine Schwermetall-belastung auf der Geistlichtreise erkennbar.

Die Lichtwesen hatten auf der feinstofflichen Lichtreise Entgiftungsmaßnahmen eingeleitet, den Säureüber-schuss ausbalanciert und dann eine lichtvolle Unter-stützung gegeben, damit das wartende Mädchen recht bald auf die Erde kommen konnte.

Selbstverständlich habe ich seinerzeit die Eltern darüber informiert und auch darum gebeten, einen Fach-therapeuten aufzusuchen, der sie bei ihrer Entgiftung körperlich unterstützen kann. In meinen Unterlagen der Familie Berlinger fand ich auch einen Brief, der etwa vier

Monate nach der Reise von den Eltern an mich geschrieben wurde:

Lieber Herr Frantzen,

oder sollen wir Sie besser lichtvolle Hebamme nennen? "Wir sind schwanger!!!" Nach der erfolgreichen Reise haben wir mit unserem Hausarzt und einem befreundeten Heilpraktiker gesprochen, und wir haben alles bestätigt gefunden, was Sie und die Lichtbegleiter erklärt haben. Nun, wir haben die Entgiftung ernst genommen, sogar auf Kaffee verzichtet, das Jucken und Brennen ist ausgeblieben und nun ist unser Wunsch nach einem dritten Kind in Erfüllung gegangen.
Danke Ihnen und allen Engeln, die auf der Reise dabei waren.
Möge Gott Sie behüten.

Ich fand die Geburtsanzeige der kleinen Carolina, die uns von den Eltern zugesandt worden war. Klein, zierlich, und ein blonder Haarflaum zierte das niedliche Köpfchen auf dem mitgeschickten Foto. Langsam löste ich mich von den damaligen Bildern in meinem Kopf und heftete die Unterlagen zurück in den Ordner. Nur das Foto des Kindes legte ich auf meinen Schreibtisch. Inges Notizen waren umfassend. Sie erläuterten das Problem des Kindes. Das Kind hatte von Geburt an einen Herzfehler. Die Ärzte hatten im Herzmuskel zwei Löcher festgestellt, die dringend operiert werden mussten.

Diese Operation konnte aufgrund der anatomischen Situation jedoch nicht sofort nach der Geburt durch- geführt werden. Carolina musste erst noch etwas wachsen. Nun, im Alter von etwa eineinhalb Jahren war die Operation vorgesehen. Der Termin für den sehr schwierigen Eingriff war in sechs Wochen anberaumt. Die Operation wollte Professor Dr. Gebert, ein anerkannter Herzspezialist durchführen, der den Eltern gegenüber keinen Zweifel daran ließ, dass diese Operation für das Kind sehr riskant sei, obwohl er dies sehr behutsam formulierte.

Verständlich war natürlich die große Sorge, die Ängste und das Leid der Eltern, die seit Carolinas Geburt sehr gelitten hatten, stets in dem Gefühl lebend, ihrer kleinen Tochter könne das Herz versagen. Zudem waren die zahlreich verordneten Medikamente auch nicht frei von Nebenwirkungen. Daher kam nun die Frage nach einer Geistlichtreise, damit Carolina durch die Lichtwesen geholfen werden kann.

Welch eine Aufgabe, dachte ich. Uwe, sei voller Vertrauen in die hohen Lichtwesen, zögere oder zaudere nicht. Wenn es für Carolina vorgesehen ist, werden Gott und die lichtvolle geistige Welt helfen.

Ich habe schon vor längerer Zeit aufgegeben, zu fragen, ob etwas funktioniert oder nicht, weil gerade unsere beschränkten oder begrenzten menschlichen Vorstellungskräfte nicht die Möglichkeiten der hohen Lichtwesen erfassen können. Hier sind andere Dimensionen und Gesetzmäßigkeiten gültig. Andere Maßstäbe sind wichtig. Dabei hat die menschliche Seele stets die freie Wahl, sich zu entscheiden, ob sie Heilung zulässt oder nicht. Die feinstofflichen Möglichkeiten sind grenzenlos. Nur diese allumfassende Liebe Gottes heilt, wenn wir in diesem Vertrauen sind, wenn wir uns auf diese Schwingung in unserem Herzen einlassen.

Diese Geistlichtreise duldete keinen Aufschub. Daher legte ich sehr ruhige Meditationsmusik ein. Musik ist ein helfendes Medium. Sie kann uns in liebevolle Schwingung versetzen, wenn sie uns im Herzen berührt. Das vereinfacht oft auch die Geistlichtreisen in der Umsetzung und in den Ergebnissen. Die Musik lief sehr leise. Sie hatte eine leicht asiatisch anmutende Melodie. Ich stellte mich gerade vor das Fenster meines Arbeitsraumes, und ließ mich auf den Klang der Musik ein.

Sofort wurde es ganz hell vor meinem inneren Auge, ich fühlte tiefe Liebe in meinem Herzen und sah, dass sich die lichtvollen Reisebegleiter in Sekundenschnelle in meinem Zimmer einstellten, um die Reise zu Carolina zu unterstützen.

Jedes einzelne Lichtwesen begrüßte ich in Dankbarkeit und Liebe. Danach setzte ich mich auf meinen Schreibtischstuhl. Sofort fühlte ich die kraftvolle Verbindung mit der Christusenergie. Die liebevolle, strahlende Energie, die diese Christusenergie ausmacht, erfüllte mich in allen Zellen meines Körpers, in allen Ebenen meines Seins. Ich war wie ein Teil von seiner Energie. Er wurde zu einem Teil meiner Energie.

Ich sah zeitweise in den Lichtreisen Christus wie auf dem Buchcover von Glenda Greens Buch „Unendliche Liebe“. Dort ist er in einer wunderschönen Landschaft mit einem Lamm auf dem Arm abgebildet. Ich sah und fühlte es auch sehr deutlich, zumal mein gesamter Körper in eine Art Vibration geriet, die mich von den Füßen bis zum Scheitel erfasste. Ein wohliger Schauer durchlief meinen Körper. Ich wusste, die Christusenergie ist in mir.

Unterstützt hatte ich diese Verbindung mit einer Übung, bei der ich vom Wurzelchakra bis zum Scheitelchakra und wieder zurück, mein Herz überkreuzend eine imaginäre Acht vor meinem Körper mit der rechten Hand ausführte, mir dabei vorstellte, dass ich die Erdenergie von Mutter Erde über meine Liebe mit der göttlichen Urquelle in Verbindung bringe, also Gott über mein Herz mit der Erde in Einklang, in Verschmelzung brachte. Die Herzensliebe war dabei ausschlaggebend, ebenso natürlich meine hohe Konzentration und Aufmerksamkeit.

Es vibrierte sehr stark, und ich wusste, die Energie war *„angeschlossen"*. Ich schloss meine Augen. Es wurde immer heller vor meinem inneren Auge. Ich konzentrierte mich stark auf die hohen Lichtwesen. In Sekundenbruchteilen waren wir bei Carolina. Sie lag in ihrem Kinderzimmer und spielte mit einer kleinen Stoffpuppe. Was sah ich da? Um Carolinas Körper war feinstofflich eine sehr große Schlange gewickelt.

Es gab zu Anfang Zeiten, da bin ich vor diesen Bildern entsetzt zurückgeschreckt. Es gab Zeiten, da habe ich auf solchen feinstofflichen Reisen manchmal auch angstvoll die Aufmerksamkeit auf diese dunklen Wesenheiten gelegt, die in vielfältiger Gestaltung den Figuren auf den Bildern von Hieronymus Bosch, einem Maler des ausgehenden Mittelalters, sehr ähneln. All diese teils dämonischen „Anhängsel" und Begleiter werden von

Menschen und Tieren bewusst oder unbewusst gespürt. Diese Empfindungen können nicht richtig von den Menschen gedeutet werden, belasten sie jedoch vielfältig.

Der große Kopf dieses feinstofflichen Schlangenwesens war tief in die Brust des Kindes eingegraben. Es hatte dort die großen Giftzähne in das Herz des Kindes festgebissen. Natürlich bemerkte uns dieses Wesen sofort. Wie konnte nun dem Kind geholfen werden?

Vor jeder feinstofflichen Geistlichtreise frage ich stets die Lichtwesen, ob diese Reisen auch durchgeführt werden dürfen, denn ein Eingreifen ist in ganz wenigen Fällen von der Seele nicht gewollt. Vor allen Dingen, es darf nur und ausschließlich mit der Einwilligung der Menschen geschehen, um die *„geistige Haustüre"* zu beachten. Andernfalls ist es übergriffiges, schwarzmagisches Eingreifen! Die Eltern der kleinen Carolina hatten der Reise natürlich vorher zugestimmt.

Sofort stellten sich die Lichtwesen um das Kind herum auf. Sie sandten aus ihren Herzen strahlende Liebesenergie in Richtung der Schlange, die von dieser Energie sofort wie in einem Reflex von Carolina abließ. Mit einem scharfen Zischen zog das Wesen die Zähne aus dem Herzen des Kindes. Das Wesen wandte sich sofort in Richtung von Christus, der wohlgemerkt mit meinem feinstofflichen Körper verbunden war. Christus und ich schauten in diese rot blitzenden Augen!

Sie zeigte ihre langen, spitzen Zähne, um uns zu beeindrucken. Grollen und Zischen lagen in der Luft.

„Jetzt nur keine Angst zeigen", dachte ich, während ich tief ein und aus atmete. Ich strahlte liebevolles Licht aus meinem Herzen auf die immer größer werdende Schlange, die dieses Licht der Liebe kaum aushalten konnte.

Auch meine Lichtbegleiter ließen aus ihren Herzen sehr helles Licht strömen, das getränkt war mit der allumfassenden universellen Liebe aus der höchsten göttlichen Urquelle. Die Schlange stutzte und hielt inne. Glücklicherweise kam sie nicht näher, sondern begann, sich um sich selbst zu winden, kringelte sich ein, wurde immer kleiner und kleiner. Es bildete sich um die Schlange herum ein strahlend heller Lichtkanal, weißgolden glitzerndes Licht umfing sie. Sie veränderte sich, wurde silbrig in der Farbe. Der Schuppenpanzer verwandelte sich in samtartiges Aussehen. Sie schaute uns in diesem Licht an. Ihre Augen wurden sanftmütig. Sie schien zu lächeln. Wie mit einem Fahrstuhl wurde die Schlange hinaufgezogen, ganz langsam und behutsam. Je höher sie stieg, desto lichtvoller und heller wurde sie, beinahe transparent. Es war eine Lichttransformation. Sie durfte in dieses Licht hineinströmen.

Wir wandten uns wieder Carolina zu, die mit ihrem verletzten feinstofflichen Herzen vor uns lag. Sie hatte Schmerzen und krampfartige Zuckungen, die das Leiden des kleinen Mädchens offenbarten. Christus und Erzengel Raphael näherten sich ganz behutsam dem Kind.

Irgendwie hatte ich das Gefühl, dass sie uns wahrnehmen konnte. Das war auch offensichtlich so, denn sie hob ihre Ärmchen hoch, und Maria, die uns gefolgt war, nahm das Kind auf den Arm. Christus streichelte es ganz behutsam über den Kopf:

„Weißt du, Carolina, habe keine Furcht. Wir sind hier, um dir zu helfen. Du bist ein so liebes Kind, und hast in diesem Leben schon so viel gelitten. Deine Eltern haben uns gebeten, dir zu helfen. Die Bitte kam aus der reinen Liebe deiner Eltern. Sie sind voller Sorge und Angst um dich, Carolina. Sie lieben dich über alles, du bist ihr Sonnenschein. Gott hat dir das Leben geschenkt, damit du sein Licht und seine Liebe unter die Menschen bringst, denn du wirst später immer wieder erzählen, dass Gott dich geheilt hat durch die Engel, die hier alle versammelt sind. Göttliche Liebe und Gnade allein sind es, die heilen, und du, Carolina, wirst einmal über Wiesen und Felder laufen, und deine Eltern werden weinen vor Glück, dass du bei ihnen bist, gesund, heil und voller Lebensfreude. Vielleicht kannst du das alles noch nicht verstehen, doch bist du eine uralte Seele, Carolina."

Carolina schaute Christus an, der ganz behutsam mit seinen Händen das Herz des Mädchens aus dem Brustkorb herauslöste, während die Kleine noch immer in Marias Armen lag. Ganz interessiert schaute sie zu. Christus ließ aus seinen Handinnenflächen strahlend weißes Licht in das kleine Herze hinein strömen. Dabei wurde das Herz im Inneren so intensiv ausgestrahlt, dass die beiden Löcher im Herzmuskel feinstofflich geschlossen wurden.

Das Licht bewirkte das Zuwachsen der beiden Löcher im Herzen. In seinen Händen schlug das kleine Herz in gleichmäßigem Rhythmus, und Christus gab immer stärkeres Licht in das Herz hinein.

St. Germain und Hilarion leiteten aus ihren Händen violettes und smaragdgrünes Licht in den Brustraum des kleinen Mädchens. Diese Farblichter verwirbelten miteinander. Sie sorgten in dieser Mischung für eine zusätzliche Unterstützung, um den Heilungsprozess zu ermöglichen.

Christus legte nun mit Hilfe von Erzengel Raphael, der ebenfalls Lichtenergien in das Herz strömen ließ, das Organ vorsichtig in den Brustkorb zurück und verschloss die Wunde mit weißem Licht. Aus seiner Hand ließ er einen winzigen, weiß strahlenden Mikrolichtkristall in Carolinas Herz gleiten. Dieser Kristall erhellte, wie das Licht einer Wunderkerze, das gesamte Herz, das im Brustkorb leuchtete. Maria legte das Kind behutsam ab.

Erzengel Raphael und einige andere Erzengel umwickelten Carolinas Brustkorb mit einer Art Licht- verband, der golden glänzte. Die hohen Lichtwesen gaben noch einmal auf diesen Verband strahlende Lichtenergie aus ihren Herzen und Händen. Damit haben sie die heilende Energie nochmals verstärkt.

Maria, die eine hohe weibliche Energie ausstrahlt, legte ihre Hand auf das Herz des kleinen Mädchens, um mit ihrer sanften, zarten, liebevollen Herzensliebe den gesamten Brustraum des Kindes aufzuladen. Carolina lächelte, sie schien die Veränderungen zu spüren. Dann öffnete sich das Kronenchakra des Kindes.

Die Lichtwesen ließen unterschiedliche Lichtenergien durch den gesamten kleinen Körper strömen. Diese Maßnahme diente dazu, die Gift- und Schlackenstoffe der Medikamente, die das Kind während der vergangenen Monate erhalten hatte, also deren Nebenwirkungen, in den Zellen zu reinigen und über die Fußsohlen auszuscheiden. Die Lichtwesen fingen diese Stoffe auf. Sie gaben sie in ein Lichtfeuer, um sie so zu entsorgen.

Christus stellte dem kleinen Mädchen einen der Riesenengel an die Seite. Dieser Engel sollte Carolina feinstofflich auch weiterhin unterstützen.

Natürlich wurden auch die Eltern des Kindes, das nun *„feinstofflich gesund"* war, mit dem strahlendem Licht der Engelwesen bedacht, um die Kummer- und Angst-wolken abzulösen, die beide Eltern einhüllten.

Immer, wenn sich Ängste einstellen, bilden sich solche dunklen Energiewolken und Angstwesen, die im Aussehen den Gesichtern aus den Bildern von Edward Munch *„Der Schrei"* gleichen, mit weit aufgerissenen Augen und schreckverzerrten Gesichtern. Auch Carolinas Eltern hatten solche Angstwesen um sich herum, die sich in den feinstofflichen Körpern der Eltern angedockt hatten, immer wieder genährt und angereichert durch die ständige Angst um das Wohlergehen des eigenen, so sehr ersehnten und geliebten Kindes.

Diese Energien wurden von den Eltern weggezogen in eine strahlende Lichtsäule hinein, um dort im hellen Licht aufgelöst zu werden. Die Engelwesen sorgten dafür, dass die Eltern nun selbst mit einem sehr strahlenden Licht aufgefüllt wurden, das ebenfalls durch das Kronenchakra einströmte, um in allen Zellen und feinstofflichen Ebenen die Ängste durch diese liebevolle Energie in Zuversicht und Gottvertrauen zu wandeln.

Da sah ich, dass Carolina feinstofflich zu ihren Eltern krabbelte. Ihre Mutter nahm sie vorsichtig auf den Arm. Sie streichelte ihrem Kind die Wange und küsste es sanft. Und Carolina? Sie schmiegte sich an ihre Mutter und legte die Ärmchen um ihren Hals.

Ganz vorsichtig entfernten wir uns. Der Riesenengel, den Christus bei Carolina gelassen hatte, winkte uns noch einmal leise zu, während er liebevoll auf diese glückliche Familie schaute. Die hohen Lichtwesen brachten mich zurück in mein Arbeitszimmer. Ganz allmählich kam ich wieder zu mir, als ich bemerkte, dass mir Tränen die Wangen herunterliefen.

Die Wochen vergingen. Als ich eines Morgens meinen PC hochfuhr, um die Mails abzufragen, sah ich Post von Familie Berlinger. Ich traute meinen Augen kaum, als ich das las:

Lieber Herr Frantzen,

es ist nun Wochen her, und wir haben noch Vorunter-suchungen in der Klinik bei Dr. Gebert vornehmen lassen. Die tapfere Carolina hat alles geduldig über sich ergehen lassen. Es wurden immer wieder neue Untersuchungen gemacht, weil der Arzt es nicht fassen konnte: die beiden Löcher im Herzen waren verschlossen.

Mein Mann und ich sind außer uns vor Freude: Carolina muss nicht operiert werden. Lediglich in bestimmten Zeitabständen sollen wir unsere Tochter untersuchen lassen.

Bitte sagen Sie Ihren lichtvollen Begleitern unseren tiefen Dank. Wir stehen fassungslos vor diesem Wunder. Ihnen weiterhin Gottes Segen für Ihre gnadenreiche Arbeit.

Ihre Familie Berlinger

Ich trocknete ein paar Tränen von meiner Wange.

Wenn der Geist total in der materiellen Welt lebt, dann existiert nichts als Materie, die Denken, Bewusstsein und Willen ist. Wenn der Geist dort lebt, wird die Angst weitergehen, denn dort ist nichts anderes als das Verlangen nach materieller Sicherheit und Beständigkeit.
Krishnamurti

Angst in Liebe wandeln

Utis war gerade 15 Jahre alt geworden. Es gab in seinem Volk, das in der Nähe eines unergründlich weiten Dschungels lebte, gewisse Anforderungen, die alle jungen Männer des Stammes in Form sogenannter Initiationsriten durchleben mussten. Die jungen Männer des Dorfes wurden über mehrere Tage und Nächte in den Urwald geschickt, um reiche Beute an zu erlegendem Wild zu machen.

Sämtliche Bewohner des Dorfes versammelten sich an einem schwülen, von Gewitterluft regenschwangeren Tag vor der Hütte des Häuptlings. Sechs junge Männer im Alter zwischen 15 und 16 Jahren, bekleidet mit einem Lendenschurz, standen in der Mitte des Platzes, darunter auch Utis. *„Geht jeder einzeln in den Dschungel und bringt reiche Beute mit zur Besänftigung der Arani. In drei Tagen erwarten wir euch zurück"*, sagte der Häuptling. Jedem der sechs jungen Männer gab er Blasrohre und giftige Pfeile mit. Unter martialischem Geheul wurden die jungen Männer in den Dschungel entlassen.

Wer sind die Arani, werden Sie fragen?

Arani war in Utis Muttersprache das Wort für „*Spinnen*". Diese Spinnen waren sehr groß, und es war äußerst gefährlich, sich ihnen zu nähern, wenn sie in Aufregung und Zorn gerieten. Die Arani waren die eigentlichen Herrscher in dem gesamten Gebiet. Die Bewohner des Dorfes versuchten immer wieder, die Riesenspinnen durch Gaben friedlich zu stimmen. Schon so mancher Bewohner des Dorfes war ihnen zum Opfer gefallen.

In der Dunkelheit der Nacht war Utis schon seit Stunden unterwegs. Er ging behutsam und vorsichtig, jeden Fuß langsam aufsetzend. Einerseits wollte er ein Stück Wild erlegen, andererseits hatte er panische Angst davor, auf eine Riesenspinne zu treffen. Von den anderen jungen Männern gab es keine Spur. Sie waren offensichtlich andere Wege gegangen, um ihr Ziel zu erreichen.

Utis wurde mit der Zeit müde. Immer wieder knackten die Äste und Blätter unter seinen Füßen. Er fühlte sich die ganze Zeit beobachtet, und einmal glaubte er, eine Arani zu sehen. Da sich seine Augen an die Dunkelheit gewöhnt hatten, fand er bald in der Nähe eines Bachlaufes einen Platz zum Schlafen. Die Dorfgemeinschaft hatte für die Initiation der jungen Männer Nüsse und Früchte zusammengetragen, die ihnen als Proviant dienen sollten. Utis hatte noch nicht viel gegessen. Daher nahm er eine Nuss, auf der er genüsslich herum kaute, nachdem er sich ein Lager aus Laub gemacht hatte.

Die Geräusche des Urwalds waren ihm vertraut, und er schlief bald ein. Irgendwann erwachte Utis in der Nacht. Er krümmte sich vor Schmerzen. In seinem Körper tobte es. Es kratzte, stach, kribbelte, schmerzte. Utis begann heftig zu würgen, und unzählige kleine, schwarz-gelbe Spinnen suchten über seine Speiseröhre den Weg ins Freie. Es waren Tausende. Der junge Mann erbrach immer mehr Spinnen, und es ergriff ihn unermessliche Panik.

Utis wollte weglaufen. Er versuchte es zumindest. Doch war es mehr ein Stolpern, Hinfallen, wieder Aufraffen, weiter torkeln. Dabei schaute Utis sich um und sah, dass nicht nur die kleinen Spinnen hinter ihm her waren, nein, auch das Muttertier, die große Arani. Utis erbrach Blut. Schließlich fiel er erschöpft zu Boden und ergab sich seinem Schicksal.

Die Riesenspinne, die ihre Jungen in der Nacht in seinem Körper deponiert hatte, um ihnen ihr Überleben zu sichern, indem sie sich von den inneren Organen des jungen Mannes ernähren, griff Utis an. Sie sprang auf ihn! Mit einem letzten Aufbäumen sah er nur noch die Beißwerkzeuge der Arani. Was er nicht mehr sah, war, dass er in einen Kokon aus feinen Fäden der Arani eingewickelt wurde.

„Puh", dachte ich und schüttelte mich kräftig. *„Das ist ja heftig"*, sagte ich zu Christus, der neben mir stand und meine extreme Anspannung spürte. Sofort bemerkte er meinen rasenden Herzschlag und legte seine Hand auf meine Brust, bis ich wieder ruhig wurde.

Was war geschehen? Nach einem Seminar wurde ich von einer besorgten Dame angesprochen. Sie erzählte mir, dass ihr Sohn seit Jahren nicht mehr schlafen kann. Sein Name war Harald, ein 37-jähriger Mann, Diplomchemiker, verheiratet, drei Kinder. Sie erzählte mir, dass Harald jede Nacht Angst vor Spinnen hat. Er würde nur sitzend im Bett schlafen, weil er jeden Augenblick damit rechnet, ihm könnten Spinnen in den Mund krabbeln. Er würde, so schilderte seine Mutter, immer wieder große Spinnen in seinem Schlafraum sehen, die nur darauf warten, bis er eingeschlafen ist. Wenn er dann vor Erschöpfung einschlief, hätte er jede Nacht Albträume. Es würden dann hunderte Spinnen aus seinem Mund ins Freie gelangen. Ich schluckte!

„Ich verspreche Ihnen, mir die Sache mit Ihrem Sohn anzuschauen. Bitte geben Sie mir noch die Angaben zu Ihrem Sohn, Adresse und Geburtsdatum. Ich notiere mir die Daten." Einige Tage nach dem Seminar hatte ich die Gelegenheit, mich dem *„Spinnenproblem"* zu widmen und bat die hohen Lichtwesen, mir zu helfen.

Die lichtvolle Reisegruppe mit Christus und den höchsten Engelwesen strömte zu Harald, der in meiner feinstofflichen Wahrnehmung in seinem Bett saß. Er vermied es, seine Augen zu schließen. Stattdessen starrte er in den Schlafraum. Ich schaute in seine Blickrichtung! Dort saß feinstofflich vor dem Fenster eine riesige, graue Spinne! Sie starrte mit glühenden Augen auf ihr *„Opfer"*.

An der Spinne war eine Art Schlauchverbindung zu Harald befestigt. Auf seinem Bett krabbelten fein-stofflich viele kleine schwarz-gelbe Spinnen in Richtung seines Körpers. Einige Spinnen hatten es geschafft, an seinem Hals hinaufzuklettern, um an seinen Mund zu gelangen. Welch ein grausiger Anblick!

Christus und die Erzengel einschließlich Erzengel Metatron errichteten sofort einen hellen Lichtkanal, in den hinein diese Spinnen weggezogen wurden. Die Riesenspinne wurde in einem Lichtkokon eingehüllt, um sie mit dem Verbindungsschlauch von Harald, der sich mittlerweile die Bettdecke bis an den Mund hoch-gezogen hatte, wegzuziehen. Dabei halfen die anderen mitgereisten Lichtwesen.

Bei allen Bemühungen - diese Spinne war bis jetzt nicht wegzubringen. Sie klebte weiterhin über den Schlauch an Harald. Ich glaubte, auch ein kaltes Grinsen zu erken-nen. *„Es ist karmischer Natur und wir werden das alles von ihm ablösen"*, informierte mich Christus

Die Lichtwesen zogen Harald aus dem Bett und stellten ihn in ihre Mitte. Allerdings kam die Spinne bedrohlich nah an uns heran. Die Riesenengel bildeten mit ihren Lichtkörpern eine Schutzmauer, so dass ihm nichts geschehen konnte. In Windeseile gelangte unsere Gruppe in eine andere Zeit auf einem anderen Planeten, auf dem Utis gelebt hat.

Wir *„landeten"* inmitten eines Dschungeldorfes und sahen, wie sechs junge Männer in den Urwald geschickt wurden. Wie in einem Zeitraffer konnte ich die Bilder verfolgen. Zuletzt kam in mir Übelkeit auf, als sich eine Arani daran machte, den jungen Utis, eine frühere Inkarnation von Harald, einzuwickeln.

Christus und die Erzengel lösten diese Bilder wie eine klebrige Haut von Haralds feinstofflichem Körper ab. Ihm standen dicke Schweißperlen auf der Stirn. Auch die mitgereiste Riesenspinne und der befestigte Schlauch wurden von Haralds Körper abgetrennt und mit dem schrecklichen „Karma-Film" weggezogen.

Sofort stellte Christus eine helle Lichtmauer zwischen die alte Urwald-Inkarnation und Haralds feinstofflichem Körper. Harald war mit Utis Leben verbunden. Dadurch erlebte er immer wieder diese Spinnen-Albträume und die Angst vor Spinnen. Mir war nur schlecht, und ich wollte weg von diesem Ort. In einem Sekundenbruchteil waren wir wieder in Haralds Schlafraum. Seine Frau schlief und hatte von alledem nichts mitbekommen. Harald legte sich wieder in sein Bett und schlief ein.

Christus hüllte ihn zum Schutz in weiß-goldenes Licht, und wir zogen uns zurück. Wieder bedankte ich mich bei meinen geistigen Begleitern. Meine Augen tränten. So etwas hatte ich mir in meinem normalen Tagesbewusstsein nicht vorstellen können.

Ich sprach den Reisebericht in mein Diktiergerät und brannte eine Audio-CD, die ich Harald am gleichen Tag schickte. Am nächsten Tag klingelte unser Handy, Inge nahm das Gespräch entgegen.

Sie erzählte mir anschließend die Hinweise der Anruferin. Es war Haralds Mutter. Sie war glücklich, weil ihr Sohn nun tief und fest geschlafen hatte, seit Jahren erstmals ohne die bedrohlichen Spinnen vor seinen Augen und in seinen Träumen.

Seitdem sind zwei Jahre vergangen, und Harald ist nachhaltig von dem Problem befreit. Der seit Jahren erlebte Albtraum war endgültig vorbei. Es ist mir eine tiefe Freude. Dank gebührt Christus und den hohen Engelwesen, deren Arbeit ich nur mit viel Demut und Bewunderung betrachten kann. Hier wurde Angst in Liebe und Vertrauen verwandelt.

Menschen haben vor vielfältigen Dingen Angst, und diese Angst macht eng, blockiert uns wie in einem Gefängnis. Das Instrument, Ängste zu verwandeln in Liebe ist das Selbstvertrauen. Sind wir Menschen im Selbstvertrauen, sind wir im Vertrauen, niemals von Gott getrennt zu sein, weil das Vertrauen zu Gott keine Angst kennt. Angst ist eine Illusion, wenn wir zugrunde legen, dass alles in diesem dreidimensionalen Leben eine Matrix ist, ein Spiegelkabinett, in dem wir uns in jeder Sekunde spiegeln dürfen.

Ängste können vorhanden sein aus früheren Inkarnationen, durch Erziehung, durch Schwingungen wie Liebe, Angst, Gefühle, Gedanken, Worte Handlungen, die besonders in Kindesalter geprägt werden. Auch durch Konsum von Drogen können Ängste aktiviert werden, die Menschen in extreme Situationen bringen können.

Ängste können prägend sein für unser gesamtes Leben, wenn wir nicht die Ursachen hinter der Angst erkennen. Angst ist Illusion, und nur etwa 2% der Dinge, vor denen Menschen Angst haben, treten dann auch tatsächlich ein. Durch Ängste werden jedoch entsprechende Botenstoffe vom Gehirn ausgehend in alle Zellen transportiert. Angst verursacht Stress, ein Kreislauf, der aufgelöst werden darf, wenn wir uns dafür öffnen.

Sind wir uns im hohen Maße bewusst, dass wir in Einheit mit dem göttlichen Sein sind, ebenso in der Verbindung mit der Erde, die uns hervorgebracht hat in die Schwingung der Dreidimensionalität, dann erfahren wir, dass es keine Gründe für Angst gibt. Denn in der Verbindung zwischen Himmel und Erde sind wir in Gott und Gott in uns, geerdet durch unseren dreidimensionalen Körper, der einen Kanal darstellt, durch den das Göttliche und das Irdische strömen darf.

Haben wir den Mut, dieses Vertrauen in uns und durch das göttliche Sein, das uns innewohnt, zu finden, dann löst Angst sich auf wie grauer Nebel im Sonnenschein.

Die unschuldigen Pflanzen und Tiere sind von Gott in des Menschen Hand gegeben, dass er sie liebe und mit Ihnen wie mit schwächeren Geschwistern lebe.

Hermann Hesse

Tierliebe
Benito

Tiere sind Teil der vollkommenen Schöpfung, sind Teil der universell liebenden Schöpferkraft. Wer jemals einem Hund, einer Katze oder einem Pferd in die Augen geschaut hat, weiß, was ich damit meine, ein tiefes Verständnis, inniges Lieben ohne Worte, Wissen um die Schwächen des anderen, um seine Kräfte und Stärken, seine Vorlieben. Unser Königspudel Benito ist so ein Wesen, das uns ausgesucht hat.

Es gibt keine Zufälle! Vor einigen Jahren besuchten Inge und ich einen historischen Jahrmarkt. Wir schlenderten über den Veranstaltungsplatz einer kleinen, historischen Altstadt in Nordrhein-Westfalen. Menschenmengen strömten durch die engen Gassen und über die Plätze. Schließlich bogen wir in eine Seitenstraße, um dem Trubel etwas zu entgehen. Einige Stände und Buden gab es hier, in denen allerlei Dinge angeboten wurden.

An einem Stand blieben wir wie angewurzelt stehen. Ein großer, weißer Hund schaute sich die vorüber gehenden Menschen interessiert an. Wir wandten uns an das Frauchen des Hundes, die hinter ihrem Stand hervor kam, als sie bemerkte, wie freudig wir den flauschigen Hund streichelten.

„Das ist ein Königspudel", erklärte die Frau. Ein klassischer Königspudel war das nicht, denn er war nicht so geschoren wie ein Pudel. Er war quasi ein Wuschel ohne Erkennungswert. Doch das war egal. Vollkommen sanftmütig legte das junge Tier seinen Kopf in meine Hand und genoss die Streicheleinheiten. *„Er ist aus einer Privatzucht, und ich habe den Hund vor einem Jahr bekommen. Die Züchter sind wohl auch mit der Mutter meiner Hündin hier auf dem Jahrmarkt. Vielleicht haben Sie Glück und können mit dem Züchter-Ehepaar sprechen",* freute sich die Marktfrau über unsere Zuneigung zu ihrer Pudeldame. Wir unterhielten uns noch eine Weile über die Vorzüge dieser wundervollen Hunderasse und verließen den Stand.

Wie oft erkennen wir im Leben, dass wir geführt sind…

Während wir dem Straßenverlauf folgten, kamen wir an einem Café vorbei. Hier wurden die Gäste außen mit einigen Stühle und Tischen zum Verweilen eingeladen. An einem der Tische saß offenbar das Ehepaar, von dem die Marktfrau gesprochen hatte. Zwei große Königspudel lagen neben dem Tisch. Wir sprachen die beiden Hundebesitzer an und erfuhren, dass sie tatsächlich die Züchter waren. „Wann haben Sie wieder Welpen?" fragte Inge die Züchterin.

„Warten Sie etwa noch ein Jahr, dann gibt es einen B-Wurf", erklärte sie uns. Als kleine Privatzucht wollten sie dem Muttertier maximal 2 Würfe zumuten.

Unser Entschluss war gefasst, spontan und aus dem Herzen. Solch einem wundervollen, lieben Großpudel wollten wir ein Zuhause geben. Folglich tauschten wir unsere Adressen und Telefonnummern aus. Wir versprachen einander, in Kontakt zu bleiben.

Die Monate zogen ins Land, und eines Tages im Frühjahr rief Inge die Züchterin an, um nach zu fragen, ob das Muttertier trächtig sei. Es würde nicht mehr lange dauern, bis die Welpen das Licht der Welt erblicken, erklärte die Züchterin.

„Mach doch mal eine Geistlichtreise zu der Hündin, vielleicht kannst du etwas erkennen", sagte Inge. Wir wollten einen Rüden haben. Auf diese Weise konnte ich feststellen, ob ungeborene Rüden im Mutterleib waren. *„Gute Idee, ich reise zu ihr mit den Lichtwesen. Die lieben auch die Tiere so sehr und erfreuen sich an ihnen, genauso wie wir Menschen",* lachte ich und freute mich auf diese Geistlichtreise.

Leise Meditationsmusik begleitete mich, als ich mit den hohen Lichtwesen bei der trächtigen Hündin ankam. Ich hatte deutlich den Eindruck, dass sie mich und die Lichtbegleiter sah. Wie in einem Sog wurde ich in den Mutterleib des Tieres hineingezogen und sah, dass hier vier Hundewelpen heranreiften, zwei Hündinnen und zwei Rüden. Eine der Hündinnen wirkte kleiner und schwächer. Ich hatte genug gesehen und zog mich feinstofflich wieder zurück aus den Bildern.

Inge erzählte ich, was ich gesehen hatte. Da wir uns für einen Rüden entschieden hatten, waren die Hinweise, die mir gezeigt wurden auf der Lichtreise, sehr vielversprechend.

Dann war es endlich soweit: tatsächlich erblickten zwei Hündinnen, von denen eine wirklich recht klein war, und zwei Rüden das Licht der Welt. Die Bilder der Reise in den Bauch des Muttertiers bestätigten sich mir. Da wir noch einige Wochen warten sollten, bis die Welpen die Augen geöffnet hatten, fassten wir uns in Geduld. Endlich war der Tag da! Wir durften die Rasselbande, die in guter Obhut bei den Züchtern waren, besuchen. Inge hatte einige Namen ausgesucht mit dem Anfangsbuchstaben „B", die auf einen Rüden passen konnten. An erster Stelle stand „Benito" auf ihrem Zettel.

Als wir bei der Züchterfamilie ankamen, wurden wir zur Wurfkiste im Wohnzimmer geführt, in der sich das Muttertier und die Welpen aufhielten. Sie hingen am Gesäuge und ließen es sich gut gehen. Müde schliefen sie ein, nachdem sie genug Milch aufgenommen hatten.

Die Überraschung war perfekt! Auf der Kiste waren die Namen aufgeführt, die zu den Welpen gehörten. An erster Stelle stand der Name „Benito"! Es war genau der Name, den wir uns ausgesucht hatten. Stellen Sie sich vor, unzählige Namen, die mit dem Buchstaben „B" beginnen, und hier war eine absolute Übereinstimmung! Wir konnten es kaum glauben.

Nun wurde uns klar, dass Benito uns ausgesucht hatte. Er war ein munteres Kerlchen, der zunächst seine spielenden Geschwister beobachtete, ehe er mit vollem

Körpereinsatz in der spielerischen Rauferei innerhalb der Wurfkiste mitmischte.

Immer wieder durften wir die heranwachsenden Welpen beim Züchter besuchen und konnten ihr Heranwachsen beobachten. Benito war der Beobachtende und Zurückhaltende im Wurf. Der andere Rüde war besonders schwer und stürzte sich stets mit Wonne auf die spielende Welpengruppe nach dem Motto *„hoppla, jetzt komm ich"*, um mit ihnen zu spielen.

So verging die Zeit. Wir holten Benito an einem Samstag endlich zu uns. Einige Tage vor dem Termin reiste ich mit den Lichtwesen noch einmal zu ihm. Er stand feinstofflich vor mir. *„Warum sollen wir dich nehmen und nicht deinen Bruder?"* stellte ich ihm die Frage. Benito überlegte nicht lange. Er lächelte mich an: *„Mein Bruder hat seine Stärke in den Muskeln, ich habe meine Stärke im Kopf. Außerdem seid ihr die Einzigen, die mir in diesem Leben helfen können."*

Wir blieben bei unserer Wahl, Benito in unser Heim zu holen. Heute ist er ein liebenswertes Familienmitglied, der uns wirklich viel Freude bereitet.

Übrigens, Benito reist sehr oft mit mir feinstofflich zu anderen Tieren. Dabei liegt er unter meinem Schreibisch und hyperventiliert, während die Geistlichtreisen durchgeführt werden.

Er ist mein Begleiter durch die Dimensionen und Welten.

Peter und Paul

Diese beiden Stubentiger waren besonders große Individualisten. Jeder hatte seinen eigenen Kopf. Sie sorgten ständig für Unruhe im Haus, weil jeder der beiden den „*Chef* raushängen" ließ. Peter war schon länger in der Familie, die Kuscheleinheiten waren nur für ihn. Er zeigte seinen „Dosenöffnern" deutlich, wer der Chef im Ring ist. Peter war sehr groß, getigert, hatte wunderschöne dunkle Augen und Frauchens Liebling.

Als sich die vierköpfige Familie jedoch entschied, einen weiteren Kater ins Haus zu holen, war es mit der Ruhe vorbei. Paul, ein schwarzer Kater ließ von der ersten Sekunde keinen Zweifel daran, dass er nicht gewillt war, sich dem alteingesessenen Peter unterzuordnen. Ständig gab es Revierkämpfe, um die Gunst der Tierbesitzer. Deren Tierliebe wurde auf eine harte Probe gestellt, denn ständig mussten sie sich versichern, dass die beiden Fellträger nicht doch irgendwie zusammen in einem Zimmer waren und einen Kampf austrugen.

Wie ich neulich erfuhr, hat sich Paul nach einem Jahr Rivalität entschieden, zu den Nachbarn zu ziehen. Auch okay. Katzen sind selbstständige Wesen, die sich ihre Besitzer selbst aussuchen. Allerdings hat Paul im letzten Winter für große Aufregung gesorgt.

Sein Herrchen schrieb mir eine Mail, in der er mir schilderte, dass Paul wohl weggelaufen sei. In der Nacht fiel sehr viel Schnee. Paul war draußen im Garten. Ein Schuppen hatte es ihm angetan, weil dort Kaminholz gestapelt war. Da gab es viel zu entdecken, was das

Katzenherz höher schlagen ließ. Auch der Schnee war für ihn ein neues Katzenabenteuer. Paul war wohl in die Nähe des Schuppens gelaufen. Ein Schneebrett hatte sich von der Schneelast gelöst und wäre beinahe auf ihn gefallen. Er erlitt einen großen Schrecken. Seitdem war Paul nicht mehr zurückgekehrt. Die Familie war in großer Sorge, wo Paul wohl ist.

Ich reiste zu ihm und sah, dass er in ein benachbartes Haus gelaufen war. Das Haus war etwa aus den 60-iger Jahren. Eine Treppe führte zu einer Holztür am Hintereingang des Hauses. Dahinter verbargen sich einige Kellerräume, ein Heizungskeller und eine Waschküche. Ich sah den Weg, den Kater Paul genommen hatte. Er lief die Kellertreppe hinunter, und hat sich unbemerkt, durch die geöffnete Hintertür, ins Innere des Kellers geschlichen. Erschwerend bei dieser Geistlichtreise war, dass Paul nach dem schreckhaften Weglaufen einige Male die Straße gewechselt hatte. Ich sah also den Verlauf und die Wege des Katers, der schließlich in dem Haus verschwunden war.

Ich schilderte Herrn Kreitz, dem Eigentümer telefonisch die Situation. Er erkannte sofort an meiner Beschreibung das Haus in der Nachbarschaft. Herr Kreitz legte den Hörer auf. Er ging sofort zu dem Haus, um sich nach seinem Kater zu erkundigen. Der Eigentümer suchte mit ihm die Kellerräume ab. Sie konnten Paul nicht finden.

Wieder eine Email an mich: *„Lieber Herr Frantzen! Paul ist immer noch nicht da. Ich war in dem Haus, da ist er nicht."* Okay, dann noch mal suchen!

Wieder suchte ich feinstofflichen Kontakt zu Paul, den ich in einem warmen Raum in diesem Haus sah, versteckt hinter einigen Kisten, die dort abgestellt waren. *„Paul ist immer noch in dem Haus, Herr Kreitz"*, schrieb ich in der Email, *„es ist ein sehr warmer Raum, in dem er sich versteckt hat, vermutlich direkt im Heizungskeller."* Später erhielt ich die erlösende Antwort von Herrn Kreitz:

„Paul wurde wiedergefunden. Er war tatsächlich im Heizungskeller des Hauses und hatte sich dort versteckt. Als ich in den Keller kam, kam er auf mich zugelaufen. Er frisst gerade einen Napf mit seinem Lieblingsfutter. Wir alle sind froh, dass Paul wieder bei uns ist. Vielen Dank Ihnen und Ihren Lichtwesen."
Ich war erleichtert.

Bodo und Dora

Bodo und Dora lebten auf einem alten Gutshof, einem schönen Gebäude, das vollkommen neu restauriert worden war. Es glich ein wenig einem Schloss, da die Zimmer hintereinander angeordnet waren. Die Bewohner des Gutshofes waren auch die Eigentümer. Sie hatten sich zur Lebensaufgabe gemacht, das Anwesen zu erhalten und zu restaurieren, da es aus Familienbesitz stammte.

Nachdem Familie Güttler mit Vater, Mutter und zwei Söhnen eingezogen waren, erwachte der Wunsch nach einem Hund. Besonders die jugendlichen Kinder waren Feuer und Flamme für einen vierbeinigen Begleiter. Der große Gebäudekomplex und die an einem Waldrand abgelegene Lage des Objektes lies die Anschaffung eines Hundes sinnvoll erscheinen. Also wandten sich die Eigentümer an ein Tierheim der nächstgelegenen größeren Stadt.

Gemeinsam fuhr Familie Güttler dorthin. Sie wurden zu den einzelnen Hunden geführt, die mal mehr, mal weniger Aufmerksamkeit durch ihr Bellen erregen wollten. Plötzlich blieb die Familie wie angewurzelt bei einem Auslaufgelände des Tierheims stehen! Zwei Terrier-Mischlinge spielten mit einem Ball. *„Das sind Bodo und Dora"*, erklärte die Tierheimleiterin. *„ Bodo ist der Sohn von Dora, die wir aus einer ungeeigneten Tierhaltung herausgeholt haben. Dora war zu dieser Zeit mit Bodo trächtig, und nun sind die beiden schon über ein Jahr bei uns. Keiner will sie haben, obwohl es sehr liebe Hausgenossen sind."*

„Also, mmhhh", meinte Herr Güttler und wandte sich an seine Frau, *„was meinst du? Sollen wir die beiden Schönheiten nehmen? Schau dir mal die bernsteinfarbenen Augen an, direkt zum Verlieben."*

„Und wer kümmert sich dann um die Hunde, wenn du zur Arbeit bist und die Kinder in der Schule sind."

„Wir machen das", riefen Gustav und Manfred, die beiden Söhne. *„Na ja, wir werden es ja sehen"*, meinte Mutter Annegret in weiser Vorahnung.

Herr Güttler zeigte sich entschlossen und wandte sich an die Tierheimleiterin: *„Also, abgemacht, wir nehmen beide Hunde zu uns, wenn Sie einverstanden sind."* Die

Formalitäten waren schnell erledigt, und noch am gleichen Tag durften Bodo und Dora in den Wagen springen, ihrem neuen Zuhause entgegen. Das alles wurde mir berichtet von Annegret, als sie mich um eine Geistlichtreise zu ihren Hunden bat:

„Das Schlimmste ist, dass sie nicht aufhören, Tag und Nacht zu bellen und wie die Verrückten durch Flure und Räume zu rennen. Wir haben Parkettböden, und die Hunde rutschen auch noch ständig auf dem Boden aus. Es ist keine Ruhe. Sie rauben uns den Schlaf. Hätten wir nur die Hunde nicht genommen. Doch es ist so, dass wir die beiden Lieblinge in unser Herz geschlossen haben, und zurückbringen ins Tierheim kommt nicht in Frage."

Gemeinsam mit den hohen Lichtwesen erfolgte die Geistlichtreise am gleichen Abend. Was ich sah, brachte mich zum Lachen und Sie vermutlich auch!

Da es sich um ein sehr altes Haus handelte, waren hier aus etlichen Jahrhunderten noch Geistwesen zu sehen. Besonders zwei Bedienstete mit einer gepuderten Perücke in einer grünen Livree, einer Kniebundhose und Schuhen, auf deren Mitte Schnallen befestigt waren, fielen mir auf. Sie waren aus dem 18. Jahrhundert und hatten ihren Weg in das Licht noch nicht gefunden. Die beiden lugten aus einer Tür hervor. Sie tuschelten miteinander, um sich dann den Bauch vor Lachen zu halten. Dann schlichen sie zu den beiden Hundekörbchen, die in einem langen Flur vor der Schlafzimmertüre der Eltern deponiert waren. Bodo und Dora schliefen fest.

Jetzt klatschten die beiden Geistwesen in die Hände, Bodo und Dora sprangen auf vor Schreck und begannen, die beiden Geistwesen anzubellen. Die scherten sich nicht darum, sondern scheuchten die beiden Hunde mit einem herzhaften Lachen durch die Gänge und Räume des schlossähnlichen Gebäudes. Bodo und Dora waren außer sich. Sie rannten, was die Pfoten hergaben.

Die hohen Lichtwesen betrachteten sich dieses Treiben. Schließlich errichteten sei eine strahlende Lichtsäule, in die hinein die Geister der Bediensteten gehen sollten.

Christus erklärte ihnen, dass es nun an der Zeit ist, diesen Ort zu verlassen, und ins Licht zu gehen. Nach einigem Zögern ließen sich die Bediensteten darauf ein. Sie wurden innerhalb der Lichtsäule ins Licht gebracht.

Zwei Tage später klingelte meine Email-Box *„Sie haben eine Nachricht erhalten."* Ich schaute sofort nach und las:

„Lieber Herr Frantzen! Was haben Sie mit unseren Hunden gemacht? Die verhalten sich so, als wäre ihnen der Stecker ausgezogen worden. Bodo und Dora schlafen seit Ihrer Reise zu ihnen. Nachts ist himmlische Ruhe bei uns, kein Bellen, kein Rennen mehr. Die beiden sind vollkommen ruhig und entspannt. Was haben Sie denn auf der Reise zu uns gesehen?"

Ich rief Frau Güttler an und erzählte alle Details der Reise. Frau Güttler bekam einen Lachkrampf. Sie konnte es nicht glauben: *„Wenn ich es selbst nicht sehen würde, dass unsere Hunde so ruhig sind, könnte ich es kaum glauben.*

Zwei Lakaien in Dienstkluft. Das ist ja unfassbar!" Frau Güttler bedankte sich herzlich bei mir und den Lichtwesen.

„Wissen Sie was? Sie können auch direkt eine Reise zu mir und meiner ganzen Familie machen… Es gibt so einige andere Probleme, die wir gerne lösen möchten."

Einige Wochen später durfte ich dann zu den einzelnen Familienmitgliedern reisen.

Über die Verwandlung im Verhalten der Hunde war ich begeistert.

Sie können Menschen nur in Schwung bringen oder ihre Unterstützung gewinnen, wenn das Unternehmen, dem sie sich verpflichten, Seele hat.
Bob Haas, Topmanager

Firmenseele

Firmenchefs und Unternehmer möchten, dass die Geschäfte gut laufen.

Dabei sind die Firmen oder Unternehmungen in der Sorge um die Existenz, sofern nicht wieder eine starke Finanzbrise das Segelschiff „Firma" aus der Flaute bringt. Im Zuge der globalisierten Wirtschaftssysteme haben die Firmen derzeit viele Sorgen und Probleme zu lösen. Das gilt gleichermaßen für Großunternehmen, für mittlere Unternehmen und für kleinere Betriebe.

Dabei ist es nicht immer leicht für die Geschäftsleitung, sich den Stürmen zu stellen und das Schiff in den sicheren Hafen zu lotsen. Dabei hat jede Firma einen Unternehmenszweck, der sie befähigt, Produkte oder Dienstleistungen zu produzieren oder anzubieten. Gleichzeitig ermöglichen die Unternehmen wenigen oder vielen Mitarbeitern Lohn und Brot. Damit unterziehen sich die Firmenleiter auch der Aufgabe, Verantwortung für ihre Mitarbeiter zu übernehmen.

Mir haben die Lichtwesen einmal gesagt: *„Eine Firma ist wie ein Organismus, in dem alle Zellen liebevoll aus dem Herzen zusammenarbeiten sollten, um den Firmen-*

körper zum Wohle aller Beteiligten erfolgreich zu machen."

Bei meinen Geistlichtreisen sehe ich eine Firma als eine Art Organismus, ein beseeltes Wesen, das seinen Daseinszweck erfüllen möchte. In der Regel gibt es in den Firmen unternehmerische Aspekte, die darauf abzielen, im Sinne eines Gewinnmaximierungsprozesses erfolgreich zu sein.

Sehen wir eine Firma wie einen Organismus, dann sind die Firmenchefs wie auch jeder einzelne Mitarbeiter die Zellen, die sich in Abteilungen, den Organen zusammenbilden. Jede einzelne Zelle in einem Unternehmen ist wichtig, denn sie trägt in sich einen Aufgabenauftrag, den sie erfüllen möchte. Also ist jeder einzelne Mitarbeiter wichtig in einem Unternehmen.

Sehr oft lösen sich bestimmte Zellen, also Mitarbeiter in den Unternehmen, vom eigentlichen Unternehmensziel. Das geschieht dann, wenn Überforderungen um sich greifen, ein sich Getrenntfühlen von der Firmenleitung zu den Mitarbeitern entsteht. Es geht dann nicht mehr um die Menschen im Unternehmen, sondern rein um die optimale Funktionalität der Arbeitskraft Mensch.

Zudem kommt es darauf an, den richtigen Mitarbeiter an den richtigen Platz zu setzen. Das erfordert sehr viel Menschenkenntnis um jeden einzelnen Mitarbeiter. Ist dies nicht so, dann entstehen Tendenzen hin zur inneren Kündigung in einem Unternehmen. Es geht um die Schaffung von Einheit in dem Organismus *„Firma"*, wozu nicht nur ein kooperativ integrativer Führungsstil gehört, sondern auch die Schwingungen eines *„guten Geistes"* in der Firmengemeinschaft etabliert sein darf. In den Geistlichtreisen zu Firmen sind vielfach ähnliche Probleme zu sehen, die für eine Flaute sorgen können, und dann hakt es an den unterschiedlichsten Stellen im Unternehmen.

Die hohen Lichtwesen erschaffen in Firmen energetische Transformationen, die zu positiven Veränderungs-prozessen führen können, die sich dann in den Firmenergebnissen niederschlagen und dazu, dass sich die richtigen Mitarbeiter am richtigen Platz befinden. In genau solch einem Fall wurde ich von einer großen Firma mit einer Geistlichtreise beauftragt. Die Firma stellte als Zulieferer für große Werke Karbonteile her.

Herr Krawin war der Seniorchef der Firma. Er hatte auf-grund seines Alters, er war rüstige 82 Jahre alt, die Geschicke der Firma in die Hände eines Geschäftsführers gelegt. Allerdings war er Vorsitzender des Aufsichtsrates. Er hatte also stets Einblick in das Unternehmen.

Herr Krawin war ein sehr guter Chef zu seiner Zeit. Er war ein Mann der Tat, der schnellen Entscheidungen, die er stets nach reiflicher Überlegung traf. Er hatte die Mit-arbeiter, die jeweiligen Abteilungen im Blickfeld. Dabei war es ihm immer wieder wichtig, dass er konzentriert auf das Unternehmensziel hin arbeitete, wobei die Mitarbeiter über die mittlere Führungsebene in die Pläne und Umsetzungen eingebunden wurden. Damit konnten sich dann die Mitarbeiter mit ihrem Chef und den Belangen der Firma sehr gut identifizieren.

Herr Bahrs war neuer Firmenchef. Er kam aus einer ganz anderen Branche, und das Angebot, die Leitung der Firma Krawin zu übernehmen, war für ihn eine neue Herausforderung.

Herr Krawin war am Telefon: *„Herr Frantzen, Sie wurden mir empfohlen. Daher melde ich mich bei Ihnen in der Funktion des Aufsichtsratsvorsitzenden der Firma Krawin, und möchte Ihre Hilfe in Anspruch nehmen. Die Firma ist seit meinem Ausscheiden in eine Schieflage geraten. Die Aufträge sind extrem rückläufig, und wir müssen darüber nachdenken, Personal zu entlassen. Auch stehen uns die Banken mit Nachdruck auf den Füßen, da die Liquidität ausgeschöpft ist.*

Wir brauchen dringend Beistand und Hilfe auch von der geistigen Welt. Ich bin schon lange auf dem spirituellen Weg. Daher sind mir Ihre Vorgehensweisen, die Sie in Ihrer Homepage angeben, nicht fremd. Kurzum, ich habe die Firma aufgebaut, und nun sehe ich die Felle davon schwimmen.

Es geht mir auch darum, die Mitarbeiter im Unternehmen zu halten, die teilweise schon viele Jahre gute Arbeit leisten. Umso weniger verstehe ich die Misere im Unternehmen. Was ist da los? Ich beabsichtige, meine Enkelin Bernadette in das Unternehmen zu nehmen. Sie ist in der Modebranche tätig, hat Design und Betriebswirtschaft studiert. Sie ist jedoch bereit, diesen Schritt zu wagen. Bernadette soll direkt der Geschäftsleitung unterstellt sein und Sonderaufgaben erhalten im Unternehmen. Also, ich hoffe, dass Sie mit den Lichtwesen weiterhelfen können."

Die Geistlichtreise mit den hohen Lichtwesen war sehr intensiv. Sie führte mich in alle Abteilungen des Unternehmens. Eine dunkle Energiewolke strömte aus dem Unternehmen. Hier war einerseits das Unternehmen als inhaltliches Konstrukt zu sehen, ebenso die Firmengebäude und das Grundstück. Die Blockaden rund um das Unternehmen waren sofort sichtbar. Graue Mauern waren um das Gelände positioniert. Sie ließen erkennen, dass die Kunden keinen Zugang zum Unternehmen hatten. Ebenso waren zwischen den Banken und der Firma graue Mauern installiert. Da war kein Licht, keine Bewegung. Da war Reglosigkeit, Stillstand, Rückschritt. Was war der Grund für diese Entwicklung?

Eine riesige Lichtpyramide wurde von den lichtvollen Begleitern um das gesamte Firmengelände aufgestellt. Aus der Spitze dieser Pyramide aus goldenem Licht strömte eine Lichtsäule, die das Firmengebäude und das gesamte Grundstück mittig einhüllte. Innerhalb dieser Lichtsäule strömte eine goldene, glitzernde Lichtspirale, bis zum Erdmittelpunkt hinunter.

Diesen Erdmittelpunkt sehe ich auf den Geistlichtreisen als einen Kristallpalast. Hier traf diese göttliche Lichtsäule mit der innenliegenden, sich drehenden Lichtspirale auf eine Kristallschale im Erdmittelpunkt. Diese sehr große Kristallschale stand in der Mitte eines Saals aus reinsten Kristallen. Sie stand auf drei großen Kristallobelisken, welche die Schale stützten.

Innerhalb dieser Schale war eine Lichtpräsenz, die sich in einer schnellen Drehung bewegte. Als die Lichtsäule, mit der Spiral-Licht-Schwingung im Inneren, in die Schale geleitet wurde, erstrahlte gleißendes Licht aus dem Erd-mittelpunkt. Dieses Licht wurde mit der spiralförmigen Schwingung verschmolzen und sofort wieder hinauf gezogen an die Erdoberfläche. Es war die Verbindung der Erde mit dem Himmel, denn alles Feststoffliche auf der Erde ist ein Teil von Mutter Erde, lateinisch mater. Aus diesem Wort stammt der Begriff „Materie". Diese Energieströmungen zogen immer wie in einer ständigen Schwingung zur höchsten göttlichen Energie und zum Erdkern.

Welch ein Anblick. Diese Säule war extrem hell, sie dehnte sich zudem auch horizontal aus, es sah aus wie Einatmen und Ausatmen. Dabei zog die innere Licht-spirale konzentriert in das Innere der Firma, und ebenfalls um die Firma herum.

Über die Seitenflächen der Lichtpyramide wurden ebenfalls goldene Lichtenergien eingeleitet, sowohl in das Firmengebäude als auch auf das gesamte Firmen-gelände. Ein gigantischer Lichttornado zog die grauen Energiewolken vom Grundstück und aus dem Inneren des Gebäudes weg. Die Lichtwesen lösten die grauen Mauern auf. Eine dicke Lichtplatte bildete sich auf dem Grundstück. Diese wurde immer dicker, wobei sie sich im Erdkern in Form einer Spitze verjüngte, so dass das gesamte Firmengelände auf der Unterfläche einer umge-drehten Pyramide stand.

Ich selbst stellte mich in diese Lichtsäule und zog über meine Pranaröhre in der Mitte meines Körpers Licht-energien hinein, die sich enorm ausdehnten. Ein Licht-herz aus kristallklarer Energie bildete sich aus dieser

Lichtenergie. Vorsichtig trat ich aus der Lichtsäule heraus.

Ich konnte sehen, dass sich das Lichtherz drehte und gleißend helle Lichtenergie nach außen strömte. Das gesamte Unternehmen war jetzt in strahlendes Licht getaucht. Die Lichtwesen zogen mich hinein ins Innere des Unternehmens. Die Lichtsäule und die Spiralenergie durchstrahlten das gesamte Innengebäude, in dem sie sich ausdehnten und das Licht in alle Abteilungen und Bereiche des Unternehmens verteilten.

Über die göttliche Lichtpyramide wurde ein glitzernder Lichttropfen in die Firma geleitet. Der Lichttropfen floss wie glühende Lichtlava golden durch die Flure, Gänge, in die Verwaltungsabteilungen, in die Produktionsstätte, zu den Führungskräften, zu den Mitarbeitern und zur Geschäftsleitung. Besonders *„beleuchtet"* wurde die Gesamtproblematik im Unternehmen.

Der Geschäftsführer saß in einer isolierten Situation in seinem Büro. Er war völlig abgeschottet von allen anderen Mitarbeitern, und ebenso abgeschottet von den Führungskräften. Die Führungskräfte waren auch zu sehen. Sie waren ebenfalls getrennt von den anderen Mitarbeitern. Alle anderen Mitarbeiter waren außerhalb des Unternehmens und standen feinstofflich auf dem Grundstücksgelände, also ausgeschlossen aus der Firma. Diese Bilder zeigten eindeutig, warum in diesem Unternehmen die Auftragslage zurückgegangen war!

Die gesamte Situation war darauf zurückzuführen, dass sich der neue Geschäftsführer in der Unternehmenshierarchie vollkommen zurückgezogen hatte: Er gab seine Anweisungen an die Führungskräfte lediglich per Computer weiter ohne weitere Rücksprache und ohne Abstimmung. Zudem erhielt ich die Information auf dieser Geistlichtreise, dass der neue Chef weder über fachliche noch über soziale Kompetenz verfügte.

Die mittlere Führungsebene war vollkommen auf sich allein gestellt. Sie war bemüht, die Anweisungen des neuen Chefs unmittelbar und ebenfalls ohne Kommentar an die Arbeitnehmer und Arbeiter im Unternehmen weiterzugeben. Alles ging über den Computer. Es gab keine gemeinsamen Besprechungen, nur Anweisungen innerhalb der hierarchischen Struktur. Damit waren sowohl die Führungskräfte und auch die Mitarbeiter überfordert, letztlich sogar der Geschäftsleiter. Die Abteilungen waren auch in den feinstofflichen Bildern voneinander getrennt. Es waren keine Verbindungen zu erkennen. Es sah aus wie in einem Körper, dem die Nervenbahnen als Energieleitungen fehlten.

Die Lichtwesen führten den Geschäftsleiter in die Mitte des Unternehmens. Um ihn herum wurden die Führungskräfte aufgestellt, und die Mitarbeiter wieder ins Innere des Unternehmens herein geholt. Von den Personen im Unternehmen wurden die grauen Energiestrukturen weggezogen, so dass sie nun selbst in ein helles Licht eintauchten. Sofort begannen feinstofflich Energien zwischen den Abteilungen zu strömen.

Ich sah plötzlich eine Frau, die zwischen den Abteilungen und zwischen allen Personen hin- und herging. Sie führte einzelne Gruppen zusammen, sprach mit ihnen, versorgte sie mit Informationen. Ich bekam sofort den Impuls: das muss Bernadette sein, die Enkelin von Herrn Krawin. Sie hatte sich offenbar entschieden, in das Unternehmen einzusteigen. Von dieser Frau ging ein starkes Leuchten aus, das besonders aus ihrem Herzchakra strömte. Sie war wie ein guter Geist in diesem Unternehmen. Sie sah aus wie die Firmenseele, die aus dem Herzen ein verbindendes Element darstellte zwischen allen Beteiligten.

Die hohen Lichtwesen installierten in der Mitte des Unternehmens ein großes Lichtherz aus goldenem Licht. Dieses Herz vervielfältigte sich in etliche weitere Lichtherzen, die sich in allen Abteilungen, Büros und Fertigungshallen verteilten. Sie drehten sich in einer sehr kraftvollen Energie.

Durch viele Einweihungen, wurde ich in die Gottes-, Christus- und Engelenergie eingewiesen, so dass diese Energien durch meinen Körper strömten. Einem inneren Gefühl aus meinem Herzen folgend, ließ ich in alle Lichtherzen verschiedenfarbige Herzkristalle fließen, die diese göttliche Energie in sich tragen. Sofort drehten sich diese Kristall-Sonnen aus der Mitte der jeweiligen Herzen und ließen die Energie der Lichtherzen noch intensiver nach außen strahlen. All diese Herzen waren miteinander verbunden, standen in Relation zueinander und tauschten sich auf allen Ebenen miteinander aus.

In das große Lichtherz im Inneren des Unternehmens wurde ein goldenes Füllhorn eingelassen, dass sich nach oben und nach unten öffnete. Damit war ein stetiges Strömen möglich, das von höchster göttlicher Ebene und vom Erdmittelpunkt aus im Unternehmen aktiviert wurde. Wie eine sprudelnde Quelle aus dem Inneren der feinstofflichen Erde, und wie eine sprudelnde Quelle der höchsten göttlichen Ebene, strahlten die Energien. Sie wurden aus dem Inneren der Firma nach außen geströmt. Millionen kleinster Füllhörnchen waren in dem ausstrahlenden Licht und sorgten für eine sehr kräftige Helligkeit, die das Unternehmen einhüllte.

Unter dem Gelände stellten die Lichtwesen einen Lichtkristall, der sich drehte und eine wie Diamantlicht anmutende Energie in und um die Firma aussandte. Damit wurden die Energien zu den Banken und zu den Kunden immer lichtvoller.

Sehr viele weitere Lichtwesen kamen hinzu. Sie sollten die Firma im Inneren und im Äußeren mit ihrer Kraft unterstützen. Ich zog mich an dieser Stelle mit den Lichtwesen, die mich auf der Geistlichtreise begleiten, wieder zurück und kam wieder in meinem Arbeitsraum an. Zwei Wochen später schrieb mir Herr Krawin in einer Email:

„Lieber Herr Frantzen, ich bin überglücklich! Meine Enkelin ist in das Unternehmen eingestiegen. Sie will sich gut einarbeiten und mich in allen Belangen unterstützen. Es war erstaunlich, wie sehr Sie die inneren Zusammenhänge im Unternehmen erkannt haben, und ich habe schon mit dem Geschäftsführer gesprochen.

Meine Enkelin wird innerhalb der Firma ein Verbindungselement darstellen zwischen den einzelnen Abteilungen. Sie wird Meetings mit den Abteilungen umsetzen, dann auch immer wieder an den Geschäftsleiter berichten, der sich auch schon in seinem Verhalten nach der Geistlichtreise geändert hat. Nach Ihrer Lichtreise habe ich auch klar die Themen innerhalb der Firma kommuniziert. So kann sich nun viel verändern. Die Auftragslage hat sich schon verändert, das ist bemerkenswert."

Ich schrieb zurück:

„Lieber Herr Krawin, ich danke Ihnen sehr für die gute Rückmeldung. Auch wenn ich keine Garantien geben kann, freut es mich umso mehr, dass sich die Dinge für Sie verändern können. Ihnen und Ihrer Firma weiterhin sehr viel Erfolg. Ihre Enkelin Bernadette wird die gute Firmenseele sein."

In tiefer Freude aus dem Herzen dankte ich den hohen Lichtwesen und sandte die Email an Herrn Krawin zurück.

Arbeit ist sichtbar gemachte Liebe. Und wenn ihr nicht mit Liebe, sondern nur mit Unlust arbeiten könnt, dann ist es besser, eure Arbeit zu verlassen und euch ans Tor des Tempels zu setzen, um Almosen zu erbitten von denen, die mit Freude arbeiten. Denn wenn ihr das Brot gleichgültig backt, so backt ihr ein bitteres Brot, das den Hunger der Menschen nicht einmal zur Hälfte stillt. Wenn ihr mit Widerwillen die Trauben presst, so mischt euer Unwille ein Gift unter den Wein.
Wenn ihr auch wie Engel singt, ohne den Gesang zu lieben, so macht ihr der Menschen Ohren taub für die Stimmen des Tages und die Stimmen der Nacht.
Khalil Gibran

Befreiung

Ein heftiger Sturm heulte um unser Haus, und ich konnte nicht gut schlafen. Ich hatte bis spät in die Nacht gearbeitet und war anschließend sofort ins Bett gegangen.

Wer kennt sie nicht, diese Situationen? Da arbeitet man lange, hat keinen Abstand und versucht dann einzuschlafen. Vergeblich! Alle paar Minuten schaute ich auf die Uhr und schleppte mich grübelnd durch die Nacht. Zudem zog ein Gewitter auf. Es donnerte und blitzte. Inge schlief fest. Benito, unser Königspudel, lag in der Diele vor unserer Schlafzimmertür und rührte sich nicht. *„Jetzt reicht es mir"*, dachte ich und stand leise aus meinem Bett auf.

Es war gerade 2:00 Uhr. Insgesamt hatte ich nur etwa eine Stunde geschlafen. Leise ging ich in den Wintergarten. Es war drückend warm in dem Raum. Die schwüle Luft des Vortags war in der Nacht einer Abkühlung durch das Gewitter gewichen. Ich öffnete die Türe in den Garten. Die Außenbeleuchtung sorgte für ein diffuses Licht, unterbrochen von den Blitzen und Donnerschlägen. Die ersten Tropfen fielen klatschend auf die Steinstufen ins Freie.

Benito, der sonst immer mit in den Garten möchte, rollte sich in seinem Körbchen ein. Offenbar wollte er seine Ruhe haben. Ich atmete tief die klärende, ionisierte Luft ein. Dabei bat ich die hohen Lichtwesen, mit denen ich mich verbunden hatte, das Gewitter zu beenden. Ich konnte es fast selbst nicht glauben, doch es folgte ein einziger, sehr lauter Donnerschlag, und dann war Stille. Der Sturm war ebenfalls schlagartig verebbt. Es regnete „Bindfäden".

Ich ging wieder ins Haus zurück und trocknete mit einem Handtuch gedankenverloren meine Haare. Letztlich war es ein unglaubliches Geschehen mit dem Ende des Gewitters. Dabei wurde mir deutlich bewusst, welche Kräfte da am Werke sind, und wie sorgsam wir Menschen mit unserer Verantwortung umgehen sollen. Es schien mir in meiner Erkenntnis ein Thema des Egos zu sein, das Wetter mit Hilfe der hohen Lichtwesen beeinflussen zu können, frei nach dem Motto: schaut mal, was ich alles kann…

Doch ich habe diese Wetterbeeinflussung nur sehr selten angewandt, zum Beispiel, wenn wir mit dem Auto von einem Parkplatz trocken in ein Gebäude gelangen wollten. Es hat sehr oft funktioniert. Doch letztlich ist es Beeinflussung. Das habe ich erkannt und wende es nicht mehr an. Das geht einher mit meiner bisherigen Entwicklung und den zahlreichen Erkenntnissen, die ich sammeln und erfahren durfte.

Ich war nun endgültig wach und entschloss mich, in mein Arbeitszimmer zu gehen, um an meinem Buch weiterzuschreiben. Nachts habe ich oft die beste Verbindung zu meinen geistigen Begleitern, die mir immer wieder die Worte in meine Finger diktieren. Nur die kleine Lampe auf dem Schreibtisch spendete Licht. Ich wollte ja meine Lieben nicht aufwecken. Ich fuhr den PC hoch, und wurde magisch von meinem Email-Postfach angezogen. Sieben Nachrichten waren seit dem Vorabend angekommen. Ich verfolgte die Einträge und las *„Bitte um Hilfe für einen Patienten"*. Diese Nachricht rief ich auf. Sie stammte von Dr. Sebastian Lepinard:

„Mir geht es ausgezeichnet nach Ihrer Reise vor vier Monaten. Die Energien sind da. Ich habe keine Rückenschmerzen mehr. Uns allen geht es sehr gut. Ihren Rat, mich besser zu schützen, habe ich befolgt. Heute möchte ich Sie um Mithilfe bei einer meiner Patientinnen bitten. Sie ist gebürtige Italienerin und wohnt in Friedrichshafen. Ihr Name ist Francesca Rotoliano.

Dabei hat sie nicht nur ein schwerwiegendes Gesundheitsproblem. Sie arbeitet sich in ihrer Firma für Spezialteile im Schiffsbau vollkommen kaputt. Sie hat ein Burnout-Syndrom. Ihre Energien laufen gegen Null, das habe ich kinesiologisch festgestellt. Außerdem hat sie eine sehr belastende Hypertrophie bestimmter Muskeln. Es liegen im Gesicht bereits Entstellungen vor. Ich habe seit einem halben Jahr die Behandlung übernommen, nachdem die arme Frau in einer Klinik behandelt wurde. Mir wäre es lieb, wenn Sie selbst Kontakt mit Frau Rotoliano aufnehmen könnten."

Ich las die Zeilen und schrieb sofort eine Email an die Patientin, nachdem ich einige Grußworte an Dr. Lepinard gerichtet hatte, mich um den *„Fall"* zu kümmern. An das Schreiben an meinem Buch war nun nicht mehr zu denken, zu sehr beschäftigte mich die Situation der Firmeninhaberin.

Bereits am nächsten Vormittag schrieb mich Frau Rotoliano an. Sie schilderte mir noch einmal die gesamte Problematik, über die ich bereits durch Herrn Dr. Lepinard aufgeklärt war. Es kamen weitere erklärende Hinweise hinzu, vor allen Dingen ihre Firma betreffend. Die alteingesessene Firma wurde Mitte der 50er Jahre von ihrem Vater gegründet. Aus gesundheitlichen Gründen musste ihr Vater die Arbeit in der Firma aufgeben. Deshalb hatte er vor zehn Jahren die Geschäftsführung an seine Tochter übergeben.

„Es läuft irgendwie alles nicht gut. Egal, was ich anstelle und tue", schrieb sie in ihrer Nachricht. *„Ich bin voller Sorge, wie es weitergehen soll. Personell konnte die Firma expandieren. In den letzten beiden Jahren wurden eine Reihe weiterer Mitarbeiter eingestellt. Da boomte die Auftragslage, die nun aber wieder rückläufig ist. Wenn es weiter so geht, werde ich leider Mitarbeiter entlassen müssen. Bitte helfen Sie mir."*

Ich versprach in einer Rückmeldung, mit den geliebten Lichtwesen zu ihr zu reisen. Noch am gleichen Tage fand die Geistlichtreise statt. Etwa eine Stunde später fand ich mich an meinem Schreibtisch wieder und dankte von Herzen den hohen Lichtbegleitern für die gute und hilfsbereits Unterstützung.

Diese feinstoffliche Reise war sehr anstrengend. Daher gönnte ich mir einen Kaffee und ein Stückchen Bitterschokolade. Nachdem ich mich wieder gesammelt hatte, setzte ich mich an meinen PC und erstellte eine Audio-CD der Geistlichtreise, fertigte eine weitere CD an, die ich als Kopie an Dr. Lepinard weiterleitete. Die CD hatte folgenden Inhalt:

„Liebe Frau Rotoliano,

meine Reisebegleiter zu Ihnen waren Christus, alle Erzengel, Riesenengel, einige aufgestiegene Meister, Selly (Salzengel) und Turlin (Turmalinengel). Als wir bei Ihnen ankamen, sahen wir erhebliche Störungen auf dem Grundstück und dem Gelände, wobei ein Schwerpunkt rechts neben dem Gebäudekomplex erkennbar war.

Es waren, nach den Hinweisen der Lichtwesen, vor allem Hartmanngitter, Benkergitter, Currygitter, Erdverwerfungen und Radonstrahlungen erkennbar. Zudem kam von der rechten Seite her eine intensive negative Ausstrahlung eines Nebengebäudes. Sie werden von allen Seiten feinstofflich attackiert von Menschen in Ihrem beruflichen Umfeld, die Ihnen nicht gut gesonnen sind, doch dazu später mehr.

Die mitgereisten Riesenengel überflogen das gesamte Gelände. Sie überdeckten das Grundstück mit weißem hellem Licht, um zunächst auf unbestimmte Zeit die geomantischen Störfelder zu lindern. Trotzdem empfehle ich Ihnen, einen Geomanten zu beauftragen, das Grundstück auch in unserer 3D-Welt zu entstören.

Rechts hinten auf dem Grundstück muss im Mittelalter ein Galgen gestanden haben. Die gesamte Luft um Ihre Firma war in einer aggressiven Schwingung, alles war in eine hellgraue Energiewolke eingehüllt. Deshalb wurde von den Lichtwesen über Ihrem Firmengebäude und dem Grundstück eine Lichtsäule errichtet, die diese Energiewolke, wie mit einem Staubsauger, ins Licht zog. Wir gingen in das Gebäude hinein und fanden Sie in einem Büro vor. Zunächst konnten wir keine Wesenheiten bei Ihnen feststellen. Das sollte sich jedoch im Verlauf der Reise noch ändern.

Ihre gesamte rechte feinstoffliche Körperhälfte war mit riesigen, massiven Metallblöcken zugedeckt, die Sie zudem auch noch auf Ihren Schultern tragen. Sie wurden von diesem Implantat, das sich im Verlauf Ihres Lebens, seit Ihrer Kindheit, immer mehr aufgebaut hat, quasi erdrückt. Diese Implantat-Blöcke waren eng mit Ihrem Körper verwachsen und pressten Ihnen die gesamte rechte Körperseite mit stetigen Druck zusammen. Auch Ihre inneren Organe (Leber, Galle, Rippen, Hals, Wirbelsäule usw.) waren davon betroffen.

Sie haben dieses Implantat aus Ihrer frühen Kindheit mitgebracht. Irgendwie hat es etwas mit Ihrem Vater zu tun, denn Sie haben als Kind vermutlich immer wieder gehört, welche Aufgaben die Leitung einer Firma mit sich bringt, und dass Sie einmal in die Fußstapfen Ihres Vaters treten sollen. Es bestand nach den Hinweisen, die ich von den hohen Lichtwesen erhalten habe, vermutlich eine hohe Erwartungshaltung, die Ihnen immer wieder unbewusst Gebetsmühlenartig eingetrichtert wurde.

Sie haben offenbar als Kind diese Dinge aufgenommen und verinnerlicht, waren jedoch damit überfordert. Das Implantat entstammte Dogmen, die in Ihnen einen enormen Druck ausgelöst haben, der bis heute anhält. Diesen Druck haben Sie durch das Implantat verlagern wollen, ohne dabei zu bemerken, dass auf einer anderen Ebene Schaden zugefügt wurde und wird. Zusammenfassend: Dieses Implantat wurde von Tag zu Tag immer mehr genährt unter dem Stichwort: Erwartungshaltung, Disziplin, Pflichtbewusstsein, Enge, Überforderung. Was haben die Lichtwesen nun getan?

Aufgrund der Größenordnung des Implantats, das nicht nur unmittelbar Ihre rechte Körperhälfte eindrückte, sondern auch bereits Blöcke vor und hinter Ihnen aufgebaut hatte, wurden Sie in einen Lichtzylinder gestellt. Von allen Seiten strömte Licht auf das Gebilde, bis es allmählich zu schmelzen begann. Das flüssige Metall floss aus dem Lichtzylinder heraus und wurde durch die hohen Lichtwesen in einem neu errichteten Feuer entsorgt. Die Lichtsäule verschwand.

Christus schaute sich Ihren Körper an, und ich konnte deutlich die tiefen Spuren und Verletzungen sehen, die dieses enorme Metallpaket angerichtet hatte. Teile Ihrer rechten feinstofflichen Körperhälfte fehlten, da das

Implantat diese ersetzt hatte. Es wurde auch erkennbar, dass ein zweites Implantat auf Ihrer rechten Seite im Körper vorhanden war. Es war eine scharfkantige Metallplatte, die vertikal im Kopf, im Hals in der Brust usw. bis in Ihr rechtes Bein hinunterreichte, und damit Ihren Körper zu einem Drittel vertikal aufteilte.

Sie wurden seitens der Lichtwesen mit viel Licht aufgeladen, um Ihre Konsistenz zu verändern. Erzengel Raphael riss dieses Implantat, an dem auch Kabel und Leitungen befestigt waren, die mit Ihren Organen auf der rechten Körperseite verbunden waren, aus Ihrem feinstofflichen Körper heraus.

Um sicher zu gehen, wurden Sie in eine Lichtsäule gestellt. Von oben kam eine extrem heiße Feuerwalze, die Sie komplett verbrannte. In diese Lichtsäule hinein wurde nun sehr helles, weißes Licht gepumpt, das Ihren gesamten Körper wieder vollständig aufbaute. Auch sind dadurch die fehlenden feinstofflichen Körperteile auf Ihrer rechten Seite ersetzt worden.

Sie sind laut Hinweisen der geistigen Welt eine Frau, die autark die Dinge im Griff halten will, deshalb vieles tut, was normalerweise in Ihrer Position delegiert werden könnte. Sie sind oftmals hart zu sich selbst, zielstrebig, und Sie spüren in sich Wut, die Sie nicht herauslassen. Nach den Informationen der geistigen Welt sind Sie ein Mensch mit einer ganz tiefen Sehnsucht nach Geborgenheit und Liebe.

Dabei haben Sie den Herzenswunsch, gemeinsam mit Ihrem Mann frei zu sein von der Firma, aufs Land zu ziehen, sich mit Pferden, Hunden und Katzen zu umgeben, alles hinter sich zu lassen, endlich einmal wieder im Frieden mit sich selbst und mit Ihrem Mann Gemeinsamkeiten zu entdecken, sich ihrer spirituellen Entwicklung zu widmen. Sie haben jedoch in der Firma eine sehr hohe Sozialkompetenz. Die Zuneigung und Harmonie zwischen Ihnen und den Mitarbeitern ist Ihnen besonders wichtig.

Die Maßnahmen der Lichtwesen waren noch nicht beendet. Christus und Erzengel Raphael entnahmen nun Ihren rechten Kieferknochen und legten ihn samt Ihren Zähnen in einen kleinen Lichtkasten. Der Knochen wurde mit weißem Licht behandelt und wieder in den Schädel eingesetzt. Da durch die Metallblöcke noch Deformationen vorhanden waren, wurden Sie in einen länglichen Lichtkasten gelegt. Dort wurden Sie mit verschiedenen Lichtstrahlen behandelt.

Es geschah etwas sehr Seltsames! Sie hatten in Ihrem Körper noch ein dunkles Wesen, das Ihren gesamten Körper ausfüllte (Körper im Körper). Dieses Wesen war wie ein Skelett. Es wurde herausgezogen, sprang aus dem Kasten und attackierte mich. Zuerst versuchten die Lichtwesen, eine blaue Lichtwand zwischen uns zu stellen, nachdem zuvor misslungen war, das Wesen in einen Lichtkanal zu schicken. Um mich nun letztlich zu schützen, sprang Christus zwischen uns und nahm das Wesen in seinem Körper auf. Er stieg aufwärts und brachte das Wesen ins Licht, um dann wieder zur Gruppe zurückzukehren. Sie stiegen wieder aus dem Lichtkasten heraus.

Plötzlich erschien der Firmenengel! Er schaute sich die gesamte angespannte Situation in Ihrer Firma an. Dabei kam Schreckliches zu Tage. Sie sind von Intrigen umgeben! Es ist ein Komplott in Ihrer Firma erkennbar unter der Führung eines „Rädelsführers". Es ist ein Prokurist, der in den letzten beiden Jahren immer mehr Einfluss bei ihren Mitarbeitern gewonnen hat, da Sie ihm zu viel freie Hand gelassen hatten.

Alle neuralgischen Stellen waren mit Mitarbeitern besetzt, die nicht Ihnen, sondern ihm zuarbeiteten. Damit hat er eine Firma in der Firma gebildet. Es war kein kongruentes Verhalten mehr zwischen Ihnen und ihm. Er leitet Geschäfte an Ihnen vorbei!

Der Firmengeist zeigte mir weitere Bilder, leider! Außerdem haben Sie Neider in Ihrer Nähe. Von einem Nebengebäude, das angrenzt an Ihr Grundstück, geht große wirtschaftliche Gefahr aus. Der Firmeninhaber scheint nach den Hinweisen des Firmengeistes ähnliche oder gleiche Produkte zu veräußern wie Sie. Dabei wurde auf der Reise deutlich, dass zwei Ihrer Mitarbeiter in der Führungsebene alle Aufträge und die entsprechende Preisgestaltung an diese Firma still-schweigend weiter leiten und dafür eine Menge Geld kassieren.

Die Konkurrenzfirma kann jetzt mit ihren Preisen unter Ihrer Kalkulation bleiben, und erhält dann natürlich den Zuschlag der Kunden. Es dürften Ihnen bereits einige Ihrer Stammkunden abhanden gekommen sein. Im Grunde werden Sie von allen immer freundlich angelächelt, doch hinten herum setzt man Ihnen an allen Fronten die Messer in den Rücken. Sie haben kaum eine andere Chance, als den Dingen dreidimensional auf den Grund zu gehen, um dann die entsprechenden Leute ihrer Posten zu entheben. Die andere Alternative: Verkaufen Sie die Firma und erfüllen Sie sich mit Ihrem Mann die Herzenswünsche – so die Lichtwesen.

Ich wünsche Ihnen alles Liebe und beste Entwicklungen!
Herzliche Grüße
Uwe Frantzen"

Es dauerte zwei Wochen, da bekam ich von Francesca Rotoliano eine Nachricht:

Lieber Herr Frantzen,

es stimmt alles! Ich habe nach Ihrer Geistreise zu mir im Unternehmen recherchiert, und ich bin zutiefst entsetzt und enttäuscht, wie ich von den meisten Mitarbeitern in meinem eigenen Unternehmen untergraben werde. Mein gutmütiges und soziales Verhalten ist vollkommen ausgenutzt worden. Ich kann jedoch keinem Mitarbeiter, für die ich immer mitgedacht habe, Schuld geben. Ich trage selbst die Schuld, weil ich die Zügel habe schleifen lassen. Ich habe immer in meinem Leben die Schuld bei mir gesucht, nie bei einem anderen Menschen, so auch jetzt in der Situation. Ich habe die beteiligten Leute zur Rede gestellt, und sie sind mir nur ausgewichen.

All die langen Jahre habe ich gekämpft, geschuftet und gelitten, doch nun erst verstehe ich, was meine Lernaufgabe ist. Ich werde mich den wirklich wichtigen Dingen im Leben widmen, mir mehr Zeit gönnen für meine spirituellen Entwicklungen, mein ganzes Leben neu orientieren. Die Firma ist eine Last, die mir mein Vater aufgebürdet hat. Ich will frei sein von allem. Ich werde den Ballast abwerfen, und dann bin ich wieder schnell gesund.

Vielen Dank Ihnen und Ihren wundervollen Begleitern, vor denen ich in Demut meinen Hut ziehe."

Dies ist nun einige Zeit her. Ich habe von Dr. Lepinard gehört, dass sich der Gesundheitszustand von Francesca Rotoliano wesentlich verbessert hat. *„Sie ist gerade dabei, die Firma an ihren Widersacher im eigenen Unternehmen zu verkaufen"*, so schrieb er mir. Ballast loslassen ist wie eine Befreiung!

Ich habe in vielen Geistlichtreisen erfahren, dass recht oft Kinder Firmen übernehmen, die manchmal schon am Rande der Insolvenz sind. Die Kinder übernehmen die Firmen dann meist, um sich den Eltern dankbar zu erweisen, aus einem Gefühl des Gehorsams den Eltern gegenüber. Dabei vergessen sie, ihr eigenes Leben zu leben, sofern eine Firma nicht aus dem Herzen her übernommen wird. Es geschieht wider besseres Wissen. Dann kommt das böse Erwachen, wenn die wahren Hintergründe in einer Firma deutlich werden. Nur bedenken wir bitte, dass alles, was geschieht, zu diesem Zeitpunkt richtig ist.

Es sind immer wieder Vereinbarungen, die vor der Geburt getroffen wurden, damit sie im Leben gelebt werden und daraus gelernt werden kann. Was ist im Inneren zu lernen, wenn im Außen die Entscheidungen getroffen werden? Es geht im Prinzip immer um

Selbstliebe und wir dürfen stets in unserem Leben die Lernaufgabe sehen, das zu tun, was uns vom Herzen her wichtig ist. Lernen wir an jedem Tag neu. Haben wir die Hintergründe erkannt, dann dürfen wir sie verändern, denn wir erschaffen ja in jeder Sekunde unseres Lebens.

Bei Firmenreisen erkenne ich, welche Mitarbeiter miteinander harmonieren und einander zugewandt sind, wer sozusagen „abseits" steht oder isoliert ist, oder wer in der Firma ein falsches Spiel spielt.

SPIRITUALITÄT
IST
DIE GEFÜHLTE UND GELEBTE
VERBINDUNG MIT DEM
HÖCHSTEN
GÖTTLICHEN SEIN
GETRAGEN VON
BEDINGUNGSLOSER
LIEBE

Für Gott ist alles schön, gut und gerecht.
Die Menschen aber haben das eine als ungerecht,
das andere als gerecht angenommen.
Heraklit

Licht und Schatten

Zu Beginn meiner Geistlichtreisen aus der Mitte des Herzens, habe ich immer wieder andere Energien gesehen, dunkle Fremdwesen, Dämonen, Schattenwesen, die den Menschen zu schaffen machen. Daran hat sich bis heute nicht viel geändert. Was sich geändert hat, ist meine Einstellung zu den Dingen. Während ich früher eine eigene Bewertung herangezogen habe etwa in der Art wie *„das ist aber schlecht", „das sind gefährliche Wesen", „das sind Dämonen, die schaden"*, habe ich über etliche Einweihungsprozesse erfahren und daraus die Erkenntnisse gewonnen, dass alles richtig ist, wie es sich zeigt, und allem in den Dimensionen und Universen ein Muster zugrunde liegt.

Diese Bewertung aus den polaren Gedankenstrukturen erfuhr in meinem Lern- und Einweihungsweg ins göttliche Bewusstsein eine Veränderung. Heute sehe ich die Energien nicht mehr in der polaren Sichtweise von schwarz und weiß. Die Pole sind nicht voneinander getrennt, sondern miteinander in Einheit verbunden. Wie in allen Entwicklungen von Gegensätzen gilt es einfach, die Extreme wieder in die Mitte zu bringen, in die Neutralität und in die Liebe.

Sei es nun ein Fremdwesen, das in einem Menschen oder in einem Tier sitzt, oder eine dämonische Energie, die dem Menschen Sorgen bereiten, ohne dass er die Zusammenhänge oder Gründe dafür versteht. Ich bin durch meine tägliche Arbeit zu der Auffassung gelangt, dass alles in uns und um uns herum ein Spiegel des eigenen Inneren ist.

Stellen Sie sich ein Dreieck vor. An der oberen Spitze des Dreiecks ist Gott, der alles in diesem Dreieck 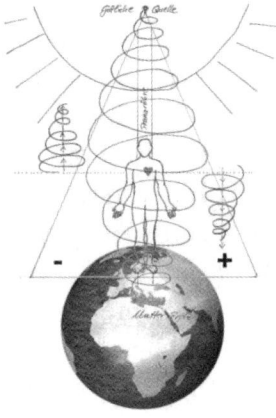 durchdringt. Stellen Sie sich bitte weiter vor, dass Sie dieses Dreieck senkrecht in der Mitte teilen, so dass zwei gleiche Dreieckhälften entstehen, voneinander getrennt durch eine Linie in der Mitte. Diese senkrechte Mittellinie stellt einen durchlässigen Kanal dar. Die eine Dreieckhälfte ist der Teil, den wir mit einem Minuszeichen versehen, die andere Dreieckhälfte mit einem Pluszeichen. Das Minuszeichen belegen wir gedanklich mit negativem Empfinden, das Pluszeichen mit gedanklich positivem Empfinden.

Damit haben wir zwei Gegensätze. Am Boden dieses Dreiecks ist die Menge an positiven und negativen Empfindungen und Bewertungen sehr groß, auch weiter voneinander entfernt als zur Spitze des Dreiecks hin, da der Abstand im unteren Dreieckteil größer ist als oben. Dieses Dreieck verdeutlicht anschaulich die enorme Tragweite unserer eigenen Sichtweise:

Gehen wir davon aus, dass wir uns als „*gute*" Menschen auf die Positivseite des Dreiecks stellen, was bedeutet, dass wir im Leben bestrebt sind, lichtvolle Gedanken zu denken, hilfreich anderen Menschen gegenüber zu sein, einfach Gutes tun. Dann sind wir dennoch auf einer Seite der Polarität. Was ist während der Zeit auf der anderen Seite des Dreiecks, also im Bereich des Dunklen, sogenannten Bösen? Das Universum verlangt nach Ausgleich. So werden im Erschaffen guter Dinge gleichzeitig die sogenannten dunklen Energien angezogen, natürlich auch umgekehrt.

Schauen Sie sich nun das Dreieck an. Erkennen Sie auch gleichzeitig, dass die Abstände zwischen den beiden Polen sich zur Spitze hin verringern, bis sie in der Spitze in Gott zusammenkommen. Das bedeutet, dass sich hier die sogenannten guten und die sogenannten dunklen Energien in einem Punkt vereinen. Würden Sie nun einen Menschen in die Mitte des Dreiecks einzeichnen, erkennen Sie, dass der erwähnte Kanal mittig diesen Menschen durchläuft.

Nehmen wir weiter an, dass dieses Dreieck eine Art Pyramide ist, die auf der Erde steht, wird es noch spannender. Der mittige Kanal durchläuft von Gott aus der Spitze ausgehend den Menschen durch die sogenannte Pranaröhre, die senkrecht durch den Körper verläuft bis in den Erdkern hinunter. Dabei ist das Zentrum das Herzchakra des Menschen, also der Ort der Liebe.

Chakren sind sich drehende Energiestrukturen, die in einer Linie auf der Pranaröhre sitzen wie Blüten oder wie

Energiestrudel. So sehe ich es auf den Geistlichtreisen. Gleichzeitig sind diese Haupt-Chakren, wobei wir körpereigene und außerkörperliche Chakren unterscheiden, Tore zum höheren Bewusstsein. Das Herzchakra ist das Zentrum des Körpers und der Chakra-Kette. Immer, wenn ich eine Geistlichtreisen umsetze, sehe ich bei den Menschen grünes und rosafarbenes Licht ausströmen. Es stellt die Verbindung der unteren Chakren (Wurzel -, Sexual und Solarplexus-Chakra) zu Mutter Erde, welche die physische Ebene ausmacht, dar.

Wir erkennen deutlich, dass in dem Wort Mutter lateinisch „mater" das Wort „Materie" steckt. Das Herzchakra verbindet die oberen Chakren (Kehlkopf-, Stirn- und Scheitelchakra) mit dem göttlichen Sein.

Hier finden wir das Zentrum der reinen, bedingungslosen, allumfassenden Liebe. Sie ist der Schlüssel in der Mitte unseres Herzens, aus der das Licht der Liebe der Urquelle ausströmt, sich nach allen Seiten waagerecht verteilt und ebenso eine vertikale Verbindung zwischen Gott und der Erde beinhaltet.

Die Liebe zeigt sich durch Vertrauen in das Göttliche und in die Verbindung des Eins-Sein mit allem. Nur durch die Liebe, als Schlüssel unseres wahren Seins, erkennen wir die Verbindung zu allem im Außen. Das Herzchakra, in dem die Liebe zum Ausdruck kommt, bringt uns in die Mitte, in das Zentrum und in den unmittelbaren und direkten Zugang zur höchsten göttlichen Ebene. Gleichzeitig bringt es uns in die sich ausdehnende Wahrnehmung der Licht- und Liebesenergie in alle anderen Dimensionen, Universen und in allen Seins-Ebenen.

Liebe ist unendlich, unfassbar und weit. Die Quelle ist in uns selbst. Daraus entsteht Liebe zu uns selbst und für alle Geschöpfe, seien sie nun feststofflich oder feinstofflich.

Es ist das Mitgefühl mit sich selbst, die Wertschätzung, der Respekt für das eigene Sein und das Sein aller anderen Menschen. Es ist auch der Respekt zur Natur in all ihren Erscheinungsformen, der Einsicht, ein Teil und ein „Kind" von Mutter Erde und Vater Gott zu sein.

Liebe ist das verbindende Element zur universellen Quelle allen Seins, zur Erde und zur Gemeinschaft aller Wesenheiten in der Materie und in der Antimaterie, die nicht voneinander getrennt, sondern Teil eines Ganzen sind. Liebe beinhaltet das Vertrauen und den Mut, das anzunehmen, was wir sind und was uns ausmacht.

Das Bild des Dreiecks oder der Pyramidenform, in der wir in der Mitte stehen, während die Energien von Gott und Göttin Gaia vom Erdkern aus durch unsere Pranaröhre fließen, zeigt die Neutralität, die Akzeptanz allen Seins ohne Wertmaßstäbe, ohne Beurteilungen, ohne Verurteilungen. Hier in der Mitte ist das Eins-Sein mit der schöpferischen Quelle und mit allem. Hier ist der direkte Zugang zur höchsten göttlichen Quelle und zur Materie, die wir in jeder einzelnen Sekunde erschaffen.

Trennende Aspekte sind nicht mehr relevant, weil wir uns mit großer Aufmerksamkeit in dieser Liebe befinden, uns konzentrieren auf unser Herz und unsere Herz-energie. Die Mitte des Herzens enthält das Licht der höchsten göttlichen Liebe, die wir in uns erwecken dürfen und können, wenn wir es nur zulassen. Wenn wir uns in dieser Neutralität befinden, dann ist alles gleich wertig und gleich gültig.

Die Gegensätzlichkeit von Licht und Schatten sind nur zwei Seiten einer Medaille. Schatten ist ohne das Licht der Sonne nicht möglich. Also nehmen wir den Schatten einfach nur wahr, geben keine Aufmerksamkeit hinein und ziehen folglich nicht die „negativen" Energien an, die dem Schatten eigen sind. Schauen wir den Schatten an, erkennen wir Anteile in uns, die wir mit der Liebe aus unserem Herzen und dem Licht verwandeln dürfen. Der Schatten ist wichtig. Er lehrt uns, uns selbst zu erkennen.

Der Weg ist: die Schattenelemente zu erkennen, sie wahrzunehmen, in sich selbst die Schatten-Anteile anzuschauen, um sie dann in Liebe loszulassen und zu transformieren. Das alles aus dem Kern der Mitte und der Neutralität. Das Entscheidende ist die Wandlung. Auf diese Weise kann Balance und Ausgewogenheit entstehen.

Sind wir in der Mitte dieser beschriebenen Pyramide, also ohne Wertung, dann entsteht durch unsere unmittelbare Liebe zu Gott in wunderbarer Weise das Heraustreten aus der Matrix. Wir sind aus dem Kokon der Dreidimensionalität heraus geschlüpft. Alles ist dann möglich, wirklich alles. Das Stopp-Schild für unser Ego ist aufgestellt, weil wir alles in Liebe verwandeln können.

Das ist das Bewusstwerden der Unmöglichkeiten der Beginn aller Möglichkeiten. Es ist dann keine Trennung nötig, alles in mir ist mit allem Eins. Ich bin ein

Individuum, ein bewusstes Wesen, das sich wie ein Lichtfunken in einer strahlenden Sonne bewegt, wissend, dass ich Licht und Schatten als Teil des Ganzen bin. Das ist der Punkt, an dem Herz und Verstand zu einer Einheit verschmelzen, die nichts Trennendes mehr kennt.

Auf meinen Geistlichtreisen sehe ich immer wieder, dass es eine Verschmelzung gibt der gegensätzlichen Aspekte in die Einheit und Ganzheit jenseits von Zeit und Raum, jenseits dualer Strukturen. Dabei ist erforderlich, nichts mehr durch die Brille der Vergangenheit anzuschauen, auch nicht ängstlich eine ungewisse Zukunft zu erwarten, sondern im Hier und Jetzt zu sein. Im Hier und Jetzt sein bringt uns in die Gegenwart des Göttlichen. Ein spiritueller Lehrer namens Bhagavadgita hat einmal gesagt:

*Alle Geschöpfe sind zwar dem Anschein nach getrennt, doch wahrhaft nur eines. Alle Wesen gehen von der Gottheit aus und sind in der Gottheit vereint. Wer dies wirklich erfasst, **wird** die Gottheit und erlangt dadurch Befreiung. (Zitat)*

Früher habe ich immer wieder gesagt, wir sind Kanal und Übermittler der göttlichen Energie, der Liebe Gottes. Wir sind Botschafter der Gottesliebe. In meiner eigenen Entwicklung war ich selbst Beobachter und Übermittler oder Kanal zwischen der göttlichen Energie und der Erde. Mittlerweile haben sich viele Dinge verändert. Dank der hohen Lichtwesen bin ich auf meinem Weg in ein höheres Bewusstsein gelangt. Es ist der lichtvolle Weg in das wahre Bewusstsein, den ich mit allen erdenklichen Prüfungen und tiefer Liebe aus meinem Herzen erfahren und erleben durfte.

Es bedeutet, dass wir Menschen Teil des wahren Lichtes vom wahren Licht sind, ein Licht, das von Anbeginn allen Seins in uns schlummert, das Licht Gottes, seine allumfassende Liebe, die keine Bedingungen kennt, die alles annimmt, so wie es ist. Wir sind in dieser Liebe in Gott und Gott in uns.

Als Teil von Gott haben wir eine sehr hohe Verantwortung für unser Denken, Fühlen und Handeln, in unserem täglichen Umgang mit uns selbst und mit allen anderen Wesen, feinstofflich wie feststofflich. Die Liebe ist das wandelnde Element in uns und in anderen Menschen. In der wahren Gottesliebe, die wir erfahren und spüren dürfen, wenn wir dafür bereit sind und in aller Freiheit zulassen wollen, sind wir Wesen des Erschaffens, denn wir erschaffen in der Einheit mit allem.

Im Verlauf meiner eigenen Entwicklung habe ich sehr viel lernen dürfen. Die hoch schwingenden Lichtenergien wurden immer wieder in meinem feinstofflichen Körper durch Lichtkristall-Installationen angeglichen.

Es erfolgte in einem angepassten Rhythmus, der meiner Entwicklung entsprach.

Manchmal waren es schmerzhafte Erfahrungen auf diesem Weg des Bewusstwerdens, einhergehend mit teilweise körperlichen Entgiftungserscheinungen. Diese Lichtkristalle veränderten sich nach einer gewissen Zeit im Körper zu einer sonnenartigen Lichtenergie, die meine Möglichkeiten erweiterten.

Diese Lichtinstallationen sorgten für ein Anwachsen meiner Fähigkeiten. Das war nur und ausschließlich durch die bedingungslose Liebe und wahrhafte Demut aus meinem Herzen möglich. Das hat sich bis zum heutigen Tage nicht verändert.

Sagen wir Menschen ja zur göttlichen Liebe, geschieht es. Wir haben es in der Hand, jeder einzelne Mensch in seinem eigenen Rhythmus, in seiner Freiwilligkeit und Freiheit. Dieser Weg ist für mich ein Weg von vielen Wegen und undendlichen Möglichkeiten, die gleichzeitig und parallel existieren. Das Maß der Liebe, die wir zulassen, steuert die Wahrnehmung und die Entwicklung in Einklang mit dem Göttlichen.

Alles im Universum ist Schwingung, jeder Gedanke, jedes Gefühl, jedes Wort, jede Handlung. Alles verursacht ein Schwingungsmuster, das sich nicht nur auf uns selbst bezieht, sondern auf auch auf alle Universen und Dimensionen. Diese Schwingungsmuster sind maßgebend für das Entstehen des „*Morgen*". Stellen wir uns vor, dass viele Menschen im Gleichklang diese Schwingungen aussenden, dann können wir uns ausmalen, welche Kraft und Macht in uns schwingt.

Irgendjemand hat wohl einmal errechnet, dass nur etwa 1% der Weltbevölkerung ausreicht, um die Dinge um uns herum zu verändern, wenn wir in der Liebe unseres Herzens sind. Dann verwandelt sich die Materie, die dem bewussten Geist und der Herzenergie folgt.

Licht und Schatten sind vorhanden, und wir dürfen diese Dinge verwandeln in die göttliche Energie, die in uns schwingt.

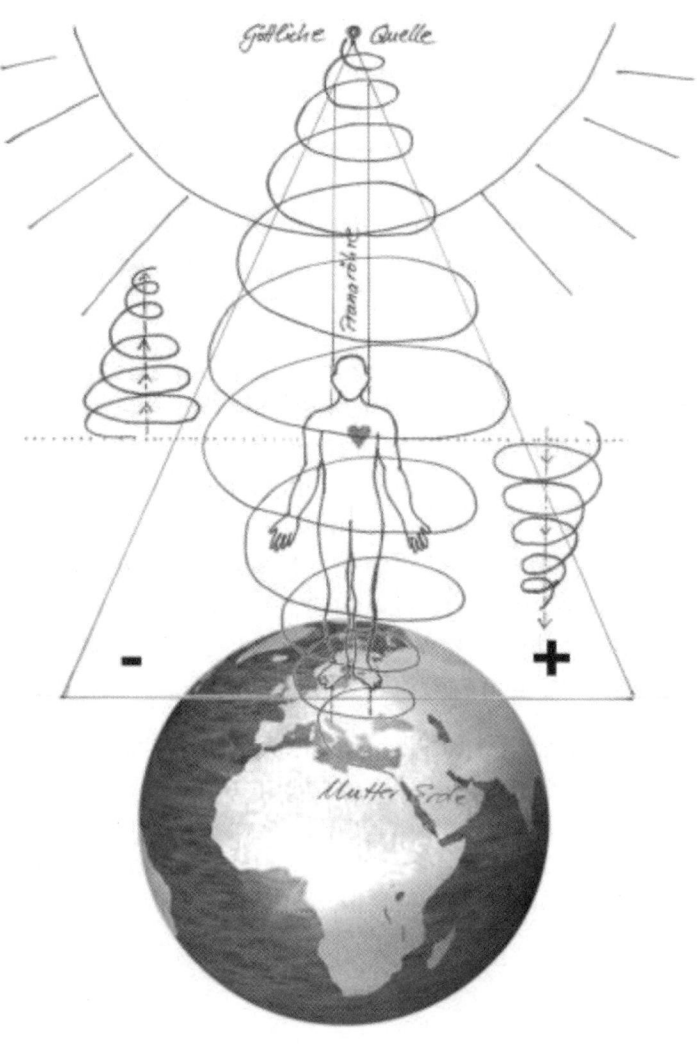

Für das kosmische Bewusstsein, das nicht durch das Ego begrenzt wird, gibt es nichts von sich selbst Getrenntes, es ist bloß gewahr. Das ist, was die Bibel mit «Ich bin, der ich bin» meint.
Ramana Maharshi

Das Pizzamodell

Ich schlief sehr fest und träumte sehr realistische Bilder. Dabei fand ich mich mit Inge in einem Seminarraum wieder, der mit vielen Teilnehmern gefüllt war. Sie schauten Inge und mich an, während wir etwas erklären wollten. Wie in all unseren Seminaren waren auch hier die hohen Lichtwesen anwesend, die uns immer wieder begleiten und die Lichtenergien so intensiv an die Teilnehmer übertragen, dass sie es körperlich, seelisch und geistig spüren.

Einige kamen Lichtwesen kamen auf mich zu. Sie führten mich zum Flipchart, das weiße, unbeschriebene Blätter aufwies. Ich sollte etwas zeichnen und den Teilnehmern erklären, während gleichzeitig in mir die Lichtwesen die Hintergründe genauestens erklärten. Ein Kreis bildete sich auf dem Blatt. Ich konnte sehen, dass die Teilnehmer des Seminars die Bilder und Erklärungen genau verfolgten.

Innerhalb des Kreises zeichnete ich kleine Kreise, die über Linien verteilt miteinander verbunden waren. Die Räume zwischen den kleinen Kreisen und den Verbindungslinien wurden in einer Schraffierung gezeigt.

Ich trat in diesem Traum einen Schritt nach hinten und schaute mir das Bild an. Obwohl ich kein guter Zeichner bin, konnte ich doch erkennen, dass das Gebilde auf dem Flipchart einer Salami-Pizza glich. Die Kreise waren die Salamischeiben, die schraffierten Flächen sahen aus wie der Käsebelag auf der Pizza. Was sollte ich nun damit anfangen? Mir wurde im Traum richtig heiß, denn die Teilnehmer warteten auf Erklärungen! Die Lichtwesen gaben mir die Worte in meinen Kopf, und ich begann mit den Erklärungen:

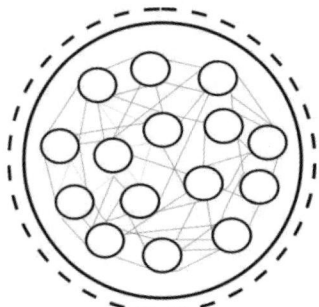 Dieser große Kreis, den ihr hier seht, ist eine Einheit, die wir als Welt, Erde, auch als eine Dimension erkennen können. Diese Einheit ist bevölkert mit Menschen, die ich exemplarisch hier als kleine Kreise aufzeige. Wie ihr schon wisst, sind diese Kreise, die aussehen wie Salami- scheiben auf einer Pizza (die Teilnehmer lachten, ebenso die Lichtwesen, die mich instruierten), also die Menschen, über das morphische Feld miteinander verbunden. Dies hier wird dargestellt durch die Verbindungslinien, die ihr hier seht.

Diese Pizza hat zwischen den Menschen (Salami- scheiben) den Belag wie Käse und Tomatensoße. Es folgte wieder ein Lachen. Nehmen wir nun diese wunderschöne Pizza als Symbol für die Erklärungen des spirituellen Bewusstseins!

Alle Menschen, die miteinander verbunden sind, haben ein Individualbewusstsein. Jeder geht seinen eigenen Weg der spirituellen Entwicklung im eigenen Rhythmus und zum richtigen Zeitpunkt. Der Pizzabelag zwischen den Salamischeiben ist das sogenannte Massenbewusstsein. Das Massenbewusstsein verbindet alle miteinander. Dabei haben sich die Menschen weltweit auf bestimmte Begriffe und Bilder geeinigt. Ein Stuhl ist zum Beispiel ein Stuhl, ein Haus ist ein Haus usw. Es sind die dreidimensionalen Definitionen und Übereinkünfte von Begriffen aller Art.

Nun markieren wir einen dieser Menschen und erkennen, dass er in dem Maße, in dem er sich spirituell weiterentwickelt in seinem Bewusstsein gleichzeitig das Bewusstsein aller anderen Menschen in diesem „Pizza-Universum" anhebt. Damit verändert sich aber nicht nur das Bewusstsein der anderen Menschen im Individualbewusstsein, sondern auch das Massenbewusstsein. Das zeigt die sehr hohe Eigenverantwortung eines jeden einzelnen Menschen in diesem Universum."

Ein Raunen des Erkennens ging durch den Seminarraum, als ich fortfuhr mit den Erläuterungen, die mir über die Schwingungen der hohen Lichtwesen weiter in mein Bewusstsein eingegeben wurden: „Ihr seht nun diese Pizza senkrecht auf dem Blatt. Stellt euch nun vor, dass diese Pizza, deren Teig eine einzelne Dimension symbolisiert, waagerecht gezeichnet ist."

Ich nahm in dem Traum ein zweites Blatt und zeichnete es in der Form auf. Dabei wurde mir erläutert, weitere Pizza-Böden waagerecht darüber anzuordnen wie auf einer Spirale nach oben. Dabei wurde auch die Entfernung zur göttlichen Quelle deutlich, in dem die Böden immer kleiner wurden. Ganz oben war wieder Gott als höchste Instanz.

„Ihr seht nun", fuhr ich mit den Erklärungen fort, „ einen einzelnen Menschen, der es geschafft hat, sein spirituelles Bewusstsein so weit zu entwickeln, dass er es geschafft hat, auf die höchste Stufe zu gelangen in die Nähe Gottes im ALL-Eins-Sein. Allerdings sind das keine Bewertungsmaßstäbe.

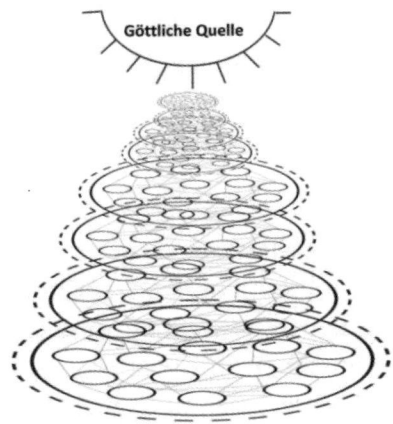

Er ist nicht besser oder schlechter als die Menschen, die auf den unteren Scheiben zu finden sind, da ja alles miteinander verbunden ist. Je mehr Menschen sich nun auf den spirituellen Bewusstseinsweg machen, desto mehr Veränderungsprozesse erfolgen für das gesamte Massenbewusstsein.

Jeder der Menschen hat einen eigenen Plan, eine eigene Vereinbarung vor seiner Geburt getroffen, seine Entwicklungen zu beschreiten, seine Baustellen zu bearbeiten. Er bringt in diesem System nicht nur für sich selbst die universelle Liebe voran. Jeder ist eingewoben in sein Umfeld und sorgt dafür, mit seiner Kraft die Spiritualität voranzutreiben im Sinne eines göttlichen Plans, und das in allen Dimensionen, Universen und Ebenen."

Ich wachte sehr früh aus diesem Traum auf und weckte Inge: *„Hör mal, ich habe etwas Interessantes geträumt."*

„Mmmh", gähnte Inge verschlafen, *„Du hast mich wachgemacht. Was hast du denn geträumt?"* Ich erzählte Inge alles der Reihe nach. Damit war sie nun ganz wach: *„Das ist absolut stimmig"*, sagte sie. Seitdem erklären wir auf unseren Seminaren dieses Modell den Teilnehmern.

Wie wir erkennen durften, haben Gedanken und Gefühle auf unsere Umgebung bis in alle Dimensionen und alle Universen hinein große Wirkung, da alles Schwingung ist. Nicht nur auf unser inneres Bewusstsein wirken diese Gedanken- und Gefühlsmuster, sondern auch auf unser Umfeld.

Aus unseren Gedanken entstehen Empfindungen, die darauf Einfluss nehmen, ob wir uns gut oder schlecht fühlen, Glück oder Angst fühlen, Vertrauen vermitteln oder Zweifel aufkommen lassen. Es sind die Schwingungen unserer Gedanken, die uns veranlassen, kraftvoll zu sein oder innerlich aufzugeben. Durch unsere eigenen Erkenntnisse entsteht in uns Heilung. Wenn wir unsere eigene Wahrheit erkennen, dann ändern sich auch unsere Gedanken und Gefühle.

Durch die entstandene Veränderung ziehen wir im Sinne der Resonanz andere Inhalte und andere Menschen in unser Leben, die zu unserer neuen Schwingung in Resonanz stehen. Gleichzeitig können wir uns in diesen Phasen der Erkenntnisse von inneren Blockaden lösen, so dass wir unsere ursprüngliche Größe und Kraft zurück erlangen.

Unser Unterbewusstsein kann Denken und Bewusstsein in die Irre führen. Erst wenn wir erkennen, wie dieses System funktioniert, sind wir in der Klarheit. Wir können uns selbst und die Außenwelt besser verstehen und die Prozesse durchschauen. Das bedeutet: wir Menschen besitzen die Fähigkeit, unser Unterbewusstsein durch hohe Aufmerksamkeit und bewusstes Sehen, Erkennen, Fühlen und Handeln zu transformieren.

Es ist wie das Beobachten des eigenen Seins. Wenn wir beobachten, sind wir bewusst im Hier und Jetzt. Wer beobachtet, erkennt und verwandelt. Das wissen wir bereits durch die Experimente der Physik, denn das bewusste Beobachten ist die Grundlage, die vorhandenen Systeme in sich selbst zu durchbrechen und neu zu gestalten.

Der Vorteil liegt auf der Hand: wir selbst werden zum Regisseur unseres Films.

Damit gehen wir auch in die bewusste Wahrnehmung von Ängsten, die reine Illusion darstellen. Wir erkennen die negativen Erfahrungen, die wir gesammelt haben in unserem Leben. Sie bringen uns immer wieder in einen automatisierten Ablauf starker Emotionen, solange wir ihren Ursprung nicht ergründet haben.

Für die Menschen im Außen sind wir damit kalkulierbar, denn sie erkennen das System auch in uns, wissen, wie wir in bestimmten Situationen reagieren. Es ist dann leicht, unsere „Knöpfe" zu drücken, weil wir in vorhersehbarer Weise reagieren. Besonders interessant wird das in Beziehungen zu anderen Menschen, sei es in einer

Partnerschaftsbeziehung oder im beruflichen Bereich. Letztlich sehen wir die Splitter im Auge des anderen, nur die Balken im eigenen Auge erkennen wir meistens nicht. Also drücken wir immer wieder die richtigen Tasten beim anderen in der exakten Annahme, wie das Gegenüber reagiert.

Unbewusste Ängste und Verhaltensmuster lassen unsere Gefühlswelt im außen sichtbar werden. Dieses unbe- wusste Verhaltensmuster, das aus einer früheren Zeit stammt, lässt uns nicht erkennen, was wirklich im Hier und Jetzt vorhanden ist. Es ist eine Illusion.

Es gibt Menschen, die kennen genau ihren Weg. Sie wissen, warum sie auf dieser Erde sind und handeln entsprechend. Andere hingegen sind ständig auf der Suche nach dem Sinn ihres Lebens und damit auch auf der Suche nach sich selbst. Andere wiederum bleiben in ihrer Mitte, wieder andere lassen sich wie ein Tisch- tennisball von einer emotionalen Seite auf die andere Seite treiben. Was macht hier den Unterschied aus?

Es geht darum, dass wir im Zustand der Bewusstheit im Hier und Jetzt sind, in der absoluten Gegenwart, in der alles enthalten ist. Es ist das Anhalten des Karussells, aus dem wir aussteigen und alles genau anschauen und beobachten, um dann in aller Klarheit festzustellen, was wirklich ist.

Bewusstheit ist Wahrnehmen durch Beobachten. Daraus ziehen wir Schlüsse und Erkenntnisse über uns selbst und unser Umfeld. Wir erkennen, welche Energien in uns arbeiten.

Der Vorteil ist, dass wir dann nicht mehr automatisch unseren Gefühlen und Gedanken unbewusst *„auf den Leim"* gehen. Das macht das Zusammenleben besonders erträglich, weil wir uns gegenseitig nicht mehr unbewusst die Knöpfe drücken und unseren Handlungsspielraum erweitern.

Wir erkennen uns selbst und lernen uns besser einschätzen, lenken also nicht mehr ab von uns auf andere. Wir nehmen uns ernst und gehen in unser wahres Sein, werden authentisch. Beziehungen zu anderen Menschen werden leichter und weniger verletzend, und wir ziehen genau die Menschen in unser Leben im Sinne der Resonanz, die ebenfalls bewusst sind.

Immer dann, wenn wir Wünschen und Wollen, also etwas erwarten, etwas vom anderen haben oder besitzen wollen, dann gehen die unbewussten Wünsche in Resonanz innerhalb einer Beziehung. Sie geraten in einen gegenseitigen Konflikt, da der andere eine Spiegelfläche für uns wird. Es ist dann so, als würden wir unser Spiegelbild kratzen, wenn uns der Kopf juckt. Die Frage ist nun: wie kann ich selbst dieses Gedankenkarussell anhalten?

Es ist ein aktives Geschehen, auf die Suche nach unserem wahren Sein zu gehen. Dieser Drang führt uns in die tiefe Sehnsucht, endlich anzukommen in die allumfassende Geborgenheit. Der erste Weg führt uns meist direkt in die Sehnsucht nach einem Partner, der uns liebt, der uns annehmen kann, wie wir sind, der uns so akzeptiert mit allen Stärken und Entwicklungsfeldern.

Doch die Partnerschaft zu einem lieben Menschen ist nicht die Lösung den Brand nach dem Gefühl des Ankommens zu löschen, weil der Partner im Außen ist. Wir sind dann vom Partner und von seinen Meinungen über uns abhängig.

Beziehungen am Arbeitsplatz und eine erfüllende Arbeit sind auch nicht des Rätsels Lösung. Viele Menschen wissen, was ich damit meine. Es wird viel verlangt am Arbeitsplatz. Die meisten Menschen versuchen, all den Anforderungsprofilen gerecht zu werden und dann? Die Firma wird geschlossen, und die starke Bindung an die „Arbeit" wird zum Bumerang. Wir werden auf uns selbst zurückgeworfen. Viele entlassenen Menschen geraten in die Mühle der vermeintlichen Sinnlosigkeit. Es kann zum Verlust der Identität kommen, wenn die Arbeit so hoch bewertet wird. Von einem Tag auf den anderen bricht alles in sich zusammen. Es wird sofort das Gefühl laut von Wertlosigkeit, weil nichts mehr so ist wie zuvor, weil all die Mühe der Arbeit nicht mehr zählt, die anerkannte Funktion wegfällt. Aber sind wir die Arbeit? Nein!

 Wer ernsthaft glaubt, dass er das ist, was er tut, ist gedanklich und in seinen Gefühlen von anderen Menschen abhängig. Die Meinung des Chefs und der Kollegen trifft diese Menschen persönlich, besonders in Fällen von Entlassungen oder Firmenschließungen.

Sagt der Chef zum Beispiel: *„Sie sind gestern aber sehr früh nach Hause gegangen"*, dann kommt sofort ein altes Kindheitsmuster in Gang, nämlich, ich bin ein schlechter Mensch, weil ich pünktlich den Arbeitsplatz verlassen habe, wohingegen ich sonst länger arbeite.

Was ist das Problem? Diese Aussage trifft mich persönlich.

In dieser und in ähnlichen Situationen fühlen sich viele als minderwertig, glauben, dass sie nicht genügen. Also bestimmen andere Menschen über das eigene Befinden durch eine einzige, vielleicht unbedachte Äußerung oder einen unbedachten Blick. Manche denken auch: *„Er hat mich böse angeschaut. Ich habe bestimmt etwas falsch gemacht."* Es wird sofort auf sich selbst bezogen, obwohl das Gegenüber wahrscheinlich schlecht geschlafen oder zuvor Streit mit seiner Frau hatte. Wir ziehen uns immer wieder die oftmals viel zu engen Schuhe der anderen an.

Wir Menschen sind nicht unser Handeln, unsere Arbeit. Sie ist lediglich eine Funktion, eine Rolle, die wir eine Zeit lang ausfüllen in unserem Leben.

Wir sind Körper, Seele und Geist.

Der Körper ist ein biochemisches Gebilde in Form einer feststofflich verdichteten Schwingung. Dieser Körper trägt uns durch unser irdisches, dreidimensionales Dasein. Er ist eine Art Raumschiff. In diesem Raumschiff *„Körper"* sind auch unsere Gefühle vorhanden, denn alle Gefühle sind körperliche Reaktionen.

Vor unserer Zeugung haben wir uns entschieden, so und nicht anders zu inkarnieren, um körperliche Erfahrungen zu sammeln. Unsere Gedanken lösen die Produktion von Hormonen und Botenstoffen aus, die dann in die Zellen transportiert werden. Die Zellen wiederum haben eine Veränderung oder Reaktion, die wir als Gefühle ausmachen. Angst macht sich im Bauch bemerkbar, Stress und Wut im Bereich des Magens und Liebe spüren wir im Bereich des Herzens.

Demnach sind wir nicht allein unser Körper und unsere Gefühle. Wir nehmen lediglich Gefühle in unserem Körper wahr. Unser Körper ist einfach wundervoll, denn wir dürfen ihn nutzen für unser selbstgewähltes und vereinbartes Leben. Wir dürfen mit ihm sogar Berührung und Sexualität genießen.

Ich selbst habe meinen Körper lange Zeit während der Entwicklung des Geistlichtreisens als nicht so wesentlich betrachtet. Für mich war es wichtiger, Seele und Geist in den Vordergrund zu stellen, habe aber durch Gott direkt erfahren dürfen, dass unser Körper genauso wichtig ist. Der Körper befindet sich optimaler Weise in harmonischem Einklang mit Seele und Geist. Der Körper ist in unserem Entwicklungsprozess genauso wichtig. Er ist unser Gefährt in dieser dreidimensionalen Welt. Der Körper als Verbund von Zellen und Gefühlen erzeugt Zellreaktionen. Der Körper äußert sich über Gefühle, die wir erleben.

Er ist nicht die Blaupause von unzähligen Inkarnationen. Er ist auch kein Ersatzteillager, keine Fehlkonstruktion der Natur, wenn er krank ist. Unser Körper ist ungeachtet der einen oder anderen Sorgenstelle eine Möglichkeit der Bewegung und des persönlichen Austausches. Unser Körper darf von uns geliebt und angenommen werden, so wie er ist. Doch manchmal arbeiten wir an ihm, um ihn noch stabiler zu machen. Nehmen wir ihn an und sind dankbar.

Eines Tages lassen wir diese Hülle zurück und dürfen in Dankbarkeit zurück schauen. Alles, was wir lieben, bleibt lange bei uns. Alles, was wir nicht lieben, geht schnell fort von uns. Das ist so und gilt selbstverständlich auch für unseren Körper. Also, genießen und lieben wir unser Transportmittel auf diesem Planeten.

Was ist unser Geist?

Unser Geist setzt sich zusammen aus unseren persönlichen Gedanken, Gefühlen, Erkenntnissen, Erfahrungen, Hoffnungen und Plänen. Was macht uns aus? Unsere Gedanken? Unser Verstand? Nein!

Wir erleben lediglich unsere Gedanken. Es gibt teilweise immer wiederkehrende Gedankenmuster aus unserer Kindheit und auch aus unserer Familie. Im unbewussten Zustand glauben die Menschen, sie seien das, was in unserem System Mensch als Körper und Geist geschieht. Der Geist wird durch Gedanken offenbart. Wir denken zwar Gedanken, doch wir sind nicht unsere Gedanken.

Was ist unsere Seele?

Die Seele ist weder Gefühle, Gedanken noch Körper, sondern die Seele steht für Wahrheit und Liebe. Die Seele ist außerhalb unseres körperlichen, gedanklichen und gefühlsmäßigen Körpers. Daher überdauert sie das biologische Leben. Die Seele ist erst einmal ein *„ETWAS"*.

Viele Kulturen umschreiben die Seele in der einen oder anderen Art und Weise. Ist es eine übergeordnete Persönlichkeitsebene? Der Buddhismus glaubt nicht an

Seele, jedoch daran, dass „*Etwas*" überdauert, das nach dem Tod wieder mittels eines Körpers inkarnieren kann.

Die Ägypter waren davon überzeugt, dass persönliche Eigenschaften das Erdenleben überdauern, und dann auf anderen Ebenen weiterleben.

Es gibt sehr viele Definitionen zum Thema Seele. Doch keine der Definitionen umfasst vollkommen das Tiefgründige dieses Begriffs. Die Dichterin und Mystikerin aus dem 16. Jahrhundert, Theresa von Avila, hat sich zur Umschreibung der Seele sinngemäß geäußert:

In der Seele liegen Fülle, Weite, Größe. Die Seele ist fähig, Unendliches zu fassen, also weitaus mehr, als wir mit unserem Verstand begreifen können. Die Seele ist nicht begrenzt oder eingeschränkt, sondern sie ist eine eigene Energie, der Gott innewohnt, so dass wir in uns selbst Gott begegnen können.

Daraus wird deutlich, dass Liebe die Sprache der Seele ist. Manche sagen auch, sie ist das Licht in uns. Die Seele ist reines Bewusstsein, denn die Seele denkt nicht, genauso wie die Liebe nicht denkt. Unsere Seele ist das, was immer in uns anwesend ist, uns sehr genau kennt und wahrnimmt. Unsere Seele kann uns von einem übergeordneten Standpunkt aus betrachten und beobachten.

Wie erfahren wir unsere Seele?

Eine Möglichkeit, Ihre Seele zu erleben, ist, jenseits von Gedanken und Gefühlen zu meditieren, also in Ihre Mitte zu gehen, nichts Wollen, nichts Wünschen, nichts Denken jenseits aller Unruhe der Gedanken! Dabei ist es bedeutsam, dass Beurteilungen, Ängste und alle Gefühle ausgeschaltet werden. Dann nämlich sind wir im Gewahr-Sein unseres Selbst. Das Instrument ist die wahre Liebe zu sich selbst und zu allem, was ist oder nicht ist.

Liebe ist nur zwischen den einzelnen Gedanken möglich. Sobald Sie denken, ist die Liebe nicht mehr erfahrbar. Sagen Sie Ihrem Partner zum Beispiel *„Ich liebe dich"*, dann denken Sie es in diesem Augenblick. Doch Sie fühlten es kurz zuvor. Wäre dem nicht so, würden Sie den Satz nicht aussprechen. Das Wahrnehmen der Liebe war in dem Augenblick präsent, als Sie keine Gedanken hatten. In dem Augenblick waren Sie im wahren Sein, und Ihre Seele war anwesend.

Kleine Kinder und Tiere scheinen eine große Anziehung auf Menschen zu haben. Sie wirken über das sogenannte Kindchen-Schema direkt in unsere Seele, weil diese Liebe spürbar wird, wenn wir die liebevollen Geschöpfe anschauen. Das ist möglich, weil wir nicht denken während der Beobachtung. Durch das Beobachten von kleinen Kindern oder kleinen Tieren können wir unsere vergessene Liebe wieder spüren. Wir dürfen erkennen, dass Liebe kein Gefühl ist, sondern ein innerer Zustand.

Über Liebe reden enthält die Voraussetzung einer gedanklichen Energie. Daher ist die Liebe während des darüber Redens weniger spürbar. Was wäre geschehen, wenn nicht über Liebe gesprochen worden wäre? Oftmals reden wir über Liebe, weil wir glauben, unser Herz würde dabei zerspringen, wenn wir die Liebe in vollem Umfang zulassen würden. Es scheint für viele Menschen so zu sein, dass sie das Gefühl haben, diese überfließende Liebe nicht aushalten zu können. Wird darüber gesprochen, sind wir wieder zurück im Geist und damit im Körper.

In unseren Seminaren wird diese allumfassende und überwältigende Liebe der höchsten Lichtwesen den Menschen als Geschenk übermittelt. Es fließen sehr oft Tränen bei den Teilnehmern, die teilweise auch sagen, dass diese Liebe kaum auszuhalten ist. Dabei kommen die Menschen in ihre echte Herzenergie. Sie fühlen unmittelbar ihre Verbindung zu Gott. Die Seele ist dann in tiefer Verbindung zum göttlichen Sein. Das Zentrum dieser Liebe ist unser Herz mit dem Herzchakra. Von diesem Ort aus kann sich die Liebe unendlich ausdehnen, in alle Dimensionen und Universen.

Der Gegenspieler der Liebe ist die Angst. Liebe und Angst sind Emotionen, die im Wurzel-, Sexual- und Solarplexuschakra sitzen, ebenso in Verbindung stehen mit den Amygdalae im Gehirn. Angst verhindert Liebe. Unser Verstand gaukelt uns vor: Was sich gut anfühlt ist gut, was sich schlecht anfühlt ist schlecht. Durch gemachte Erfahrungen in unserem Leben und die aktuellen Gefühle, wollen wir uns vor Verletzungen schützen und ein Gefühl von Sicherheit erzielen. Seelische Schmerzen sind für uns sehr schwer zu ertragen, denn sie tun länger weh.

Haben Sie sich zum Beispiel an Ihrem Arbeitsplatz sehr viel Mühe gegeben, um den Anforderungen nicht nur gerecht zu werden, sondern darüber hinaus besonders gut zu sein, dann sind Sie sehr verletzt, wenn Sie Undank ernten und die Arbeit nicht entsprechend gesehen wird. Es gibt andere Bereiche, die das verdeutlichen:

Vielleicht sind Sie in Ihrem Leben einer Idee gefolgt, die vielleicht am Ende scheitert. Oder Sie haben sich einem Menschen gegenüber vollkommen geöffnet, haben ihm Liebe geschenkt, die dann aber vielleicht enttäuscht wird. Dann tut es weh. Wir vergessen diese Verletzungen nicht, es ist wie eine Aufnahme in unser Unterbewusstsein. Diese Verletzungen prägen sich tief ein. Diese Verletzungen empfinden wir intensiver als körperliche Verletzungen. Die Folge dieser Verletzungen sind Ängste.

Angst verhindert, in die wahre Liebe zu gelangen, weil wir damit die Liebe umgehen wollen, um nicht mehr verletzt und enttäuscht zu werden. Das gilt für die Partnerschaft wie für den Umgang mit dem Arbeitgeber. Angst macht eng, zieht zusammen, reduziert sich. Liebe öffnet sich, macht weit, unendlich und groß. Sie verbindet mit dem göttlichen Sein.

Auf meinen Reisen sehe ich sehr oft Angstwesen, die sich einklinken in die Körper der Menschen.

Es sind Gebilde, die aus Erfahrungen, Programmierungen des Unterbewusstseins und durch Verletzungen entstanden sind. Ängste sind Illusionen, die wir erlösen können, wenn wir uns in die Mitte begeben, in die direkte Verbindung zu Gott und zum Erdkern. Die meisten Ängste sind Erwartungsängste: was kommt auf mich zu, wenn mein Chef mich zu sich ruft?

Ängste existieren nur in unserer Vorstellung. Sie sind nicht Bestandteile der reinen Liebe. Sie behindern uns darin, in die wahre Liebe zu kommen. Wir befürchten etwas, das vielleicht niemals geschehen wird. Das Leben erfordert viel Mut, sich zu öffnen und auf die Liebe einzulassen.

Wie hat es Krishnamurti treffend ausgedrückt?

Die reine Beobachtung ist die Energie, die das, *was ist*, verwandelt. Wenn Sie das verstehen, dann werden Sie sehen, dass Sie vollkommen frei von psychischen Ängsten sind. (Zitat)

Komm zu Fall,
Er hebt dich zu den Himmeln hoch.
Zergeh in nichts,
Und Er verwandelt dich!
Rumi

Auf der Suche

Mein PC zeigte mir eine neue Nachricht. Es war ein junger Mann namens Michael, der mich um dringende Hilfe bat. Es sei ein Notfall. Gespannt las ich die Zeilen:

„Hallo Herr Frantzen, auf Empfehlung eines Freundes wende ich mich mit einem Anliegen an Sie.
Ich habe einen zehnjährigen Kater. Wir beide sind sehr eng miteinander verbunden. Er hat eine schwere Krankheit und befindet sich im Moment an der Schwelle, diese Welt zu verlassen oder doch noch einmal zurückzukehren. Er hat ein Fibrosarkom mit Lungenmetastasen.
Der Tierarzt hat mich im Januar mit Kortison-Tabletten nach Hause geschickt und gesagt, dass nichts mehr zu machen ist. Danach habe ich recherchiert und ich behandele den Kater seit 50 Tagen mit einer speziellen Enzymtherapie Er ist sehr abgemagert, doch er frisst noch selbstständig wenn auch wenig.
Ich selbst bin seit vielen Jahren spirituell auf der Suche, und ich weiß, dass wir uns im Moment in einem großen Übergang in ein Neues Zeitalter befinden. Mir ist auch klar, dass unsere Seele in der geistigen Welt weiter existiert.

Meine Frage: Können Sie etwas für meinen Kater tun, wenn Sie auf einer Geistlichtreise in unser Wohnzimmer kommen. Ich könnte mir vorstellen, wenn wir einen Termin gefunden haben, an dem ich auch daheim bin, dass ich mit dem Kater im Wohnzimmer bin. Ich versetze mich dann selbst auch in einen entspannten Zustand. Ich bitte Sie, einen gemeinsamen „Reisetermin" abzustimmen. Dann könnten Sie sich um meinen Kater bemühen und, bevor Sie das Zimmer wieder verlassen, auch noch einmal mich selbst ins Visier nehmen und schauen, ob Sie auch für mich etwas tun können bzw. was Sie wahrnehmen.
Können Sie mir bitte nähere Infos schicken welche Möglichkeiten Sie haben. Was würden Sie für solch eine Sitzung als Energieausgleich nehmen?"

Ich antwortete Michael sofort mit einer Email:
„Wir können gerne am Mittwoch früh um 9.00 Uhr die Reise umsetzen, da wir Donnerstag zu unserem Intensivseminar reisen. Eine Garantie kann ich nicht geben, auch keine Versprechungen machen, doch ich werde mir alle Mühe geben. Wie heißt Ihr Kater?"
„Pietro heißt er", kam die Antwort.

„Prima, ich reise morgen um 9:00 Uhr zu Pietro, ich spreche simultan die Reise auf ein Aufnahmegerät, werde dann eine mp3-Datei der Reise zu Ihnen senden.
Daher wäre es prima, wenn Sie die Reise einfach mit verfolgen, die die Lichtwesen zu Pietro durchführen. Dabei noch einmal der Hinweis, dass ich keine Garantien geben kann. Bis morgen dann um Punkt 9:00 Uhr. Ich bin dann mit den hohen Lichtwesen bei Ihnen."

Am nächsten Morgen startete die Geistlichtreise gemeinsam mit den hohen Lichtwesen zu Pietro und seinem Dosenöffner Michael, und ich sah, dass Michael seinen geliebten Vierbeiner streichelte. Ich spürte tiefe Traurigkeit im Raum und nahm wahr, dass Pietro, sehr abgemagert war. Er lag auf Michaels Schoß und schaute ihm tief in die Augen. Pietro bemerkte die hohen Lichtwesen und mich, und er begann zu sprechen:

„Bitte sage Michael, dass ich ihn auf dieser Ebene verlassen werde, da meine Aufgaben in diesem Leben erfüllt sind. Ich werde auch nicht bei ihm bleiben mit meiner Seele, da ich ihn schnellstens wiedersehen möchte. Er ist ein so guter Mensch, und er liebt mich so sehr, wie ich ihn liebe. Ich werde den Krebs nicht besiegen können. Daher werde ich schnell in das Licht gehen. Sage Michael, dass ich bald wieder bei ihm sein werde als junger schwarzer Kater mit einem weißen Fleck auf meiner Nase, daran wird er mich wiedererkennen.

Es wird noch eine Zeit brauchen, bis ich wieder in sein Leben trete, doch zuvor wird er einen lieben Menschen kennenlernen und beruflich werden sich sehr viele Dinge für ihn verändern. Dabei würde ich ihn nur behindern. Er wird sein unruhiges Leben wieder in den Griff bekommen, auch dank eurer lichtvollen Hilfe.

Sage Michael, er soll nicht traurig sein und sein Leben annehmen, Vertrauen zu sich selbst haben, zu seiner Kraft und zu seiner Stärke. Ich freue mich auf ein

Wiedersehen mit ihm. Ich lasse los und bin bereit, meinen Weg fortzusetzen."

Christus und die anderen Lichtwesen standen um Pietro herum. Sie ließen strahlende Lichtenergie in den ausgemergelten Körper einströmen, um seine Schmerzen zu lindern. Pietro lachte und schmiegte sich liebevoll an Michael.

Die Lichtwesen zeigten mir ein Bild. Ich sah Pietro als jungen Kater, der in einem Park auf Michael zulief, der auf einer Parkbank saß und dem Treiben der Enten auf einem Weiher zusah. Er sprang auf die Bank und strich an Michael vorbei, wie vertraut. Michael erkannte Pietro wieder an der weißen Blesse auf seiner Nase. Er nahm das kleine Fellknäuel auf seine Arme und trug ihn nach Hause, in ein neues Zuhause. Wir zogen uns aus den Bildern zurück, und ich berichtete Michael mit der mp3-Datei davon. Die Antwort von Michael ließ nicht lange auf sich warten:

„Lieber Herr Frantzen,
ich bin gerührt von dieser liebevollen Sitzung! Vielen, vielen Dank! Ich werde Sie über das weitere Geschehen Pietro betreffend auf dem Laufenden halten.
Ich wünsche Ihnen ein schönes, liebevolles und erfolgreiches Seminar!
Ich melde mich bei Ihnen in Kürze mit einer konkreten Anfrage für eine Sitzung meine Person betreffend!
Herzlichen, lieben Gruß von Michael und Pietro."

Wenige Tage später erfuhr ich, dass Pietro friedlich eingeschlafen war. Ich schaute noch einmal nach ihm, und was ich dort sah, schrieb ich an Michael:

„Die Reise ist eben beendet. Auch wenn der Übergang für Pietro noch etwas länger angedauert hat oder andauert. Zeit existiert nicht, so dass ich folgende Bilder erhalten habe.

Pietro ist erst einmal froh, dass er den Weg ins Licht wählen darf. Ich war mit all den hohen Lichtwesen bei ihm und auch bei Ihnen.

Also erst einmal wollte er noch eine Zeit lang feinstofflich bei Ihnen bleiben, doch dann entschied er sich anders. Er weiß um Ihrer beider tiefen Liebe zueinander. Sie kennen sich schon seit vielen Inkarnationen. Pietro ist ein besonderes Wesen für Sie und Sie für ihn, so dass er sich heute entschieden hat, unmittelbar und sofort ins Licht zu gehen. Zwischen Ihnen ist eine Liebesverbindung von Herzchakra zu Herzchakra zu sehen, die nicht unterbrochen wurde. Ich sah, dass Pietro in ein strahlendes Licht gelegt wurde, über sich eine Lichtsäule, die eine ganz liebevolle Energie hinunter strömen ließ. Dabei wurde Pietros Seele in einem ganz liebevollen und sanften Licht aus dem Körper gezogen, er kam zu Ihnen, schleckte Ihr Gesicht ganz vorsichtig, und dann verabschiedete er sich von Ihnen.

Er sagte mir: "Sage Michael, dass ich ihn liebe, und ich weiß, er ist traurig, auch wenn er weiß, dass es für mich nur eine andere Form des Seins ist. Sage ihm, dass ich wiederkomme. Ein neuer Kater wird zu ihm kommen, schwarz mit einem weißen Fleck in der Nähe der Nase. Er wird mich wiedererkennen. Ich werde wieder bei Michael sein. Deshalb werde ich nun ins Licht gehen, um eine reinigende Transformation zu durchlaufen. Wir werden niemals getrennt sein, auch wenn wir nun nicht von Angesicht zu Angesicht zusammen sind. Er wird mich wiedererkennen. Es wird noch etwas dauern, doch es wird so geschehen."

Dann wurde er ganz liebevoll von Ihnen gestreichelt und durfte in Liebe ins Licht hinauf strömen. In meinem Körper ist Christus, und ich durfte Sie in den Arm nehmen, so dass aus meinem Herzen eine liebevolle Energie von Christus in Ihr Herz strömte, um Sie zu stärken. Auch wurde in Ihren Körper ein strahlendes Licht geströmt von den anderen hohen Lichtwesen und durch eine Lichtsäule, in die Sie hineingestellt wurden.

Pietro hat dies auch gesehen.

Ihnen ganz viel Kraft und Licht. Lassen Sie ihn gehen, er ist in einer anderen Welt der Liebe und des Lichts. Er ist ein Teil Ihres Herzens und Sie ein Teil seines Herzens. Ich bin fest davon überzeugt, dass er wieder zu Ihnen kommen wird, dann dreidimensional als neuer Kater.

Viele liebe Grüße und lassen Sie ihn in der Liebe Ihres Herzens los."

Einige Tage vergingen, und ich bekam eine erneute Nachricht von Michael:

Lieber Herr Frantzen,
ich habe das starke Bedürfnis Ihnen zu schreiben. Erst einmal noch einen ganz lieben Dank für die beiden Geistlichtreisen, die Sie für meinen Kater „Pietro" gemacht haben. Ich denke, das hat Ihm und auch mir sehr geholfen! Ich freue mich sehr, dass er angekündigt

hat, wieder zu gegebener Zeit in einem anderen Körper zu mir zurückzukehren.

Ich habe mir Ihre Bücher bestellt und gelesen und bin sehr angetan von den vielen Geistlichtreisen, die Sie dort beschrieben haben und von den Effekten, die danach oder währenddessen aufgetreten sind.

Ich selber befinde mich im Moment in einem sehr stark transformatorischen Prozess, bei dem ich das Gefühl habe, dass ich in naher Zukunft an den Platz gestellt werde, der meiner berufungsmäßigen Lebensaufgabe entspricht. Ich bin jetzt 34 Jahre jung und habe ein sehr bewegtes Leben bis jetzt hinter mir. Meine Familie hat viele Einzelgänger hervorgebracht. Ich zähle mich selber auch dazu. Zu den Menschen die noch leben und zu meiner Familie gehören, habe ich keinen Kontakt, mit Ausnahme meiner Schwester. Meine Schwester ist 9 Jahre älter als ich.

Ich selbst habe eine Umschulung in Cuxhaven abgeschlossen im sozialpädagogischen Bereich. Ich sehe meine Lebensaufgabe darin, jungen Menschen in dieser schwierigen, besonderen Übergangszeit in ein neues goldenes Zeitalter mit meinen Erfahrungen zur Seite zu stehen. Desweiteren hat es das Universum auch so eingerichtet, dass ich selbst keine Familie haben werde, da ich dem eigenen Geschlecht zugetan bin.

Ich bin als Kind und Jugendlicher in jedes Fettnäpfchen getreten, das man sich nur vorstellen kann. Das hat schon im Kindergarten angefangen. Das hat sich bis zur Wende 1989 fortgesetzt. Ich bin in Ostdeutschland vor der Öffnung der Mauer aufgewachsen. Ich wurde in mehrere Kinderheime gegeben, sogar im Jugend-gefängnis war ich. Dabei hatte ich mich einigen Gruppen angeschlossen, in denen nur Unfug betrieben wurde. In jungen Jahren hatte ich immer wieder mit der Polizei und dem Gericht zu tun. Meine Mutter war sehr dominant, und mein Vater zwar ein sehr sensibler und lieber, doch auch ein sehr schwacher Mensch, der in seinem Leben nur drei dominante Frauen hatte. Seine eigene Mutter, meine Mutter und bis zu seinem Tod eine weitere Frau, mit der er lange Jahre zusammen war. Dort hat er auch voll unter ihrem „Pantoffel" gestanden. Er hat einfach seine Hausaufgaben nicht gemacht, bis er dann einen sehr bösartigen Krebs bekam.

Meine Mutter lebt heute noch und ist seit vielen Jahren wieder mit einem schwächeren Mann zusammen der auch Karsten heißt, genau wie mein Vater. Ich bin bis jetzt nicht in der Lage, mit meiner Mutter auch nur ein Wort zu wechseln. Als ich in den ersten Kindergarten kam, gab es mit mir schon große Probleme. Ich war wohl ein freches großes Energiebündel. Das führte dazu, dass ich nicht mit den anderen Kindern zusammen die Mittagspause verbringen durfte. Man steckte mich in einen extra Raum, in dem ich dann allein essen durfte. Nach einiger Zeit wurde ich dann des Kindergartens verwiesen in eine andere Einrichtung. Dort ergab sich dieselbe Problematik!

Dann wurde ich mit sechs Jahren eingeschult. Nach drei Monaten kam der Direktor in unsere Klasse, zerrte mich an den Haaren heraus und ging mit mir so über den Schulhof. Er steckte mich in eine Klasse der Parallelschule gegenüber. Ich bin also nach drei Monaten in der ersten

Klasse der Schule verwiesen worden. In der neuen Schule war mit mir auch kein Unterrichten möglich. Ich musste als einziger Schüler ein Heft führen, in das ich jeden Tag einen Eintrag bekam. Den musste ich von meinen Eltern täglich gegenzeichnen lassen. In der Schule blieb ich bis zum Ende der zweiten Klasse. Danach wurde ich in ein Spezialkinderheim, ziemlich weit entfernt von meinem Wohnort, eingewiesen. Meine Eltern brachten mich dorthin. Als ich mich von Ihnen verabschieden musste, brach ich in Tränen aus. Zwei ältere Frauen, die in der Nähstube des Kinderheims arbeiteten und mir meine Nummer in die Kleidung nähten, trösteten mich. Ich war dann zwei Jahre in diesem Heim, also dritte und vierte Klasse. Dort war ich sofort Klassenbester! Es war dort im Heim eigentlich eine gute Zeit. Wäre es nicht so gewesen, dass fast alle Kinder schwere Neuroleptika bekommen hätten, um ruhig gestellt zu werden.

Ich bekam das Mittel "Halloperidol". Es gab damals in der DDR keine Beipackzettel wegen Nebenwirkungen. Nach kurzer Zeit zeigte sich bei mir ein schweres Symptom: Ich bekam ständig „Maulsperre" und konnte nichts dagegen tun. Mein Kiefer und Zunge verkrampften sich total. Dann ging der Mund immer weiter auf. Es folgte eine Odyssee durch mehrere Krankenhäuser und ich wurde operiert. Die Ärzte verzweifelten mit mir! Ich wurde behandelt, weil man dachte, dass mein Kiefer ausgerenkt sei. Das kommt eigentlich nur bei alten Menschen vor.

Der Arzt ging dann immer mit seinen Daumen in meinen Mund und drückte so, dass für den Moment der Mund zuging. Der Arzt glaubte nun an einen Erfolg. Ich selber *habe als Kind aber gewusst und gespürt, dass es nicht ein ausgerenkter Kiefer war, sondern Krämpfe. Leider konnte ich mich den Ärzten nicht mitteilen. So war dann auch die Operation umsonst, und eine Woche später ging mein Mund wieder auf. Zuerst war ich das Nesthäkchen im Krankenhaus, doch als ich nach der vergeblichen OP wieder eingeliefert wurde, unterstellte mir eine Krankenschwester, dass ich simuliere. Auf dem Krankenzimmertisch lag ein Messer!*

Ich nahm es und wollte auf sie losgehen! Andere Patienten hielten mich zurück! Zu diesem Zeitpunkt war ich acht Jahre alt. Ich habe heute noch als Spätfolgen von diesem Medikament Zuckungen im Gesicht, wenn ich aufgeregt bin. Ich musste das Mittel die gesamten zwei Jahre im Heim nehmen, und keiner kam auf die Idee, dass dies der Grund für mein Kieferproblem war. Ich hatte deswegen viele Monate einen Gipsverband um den Kopf der manchmal meine Haut bis zum Kiefer durchscheuerte. Vor einigen Jahren, als ich im Pflegeheim arbeitete, habe ich das Medikament wiederentdeckt. Es gibt einen Beipackzettel mit Nebenwirkungen, der sehr lang ist. An oberster Stelle stand, dass schwere Kiefer/Gesichtskrämpfe möglich sind.

Ja, Herr Frantzen, bei der Geschichte habe ich gerade mal ein bisschen weiter ausgeholt. Also, die Schule hatte damals veranlasst, dass ich ins Heim komme und keiner konnte was dagegen tun! Mit sechs Jahren habe ich mit dem Rauchen angefangen, und ich rauche bis heute mit kurzen Unterbrechungen. Im Gefängnis war ich ein Jahr als Jugendlicher, weil ich mich längere Zeit zuvor einer kriminellen Gruppe angeschlossen hatte. Raub und Prügeleien waren die Straftaten.

Ich kann dazu sagen, dass ich in meiner Kindheit immer wieder mit der Polizei und dem Gericht zu tun hatte: Sobald ich richtig laufen konnte mit meinen fünf Jahren, habe ich die Wohnung verlassen. Da traf ich auf einen Jungen, der genauso unterwegs war wie ich. Mit uns beiden durfte keiner spielen. Wir waren nur unterwegs und haben Unfug gemacht. Angst vor Strafe kannten wir nicht. Daher kamen wir oft erst spät heim, oft eben auch mit der Polizei. Ich glaube, ich habe etwas gesucht, das ich zu Hause nicht hatte: Liebe, Angenommen sein, Anerkennung.

Es war für mich wie ein innerer Drang, mit dem Jungen oder später mit meiner Clique Gefahrensituationen zu suchen oder herzustellen, um dann mit den Jungs durch dick und dünn zu gehen. Ich habe meine Eltern damit auch gleichzeitig gezwungen, sich mit mir auseinander zu setzen, eben auf die Art und Weise, in dem mich dann die Polizei nach Hause brachte oder sie mich im Heim besuchen mussten.

Meine Homosexualität habe ich auch so mit sechs Jahren entdeckt. Es war der Junge, mit dem ich meine Zeit verbrachte. Ich fühlte mich einsam, nicht wahrgenommen, allein, ohne Liebe und Zuwendung. Meine Eltern mussten beide arbeiten. Ich war sehr viel allein in meinem Zimmer. Ich stand in meinem Kinderbettchen und schlug immer wieder mit dem Kopf auf die Umrandung des Bettes oder gegen die Wand, bis ich manchmal blutend in Ohnmacht fiel. Es war wie eine

Selbstbetäubung, ein autoaggressives Verhalten, das sich in mir immer wieder sehr intensiv äußerte. Es war ein innerer Aufschrei nach Liebe. Auch habe ich oftmals ins Bett uriniert. All meine Wut hab ich gegen mich selbst gerichtet. Einen Tinnitus habe ich später bekommen. Vorausgegangen waren mehrere Jahre selbstzerstörerischen Verhaltens.

Ich verließ nach der Öffnung der Grenze die DDR und reiste nach Westdeutschland. Mich zog es in den Norden in die Nähe des Meeres, und so bin ich in Cuxhaven gelandet. Dort habe ich Raubbau mit meinem Körper und meiner Seele betrieben. Dabei bin ich in die Technoszene versunken und habe Drogen genommen solange, bis ich eines Tages seelisch am Ende war. Dann kam der Tinnitus, an dem ich bis zum heutigen Tag leide. Also bis zu meiner ersten Drogenerfahrung hatte ich ein gewisses Aggressionspotential, das ich nach außen ausgelebt habe. Dabei war ich auch mit den entsprechenden Leuten zusammen. Nach meiner ersten Drogenerfahrung wollte ich nur noch Frieden. Die Aggression nach außen war vollständig weg. Sie richtete sich ab dem Zeitpunkt, mir lange Zeit unbewusst, nach innen!

Ich glaube auch, dass das höhere Thema bei mir im Moment die Selbstwertproblematik ist, also die Heilung meines Selbstvertrauens. Ich habe auch eine Partnerproblematik: Es ist auf jeden Fall so, dass das bei mir ein sehr sensibles Thema ist. Ich habe große Hemmungen auf andere zuzugehen, zu flirten, Augenkontakt zu halten usw. In diesem Zusammenhang lege ich eher ein Vermeidungsverhalten an den Tag.

Ich weiß inzwischen aber auch, dass es bei weitem nicht ausreicht, gut auszusehen, sondern dass das Innere mindestens genauso wichtig ist, wenn nicht sogar wichtiger, um mit mir eine bleibende Partnerschaft aufzubauen. Deswegen denke ich auch, dass mein Partner wohl schon ein gewisses Alter haben sollte. Andererseits gibt es auch Jüngere, die alte Seelen und schon sehr weit entwickelt sind. Ich kann sagen, dass ich sehr schüchtern bin. Dieser Umstand hat mich schon um viele schöne Erfahrungen gebracht, weil es mir auch schwerfällt, meine sensible verletzliche Seite nach außen zu zeigen. Deshalb bekomme ich auch nicht mit, wenn sich jemand für mich interessiert. Da bin ich total blockiert. Ja das war mal ein offener Ausschnitt aus meiner Biografie.

Seit dem Jahr 2000 habe ich angefangen mich mit sehr vielen spirituellen Dingen zu beschäftigen. Vorher bin ich ja, wie bereits erwähnt, in die Technoszene eingesunken und hatte einige Erfahrungen mit Drogen. Diese Erfahrungen waren nicht immer schön, gerade zum Ende hin stand ich mit leerem Akku da und war psychisch angreifbar für jedermann. Das einzig Positive was ich diesen Erfahrungen im Nachhinein abgewinnen kann ist die Tatsache, dass eben bei mir ein spirituelles Tor aufgestoßen wurde!

Michaels Brief beeindruckte mich sehr, zumal er auch davon berichtete, dass er weit in der Welt herum gekommen war mit seinen spirituellen Reisen, die ihn nach Lateinamerika und nach Tibet geführt hatten. Hier hatte er Kontakt aufgenommen zu Schamanen, die ihn über viele Wochen schulten.

Die Geistlichtreise zu Michael offenbarte eine Blockade in Form etlicher Schichten an metallischen Implantaten. Um Michaels Kopf saß ein schwerer Helm, der von Schrauben in seinem Kopf gehalten wurde. Der gesamte restliche Körper war eingehüllt in einen Metallpanzer. Darunter war ein Draht um seinen Körper gewickelt. Etliche Angstwesen standen hinter seinem Körper. Alles wurde von den Lichtwesen entfernt.

Wie mir Michael in seinem Schreiben berichtete, wollte er seine Veränderungen hinsichtlich seiner beruflichen Weiterentwicklung, seines Wunsches nach einer neuen Wohnung und eines neuen Partners über die Geistlichtreise in die Tat umsetzen.

Die vielseitigen Maßnahmen der hohen Lichtwesen hatte einige Wochen nach der Reise auch einen weltlichen Erfolg: Michael fand eine wunderbare Arbeit als Sozialarbeiter in der Stadt, und das Schicksal wollte es, dass Michael in die Nähe seiner Arbeitsstelle ziehen konnte, in eine größere und schönere Wohnung, die ihm wie durch Fügung zugeführt wurde. Eine Freundin hatte ihn angerufen, deren Schwester aus dieser Wohnung ausziehen sollte.

„Hör mal, Michael", motivierte sie ihn, *„meine Schwester Brigitte zieht Ende des Monats aus der Wohnung aus. Du kannst die Wohnung haben, wenn sie dir gefällt. Bisher wurde noch kein Nachmieter gefunden. Du kannst die Wohnung bekommen aufgrund deines*

Einkommens. Ich habe bereits mit dem Hauseigentümer gesprochen. Du suchst doch schon so lange nach einer Wohnung und alleinstehende Männer werden nicht gerne als Mieter gesehen. Doch ich konnte den Eigentümer von dir überzeugen. Martin und Karl werden dir beim Umzug helfen. Ich bin mit von der Partie. Dann sind wir in ein paar Tagen fertig. Die Renovierung trägt der Vermieter. Er hat schon eine Malerfirma beauftragt."

„Das läuft ja wie geschmiert", freute sich Michael, „aber wäre auch eine Katze erlaubt in der Wohnung? Du *weißt* ja, Pietro soll ja bald wieder auftauchen. Kann ich mir die Wohnung leisten?"

„Schau sie dir erst einmal an, deine neue Wohnung. Sie wird dir gefallen. Und Tiere sind im Haus erlaubt. Da ist noch eine Mieterin mit einem Dackel, ein paar Wellensittiche gibt es auch noch irgendwo im Haus. Also, falls dein wieder inkarnierter Kater auftaucht, dann wirst du ihn dort gut halten können. Die Miete ist tragbar." Michael schien zufrieden zu sein und nach einem Besichtigungstermin war der Mietvertrag schnell unterschrieben.

Martin und Karl, die Brüder von Michaels Freundin halfen beim Umzug. Und schon war Michael aus einem kleinen Einzimmer-Appartement in diese drei-Zimmer-Wohnung umgezogen, ein Balkon zur Südseite gab den Blick frei in einen wunderschönen Park. Es war der Park, in dem Michael seinen Kater als neugeborene Seele wiederfinden würde, so wie er es der verstorbene Pietro in der Geistlichtreise erzählt hatte.

Die Zeit verging. Michael hat sich in seiner neuen Arbeit sehr gut eingearbeitet. Das Amt schickt ihn auf Lehrgänge zur Weiterbildung. Er darf hier dadurch auch finanziell auf eine Aufstockung hoffen, wenn er die Prüfungen besteht. Doch daran ist kein Zweifel, denn Michael hat nach der Geistlichtreise so viel Energie erhalten, dass sein Selbstwertgefühl enorm gesteigert wurde. Er hat keinerlei Berührungsängste und Scheu mehr vor anderen Menschen. Er ist endlich offen, sich selbst zu leben.

„Ich bin Ihnen so dankbar für die Geistlichtreise", schrieb er mir, „alles hat sich zum Guten verändert, weil die Kraft der Engel mir weitergeholfen hat, Vertrauen zu mir zu haben, Vertrauen und Mut, mein Leben wieder in die Hand zu nehmen. Ich habe viele Pläne. Ich spare auf eine weitere Reise nach Ägypten. Ich möchte zu den Pyramiden, weil ich innerlich dorthin gezogen werde, und ich freue mich darauf sehr. Sie wissen ja, dass ich gerne weite Reisen mache, und es ist mir ein großes Bedürfnis, die Energien der Pyramiden zu spüren, will auch in den Museen von Kairo diese wundervollen Exponate anschauen.

Derzeit bereite ich mich auf die Ägyptenreise vor, lese viel darüber und suche im Internet nach vielen Informationen. Auch habe ich nach der Lichtreise zu mir gespürt, dass ich feinfühliger, sensibler und liebevoller geworden bin, auch mir gegenüber. Ich kann mich anders annehmen, mich selbst erkennen in meinen Fähigkeiten, weil ich mehr Selbstbewusstsein erlangt habe. Die neue Arbeit macht mir Freude und ich habe mit vielen Menschen zu tun, vor denen ich meine Angst abgelegt habe. Überhaupt habe ich vor nichts mehr Angst.

Das habe ich Ihnen und den hohen Lichtwesen zu verdanken. Ich lasse immer wieder leise die Audio-CD abspielen, so dass ich auch deutlich eine Energie-anhebung durch die Lichtwesen spüre und erfahre. Es fühlt sich so an, als würde der Raum heller und strahlender. Dann verfliegen sofort aufkommende Ängste. Meine Gedanken werden klarer und ich freue mich des Lebens. Ich habe wieder Lebensmut geschöpft, komme wieder in meine Mitte und in meine Kraft, in die Eigenliebe. Dabei spüre ich deutlich, wie sich alles um mich herum wunderbar verändert."

„Ich habe noch nicht alles gesagt auf der CD", schrieb ich ihm zurück, *„ich habe gesehen, dass Sie einen neuen Partner für Ihr Leben finden, und dass erst danach Ihr Kater Pietro sich Ihnen zeigen wird, so wie ich es Ihnen beschrieben hatte. Den Park haben Sie ja schon in unmittelbarer Nähe zu Ihrer Wohnung. Ihren neuen Partner werden Sie finden in einem Lounge-Club ebenfalls in Ihrer Nähe. Seien Sie offen dafür, die Ängste und Berührungsängste haben Sie ja abgelegt. Darüber freue ich mich sehr mit Ihnen."*

In der Mail beschrieb ich Michael das Interieur des Clubs in allen Details. Einige Wochen später berichtete mir Michael, er sei eingeladen worden zu einer Geburtstags-feier in einen sogenannten Szene-Club, der in der Stadt sehr bekannt sei. Zuerst habe er nicht dorthin gehen wollen, ist aber dann doch der Einladung gefolgt.

„Ich habe mich richtig „in Schale" geworfen", schrieb er mir nach dem Termin dieser Feier. „Ich bin also abends eingekehrt und blieb dort fassungslos stehen! Dieser Club sah genauso aus wie in der Beschreibung, die Sie in der Geistlichtreise gesehen haben. Es ist fantastisch. Leider habe ich auf der Feier nicht meinen Partner gefunden, aber das wird noch geschehen, davon bin ich nun überzeugt. Und das Erstaunliche ist, dass Sie weder meinen Wohnort noch die Lokalitäten der Stadt kennen. Ich werde Sie auf jeden Fall weiterempfehlen. Also, nun suche ich nach einem neuen Lebensbegleiter und warte auf meinen Pietro. Wenn mich nicht alles täuscht, darf ich das in mein Leben ziehen. Und nächstes Jahr werde ich mir endlich die Pyramiden anschauen können. Haben Sie herzlichen Dank für alles."

Diese tatsächlich erfahrene Geschichte aus meinen vielen Geistlichtreisen ist noch gar nicht so lange her. Ich habe Ihnen davon berichtet, um aufzuzeigen, dass tatsächlich **a l l e s** möglich ist, wenn wir auf der Suche sind nach dem wahren Kern in uns, nach der Seele in uns, die gelebt sein möchte, nach der Freude im Leben und der Liebe zu uns selbst, egal wie schlimm die Kindheit war, wie schlimm das Leben manchmal einem Menschen zusetzen kann.

Es ist so wichtig, zu sehen, dass einige wichtige Aspekte dazu gehören, wenn wir Menschen uns dafür öffnen, auf die spannende Suche nach unserem Sein und nach dem Sinn unseres Lebens zu gehen:

➢ der innere Wunsch, etwas in seinem Leben zu ändern

- sehr viel Mut, Ereignisse zuzulassen, die das Leben vollständig verändern, damit die wahre Bestimmung im Leben erfüllt werden kann.
- Bereitschaft, die Liebe zu sich selbst und zu allem anderen im Außen anzunehmen und weiter zu geben.
- Wahrheiten anzuerkennen, damit wir uns verändern im Inneren. Die größte Erkenntnis dabei ist die, dass wir göttliches Sein in uns tragen und wir Menschen göttliche Wesenheiten in Menschengestalt sind.
- Licht und Liebe in unser Leben einlassen
- Niemals trennen, sondern um die Verschieden-artigkeit aller Wesen wissen, und sie als ein Spiel des Göttlichen mit sich selbst wahrzunehmen. Es ist wie eine Schale in der sich an jedem Rand eine Kugel befindet. Kugeln der Gegensätzlichkeit. Lassen wir die Kugeln los, rollen sie in die Mitte der Schale und kommen in Berührung. In der wahren, bedingungs-losen Liebe zu allem und allen besteht die göttliche Kunst, alles Gegensätzliche zu transformieren, es anzunehmen und in Liebe in die Mitte zu bringen.
- Das Herz als die Mitte der Liebe anzunehmen als Relaisstation zwischen Himmel und Erde, damit das Licht aus der Mitte des Herzens leuchten kann, in der direkten Verbindung zwischen Himmel und Erde.

Was verstehen wir unter bedingungsloser Liebe?

Ein guter Freund von mir hat mir ein Channeling darüber gesandt:

„Ich bin Christus in der Vereinigung des Bewusstseins, dass Gott genannt wird.

Ich komme in dieser Form zu euch, um die bedingungslose Liebe in euren Herzen zu erwecken, die Erfahrung der Einheit von allem, was ist, in euch wachzurufen und euch auf diesem Wege für euren bevorstehenden Aufstieg vorzubereiten.

Ich spreche zu euch weniger in Worten, sondern hauptsächlich durch die Schwingung meines Seins, durch mein Licht und meine Liebe. Diese hohe Schwingung durchdringt die ganze Menschheit wie auch Mutter Erde und alle Lebewesen. All jene die dafür offen sind gehen dazu in Resonanz. Ihr müsst nichts dafür tun, außer euch zu öffnen. Dies geschieht am einfachsten in der Meditation, wenn euer Verstand zur Ruhe gekommen ist, und ihr in der Gegenwart verwurzelt seid. Öffnet euer Herz mit der Absicht, meine Schwingung zu empfangen und ihr werdet sie empfangen.

Sie ist nichts Fremdartiges, da jeder von euch sie bereits als Samen in sich trägt. Bei manchen ist es bereits eine wunderschöne Pflanze, die sich aus dem Samen entwickelt hat, und bei einigen sogar ein mächtiger Baum, der seine Äste in alle Richtungen ausstreckt, um das göttliche Licht aufzunehmen, es in sich selbst zu transformieren und über die Wurzeln mit seiner Umgebung zu teilen.

Die Stärke und Reinheit meiner Schwingung verstärkt dieselbe Schwingung in euch. Sie erhöht euer Bewusstsein. Nehmt euch vor, dieses Bewusstsein auch in eurem

Alltag beizubehalten. Dadurch verbreitet ihr diese Schwingung der bedingungslosen Liebe unter euch, unter all jenen, die sie am nötigsten brauchen, um von ihrem Leid und ihren Sorgen erlöst zu werden.

Versucht nicht zu missionieren, sondern seid in jedem Augenblick der höchste Ausdruck eures göttlichen Selbst, zu dem ihr gerade im Stande seid. Anerbietet euer Sein in Stille und Demut. Damit erreicht ihr weitaus mehr als mit Worten. Worte sind Schall und Rauch. Doch die Schwingung eures Bewusstseins, die Liebe eures Herzens überträgt sich unsichtbar und ganz automatisch auf die Welt um euch. Als Diener und Dienerinnen Gottes erfüllt ihr so eure höchste Aufgabe, euren Daseinszweck.

Trefft euch so oft wie möglich mit anderen Menschen die ebenfalls in dieser Liebesschwingung sind. So könnt ihr euch gegenseitig dabei unterstützen, immer tiefer in die Liebe einzutauchen und bisher unerreichte Höhen zu erreichen. Ruft mich in eure Mitte und empfangt meine Liebe und mein Licht mit weit geöffneten Herzen.

Wenn es euch nicht möglich ist, euch räumlich zu treffen, dann könnt ihr auch einen gemeinsamen Zeitpunkt vereinbaren, an dem ihr euch auf mich einschwingt und eure Herzen untereinander verbindet. Auf der Ebene des Herzens gibt es keine räumliche Trennung. Ihr seid dort mit allem verbunden - immer. Doch profitiert ihr erst wirklich davon, wenn ihr euch dessen auch bewusst seid.

Lebt die bedingungslose Liebe in jeder Sekunde eures Lebens, selbst im Schlaf, wenn ihr träumt. Nichts anderes bedarf es. Es braucht keine komplizierten Techniken, um den Aufstiegsprozess zu durchlaufen. Was immer Ihr braucht, es wird euch gegeben werden, wenn ihr im Zustand der Liebe seid!

In der Einheit des Geistes segne ich eure aufblühenden Herzen und euren bereitwilligen Verstand!
Ihr alle seid geborgen in der unendlichen Liebe Gottes!
Christus"

Gehen wir einfach auf diese Suche zu uns selbst, und finden wir die Mitte unseres Herzens, in der Gott zu finden ist.

Der Augenblick ist die Ewigkeit.
Johann Wolfgang von Goethe

Hermetische Prinzipien und die Weisheiten der Huna

Der höchste Mensch wendet seinen Geist zurück zur Ewigkeit und genießt die Geheimnisse des Jenseits. Er ist wie das Wasser, das fließt, ohne Formen anzunehmen. Diese Worte wurden etwa im 4. Jahrhundert von Zhuang Zi verfasst, einem chinesischen Philosophen und Dichter. Betrachten wir eine weitere Aussage von Khalil Gibran, der geschrieben hat:
Als ich meine Seele fragte, was die Ewigkeit mit den Wünschen macht, die wir sammelten, da erwiderte sie: ich bin die Ewigkeit.

Also ist die Ewigkeit im Hier und Jetzt und sie ist gleichzeitig die Seele, die wir nur dann in uns erfahren, wenn wir unseren Geist darauf lenken. Formen, die Konstruktionen unseres Geistes sind, spielen im Zustand der seelischen Ewigkeit keine Rolle mehr. Dann wird der Geist ruhig und das Wünschen löst sich formlos auf. Alles fließt und beginnt eine eigene, wahre Welt zu zeigen, die wir über unser Herz erreichen. Dann strömt das Licht aus der Mitte des Herzens in unsere Seele, die ewig ist.

Der ägyptische Gott Thot ist der Gott der Weisheit. Er ist Hermes Trismegistos, der große Hermes der Griechen, der die sieben kosmischen Prinzipien auf Smaragd-

Tafeln, den sogenannten „Tabula Smaragdina", nieder-
geschrieben hat. Sie sind der Nachwelt überliefert.

Diese Prinzipien gelten überall im Kosmos und auf allen
Seins-Ebenen. Sie sind ewig. Diese Prinzipien sollen hier
in Kurzform genannt sein.

1. **Prinzip – Alles ist Geist**
   Die Quelle des Lebens ist unendlicher Schöpfergeist.
   Die Schöpfung ist ewig. Der Geist herrscht über die
   Materie.

Die Quantenphysik kann heute diese Dinge beweisen.

Gott ist Licht und bedingungslose Liebe. Deshalb ist
alles, was Gottes Geist erschaffen hat, ebenfalls
bedingungslose Liebe. Das höher Schwingende hebt das
niedrig Schwingende. Der Geist, die Gedanken
verändern und können die Materie anheben. Also sind
Licht und Liebe die größten und stärksten Mächte der
Schöpfung, und sie können alles bis zur Vollkommenheit
verändern.
Das Bewusstsein bestimmt das Sein. Gedanken sind
reine Schöpferkraft. Dabei sind die Intensität des
Wollens und die Herzbeteiligung entscheidend.

2. **Das Prinzip von Ursache und Wirkung**
   Jede Ursache hat eine Wirkung. Jede Wirkung hat
   eine Ursache.

Jede Aktion erzeugt eine bestimmte Energie, die mit
gleicher Intensität zum Ausgangspunkt, also zum Erzeu-
ger der Aktion, zurück kehrt. Alles geschieht in der
Übereinstimmung mit dieser Gesetzmäßigkeit.

Jeder Gedanke, jedes Gefühl, jede Tat ist eine Ursache, die eine Wirkung hat. Es gibt demnach keine Sünde, keine Schuld, keinen *„Zufall"* oder Glück im herkömmlichen Sinne, sondern nur Ursache und Wirkung. Ursache und Wirkung können viele Inkarnationen auseinander liegen. Sie konfrontieren uns immer wieder, bis wir sie in Liebe annehmen und damit auflösen. Glück und Zufall sind demnach nur Bezeichnungen für ein Prinzip, das noch nicht erkannt ist.

Das hat natürlich Folgen, die uns in die Aufmerksamkeit bringen und vor allen Dingen in die Verantwortung uns selbst gegenüber und allen anderen Menschen und Wesen. Bedenken wir also bei jedem Denken, bei jedem Fühlen und bei jedem Handeln sorgfältig die Prüfung. Wenn wir für eine andere Person Liebe empfinden, kehrt Liebe in der gleichen Stärke zu uns zurück. Wenn jemand einem anderen Menschen schaden will, schadet er sich selbst. Dabei zählt schon die Absicht!

Wer sich um das Wohl seiner Lieben fürchtet, zieht genau das in deren Leben, wovor er Furcht hat. Also: lassen wir Angst, Wut, Ärger, Hass, Groll und Kritik los und öffnen uns der Liebe. Sind wir in der Liebe, dann ist Angst nicht möglich!

Dieses Prinzip besagt auch: tue ich einem anderen etwas Gutes, dann kehrt es zu mir zurück.

3. Prinzip der Entsprechungen und Analogien
Wie oben so unten, wie unten so oben

Paracelsus sagte es so: Mikrokosmos = Makrokosmos.

Auf uns selbst bezogen heißt das, dass wir selbst auf der untersten, also der materiellen Schwingungsebene, das höchste Prinzip und die höchste Schwingung finden und erkennen können.

<u>Wie innen so außen, wie außen so innen</u>

Wir finden ohne Ausnahme alle Gesetzmäßigkeiten auf allen Ebenen wieder.

Nehmen wir ein Beispiel: Die Geschwindigkeit eines Orkans entspricht der Geschwindigkeit bei einem heftigen Husten.

Das, was wir im Antlitz eines Menschen erkennen, finden wir in seinem Horoskop wieder oder auch beim Handlesen. Alles Sichtbare ist nur ein Gleichnis.

<u>Wie im Großen, so im Kleinen</u>

Die Grundzüge eines Menschen sind in seinem Gesicht erkennbar. Das findet sich auch in den Proportionen des Gesichts wieder, in der Körperform, in der Form seiner Ohren. Schauen wir uns ein Atom an, dann finden wir gleiche Strukturen, die wir aus dem Universum kennen.

4. **Prinzip der Resonanz oder Anziehung**
   <u>Gleiches zieht Gleiches an und wird durch Gleiches verstärkt. Ungleiches stößt einander ab.</u>

Dunkles zieht Dunkles an. Angst zieht Angst an. Aggressivität zieht Aggressivität an. Gedanken, die wir denken, „Gelüste", die wir haben oder Gefühle in uns ziehen entsprechende Energien an (Seelen Verstorbener, die durch uns ihre früheren Gelüste weiter ausleben wollen. Sogenannte dunkle Wesenheiten kommen zu uns, weil wir hassen oder betrügen. Auch

♥ 296 ♥

bei Angst- und Wut-Energien ziehen wir diese Energien an). Dabei ist es wichtig, dass wir loslassen von den alten Meinungen. Über Meinungen können Menschen nicht streiten. Es lohnt sich nicht. Alte Meinungen zeugen von Bewertungen und Beurteilungen. Diese Beurteilungen müssen wir nicht weiter in uns tragen, denn alles ist Göttlich, alles hat einen Sinn. Die Bewertung in *„gut"* und *„böse"* führt uns wieder in die Trennung und in die Polarität.

5. Prinzip der Harmonie und des Ausgleichs
Alles strebt nach Harmonie und Ausgleich. Das Stärkere bestimmt das Schwächere, gleicht es an.

Wenn wir Freude und Liebe geben, ziehen wir Glück, Erfolg und Fülle in unser Leben. Das Leben ist ein ständiges Geben und Nehmen. Von der Fülle des Lebens bekommen wir genauso viel, wie wir uns der Fülle des Lebens gegenüber öffnen können.

Gib, um zu bekommen und gib das, was dem Wert entspricht. Die Liebe steht über allem.

6. Prinzip von Rhythmus und Schwingung
Alles ist Schwingung. Alles ist stetig in Bewegung.

Dieser Pendelschwung zeigt sich in allem, zum Beispiel in den Gezeiten von Ebbe und Flut. Das Ausmaß des Schwingens nach rechts entspricht dem Ausschlag des Pendels nach links.

Alles ist Schwingung, das heißt, dass alles im Universum schwingt. Zupfe ich die Saite einer Gitarre, einer Harfe, oder betätige ich die Taste eines Klaviers, nehme jedes andere x-beliebige Instrument, dann ist in dem Ton gleichzeitig ein Schwingen aller anderen Töne enthalten. Besonders deutlich wird es bei der Harfe, da alle Saiten über den Resonanzkörper des Instruments verbunden sind. Schwingt eine Saite, dann nimmt sie Einfluss auf alle anderen Saiten, geht in die Oktaven, in die Untertöne und Obertöne hinein, so fein und zart, dass wir es mit unserem Gehör nicht mehr wahrnehmen können. Alles ist Schwingung, und alles ist Gott.

Also sind Menschen auch Rhythmus und Schwingung, wie alles in allen Universen und Dimensionsebenen. Folglich haben wir eine sehr große Macht, denn jeder einzelne Gedanke, jedes Gefühl und jedes Wort, auch jede Handlung, einfach alles in uns, verursacht Schwingungen. Rhythmus und Schwingung können heilen, so stark ist ihre Kraft. Seien wir uns dessen bewusst.

Sind wir aufmerksam für diese Schwingungen, Rhythmen in uns und um uns herum. Fühlen und spüren wir die immer feiner werdenden Nuancen in den Schwingungen, dann werden wir immer sensibler, und unsere feinstofflichen Antennen verstärken sich.

7. **Prinzip der Polarität**
   Alles besitzt ein Paar von Gegensätzen. Alles besitzt Pole. Die Gegensätze sind EINS. Gleich und Ungleich sind EINS.

Unsere Wahrnehmung ist dreidimensional orientiert. Unserem polaren Denken erscheint Gleichheit paradox.

Jedes Paradoxon soll in Einklang gebracht werden. Nur so kann es sich der Mitte, der Wahrheit annähern. Sonst sind unsere Wahrheiten nur halbe Wahrheiten. Wir können Wahrheiten nicht verstehen. Wir können sie nur im Herzen erfassen, indem wir bedingungslose Liebe lernen. Hier in der dritten Dimension haben wir die Möglichkeit, die Einheit in allem zu erfassen durch die allumfassende Liebe. Das Lernen von Liebe ist hier auf unserem Planeten unser Lernziel.

Wir sind zwar in der 3D-Welt, gleichzeitig sind wir jedoch auch bereits in der 5ten Dimension durch Schwingungsveränderungen der Erde. Einige Wissenschaftler haben auch schon Erkenntnisse der 6sten Dimension.

Wenn wir mit großem Bewusstsein in der Liebe sind, sind wir im Herzen, dann sind wir in unserer Seele und in der Ewigkeit. Dann sind wir direkt und unmittelbar verbunden mit allen Dimensionen. Wenn wir in der bedingungslosen Liebe leben, leben wir in der Nicht-Polarität.

Beachten wir in hoher Aufmerksamkeit, dass wir nicht urteilen und beurteilen, denn jede Gegenmeinung hat ihre Berechtigung. Alle haben ihre eigene Wahrnehmung und daher aus ihrem Blickwinkel recht. Alles ist gut, wie es ist.

Noch älter als die hermetischen Prinzipien sind **die 7 hawaiianischen Huna-Weisheiten.** Huna heißt wörtlich übersetzt *„Geheimnis"* und stammt von den Inseln des Südpazifiks. Auf Hawaii gibt es den Aloha-Spirit, eine innere Haltung, die auf freundlicher Akzeptanz und Liebe gründet. So wie wir uns mit *„Guten Tag"* begrüßen, sagen die Hawaiianer *„Aloha"*. Aloha heißt auch Liebe.

Also rufen sich die Hawaiianer *„Liebe"* zu, wenn sie sich begegnen. Bei den Huna geht es um ein esoterisches Wissen. Hu-Na besteht aus zwei Silben. Hu ist die Energiequalität, die in etwa dem Yang entspricht, also Bewegung, Aktivität, Chaos. Die Silbe Na entspricht in etwa dem Ying, also Ruhe, Stille, Ordnung, Struktur.

Bei Huna geht es darum, diese beiden Energiequalitäten in eine dynamische Einheit zu bringen, in ein fließendes Gleichgewicht. Das ist etwas anderes als Balance und Ausgeglichenheit. Es gibt Zeiten und Situationen, in denen man mehr *„HU"*, in anderen, in denen man mehr *„NA"* braucht.

Die Huna-Weisheiten sind keine absoluten, universellen Weisheiten. Die alten Hawaiianer waren sehr praktisch veranlagt und sehr an Ideen und Möglichkeiten interessiert, die ihnen halfen, ihr Leben leichter zu meistern. Huna stellt keine festen Regeln auf, sondern zeigt, wie jeder etwas bei sich selbst verändern kann, wenn er es möchte.

Die Ka-Hunas, die Meister des Huna-Volkes, kennen nur ein Gebot, das lautet:

Niemals verletzen, immer helfen!
Das bezieht sich immer vor allem auf sich selbst!

Die einzige *„Sünde"*, die die Ka-Hunas kennen, ist die, sich selbst zu verletzen. Ihrer Auffassung nach verletzen wir uns letztlich selbst, wenn wir gegen andere aggressiv sind. Ihrer Auffassung nach ist bereits der Impuls, den anderen zu verletzen, darauf zurückzuführen, dass wir uns selbst ablehnen und unsere eigene Entwicklung sabotieren. Das ist eine Verneinung der Liebe!

Auf meinen Geistlichtreisen sehe ich sehr oft diese Selbstsabotageprogramme in Form von Aggressionswesen oder Implantaten, die deutlich das autoaggressive Verhalten zeigen.

In der Huna-Lehre werden drei unterschiedliche, voneinander getrennte „*Selbste*" des Menschen erklärt:

> Das „*Lono*" ist das mittlere Selbst. Es stellt den Sitz des Wachbewusstseins und des rationalen Verstandes dar, dessen Aufgabe die Entwicklung des Willens ist. Die Aufgabe des Lono ist, Entscheidungen über die Richtung von Denken und Handeln des Menschen zu treffen.
> Das „*Ku*" ist das untere Selbst oder das dienende Selbst. Es ist „der Geist, der still dienend in dir wohnt". Nach unserem westlichen Verständnis kommt es dem Konzept des Unterbewusstseins sehr nahe.
> Das „*Aumakua*" ist das hohe Selbst oder das Überbewusstsein. Es stellt die Verbindung des Menschen mit der geistigen Welt dar. Es ist die Repräsentanz des Menschen auf einer übergeordneten Ebene. Das hohe Selbst ist im Zusammenspiel der Kräfte auf einer übergeordneten Ebene der Erzeuger der konkreten irdischen Realität.

Prinzipen der Huna in der Übersicht:

1. Prinzip: **IKE**
   Die Welt ist das, wofür ich sie halte.
2. Prinzip: **KALE**
   Es gibt keine Grenzen
3. Prinzip: **MAKIRA**
   Die Energie folgt der Aufmerksamkeit
4. Prinzip: **MANAWA**
   Jetzt ist dein Augenblick der Kraft
5. Prinzip: **ALOHA**
   Leben heißt, mit sich selbst glücklich sein
6. Prinzip: **MANA**
   Alle Kraft kommt von Innen
7. Prinzip: **PONO**
   Wirksamkeit ist das Maß der Wahrheit

Erläuterungen zu den Huna-Prinzipien:

IKE - Die Welt entspricht deinen Gedanken

Jeder Mensch trägt eine *„unsichtbare"* Brille, durch die er die Welt betrachtet. Eine solche Brille kann die Ausschnitte aus der Wirklichkeit vergrößern und andere Ausschnitte verkleinern, gegebenenfalls auch ausblenden, so dass wir sie überhaupt nicht sehen. Diese Brillen können die Welt unterschiedlich *„einfärben"* und damit unsere Stimmungen verändern. Diese Brillen helfen uns auch, dass wir aus der unüberschaubaren Fülle an Informationen, die stetig auf uns treffen, diejenigen Informationen herausfiltern, die für uns von Bedeutung sind.

Wir engen uns ein, wenn wir uns unserer Brillen nicht bewusst sind und dann unsere Sicht der Dinge für das Ganze halten. Wenn wir uns bewusst sind, dass wir die Welt durch unsere Brille betrachten, dann können wir auch sinnbildlich mit anderen die Brillen *„tauschen"*, uns also in deren Sichtweise einbringen, um dann auf diese Weise unsere Sicht und Erfahrungen erweitern.

Es ist wichtig, sich bewusst zu machen, dass es Gegebenheiten gibt und die Anschauungen zu diesen Gegebenheiten. Eine Gegebenheit ist das, was ist. Eine Anschauung ist eine Aussage über eine Gegebenheit, eine Wertung, eine Bedeutung, die wir beimessen. Ein Beispiel verdeutlicht das:

Das *„Leben ist"*. Das ist eine Gegebenheit. Alles, was darüber hinausgeht, ist eine Anschauung, wie: *„das Leben ist ein Abenteuer", „das Leben ist ein Kampf", „das Leben ist Inspiration"* usw.

Je nach unserer Anschauung gestalten wir unser Leben. Besonders spannend ist, dass wir mit unseren Gedanken nicht nur unser eigenes Verhalten beeinflussen, unsere Gefühle und Stimmungen färben und erschaffen. Damit bilden wir handgreifliche Ergebnisse. Wir erzeugen Materie mit der Kraft unserer Gedanken. Wir können sie auch zum Verschwinden bringen mit der Kraft unserer Gedanken. Materialisieren ist keine besondere Gabe. Wir tun es alle jeden Tag. Es ist uns nur nicht immer bewusst. Die Fragen lauten in diesem Zusammenhang:

> Welches Bild habe ich von mir, meinen Mitmenschen, meiner Partnerschaft, meiner Umwelt?
> Was will ich erreichen?
> Welche Glaubenssätze und Gedankenmuster hindern mich daran, mein Ziel zu erreichen?
> Sind es überhaupt meine eigenen Glaubenssätze und Gedankenmuster?
> Wenn ja, sind sie heute noch für mich stimmig und gültig?

Matthäus 8,13: „Dir geschehe, was du geglaubt hast".
Lukas: „Dein Glaube hat dir geholfen".

KALA - Es gibt keine Grenzen

Grenzen werden von Menschen erdacht und festgelegt. Deshalb sind sie auch jederzeit veränderbar. Denken wir daran, dass wir alle mit ausgedachten Regeln spielen wie beim *„Mensch, ärgere dich nicht"*. Wenn wir Spielregeln für unausweichliche Sachzwänge oder unumstößliche Naturgesetze halten, dann engen wir uns ohne Not ein. Man denke nur an die vielen der Medizin, der Technik, Telefon, Radio usw. Diese Erfindungen wurden Jahrzehnte vorher für unmöglich gehalten. Dieses Prinzip meint noch etwas anderes:

Wenn es keine Grenzen gibt, dann ist alles mit allem verbunden. Dann sind wir eins mit allem, auch mit Gott. Trennung ist nur ein Gedankenkonstrukt und ist unmöglich.

Das bedeutet: wir beeinflussen auch andere und werden unsererseits ebenfalls beeinflusst. Das Universum ist grenzenlos, so grenzenlos wie unsere Vorstellungskraft!

MAKIA -Energie folgt der Aufmerksamkeit

Wir erzeugen durch unsere Gedanken, Gefühle, Worte und Handlungen ununterbrochen Energie. Das bedeutet: dorthin, wohin wir unsere Aufmerksamkeit (Gedanken, Gefühle, Worte...) lenken, dorthin fließt die Energie. Das stärken und nähren wir.

Dadurch, dass wir unsere Aufmerksamkeit auf etwas richten, entsteht ein Energiefluß. Dieser Energiefluß zieht andere, ähnliche Energien an, das können Menschen, Wesenheiten oder Ereignisse sein. Ist die Aufmerksamkeit gebündelt und klar, dann beginnt ein Energiefluß, der alles in diese Richtung zieht.

In vielen Kulturen herrscht die Neigung vor, die Aufmerksamkeit auf das zu richten, was uns nicht gefällt. Das Prinzip, dass die Energie der Aufmerksamkeit folgt, gilt auch hier. Für viele Menschen ist es ungewohnt, die Aufmerksamkeit auf das zu richten, was ihnen gefällt, ihnen gut tut.

Folgende Fragen können in diesem Zusammenhang gestellt werden:

➢ Ist meine Aufmerksamkeit darauf gerichtet, dass von allem reichlich vorhanden ist, oder rechne ich damit, dass ich Mangel leiden muss, Mangel an Geld, an Beziehungen, an Gesundheit, an Kunden usw.?

- ➢ Welches attraktive Zukunftsbild schaffe ich für mich und mein Umfeld?
- ➢ Sind negative Gedanken in mir vorhanden?
- ➢ Schaue ich mir negative Nachrichten im TV an?
- ➢ Welche Filme sehe ich?

Sich selbst beobachten heißt, einen negativen Gedanken sofort durch einen positiven Gedanken auszugleichen. Damit bleiben wir nicht in einem negativen Energiezustand stecken. Kaum etwas hat eine größere Anziehungskraft als eine lebendige *Vision*.

Matthäus, 13;12: „Denn wer hat, dem wird gegeben, dass er die Fülle habe. Wer aber nicht hat, von dem wird auch genommen, was er hat."
Lukas, 12;34: „Denn da, wo euer Schatz ist, da wird euer Herz sein."

MANAWA – Jetzt ist dein Augenblick der Kraft

Die einzige Zeit, die wir haben, ist das Jetzt. Die Vergangenheit ist vorbei und die Zukunft noch nicht da.

Die Vergangenheit besteht aus Erinnerungen. In der Zukunft können wir nicht leben, weil sie ja noch nicht erreicht ist und sie sich mit jeder Entscheidung, die wir im Augenblick treffen, verändert. Die einzige Zeit, in der wir etwas tun können, ist jetzt. **Deshalb ist JETZT der Augenblick der Macht.**

Die Vergangenheit als solche beeinflusst uns nicht. Es sind nur die Erinnerungen an die Vergangenheit, die uns beeinflussen. Erinnerung findet im Jetzt statt! Was zählt, ist das, was wir über unsere Erinnerungen denken und fühlen. Das kann uns einengen oder befreien.

Zukunft ist das, was nach der Gegenwart kommt. Das, was wir jetzt denken, fühlen und tun, wird unsere Zukunft beeinflussen. Dabei ist es natürlich wichtig, dass wir aus gemachten Fehlern lernen und uns dann neue Ziele setzen. Diese Ziele und Visionen sollten uns motivieren und beflügeln in jedem Augenblick des Jetzt. Wir haben nur das Jetzt.

Unsere Gedankenmuster und Entscheidungen über uns selbst und unsere Umgebung lassen in jedem Augenblick wieder neu entstehen, wer wir sind und wer nicht, was wir haben oder nicht. In jedem Augenblick können wir mit der Veränderung beginnen.

Dies ist eine lineare Zeitlinie, die Vergangenheit, Gegenwart und Zukunft als Modell darstellt. In Wirklichkeit gibt es weder Zeit noch Raum, alles ist gleichzeitig vorhanden, und das auf vielen Dimensionsebenen.

Ich reise mit den hohen Lichtwesen, wie in einer stehenden Welle, ähnlich dem Bild eines eingefrorenen Films zur Kindheit oder sogar in frühere Inkarnationen der Menschen. Dann verändere ich aus dem Jetzt durch die göttliche Kraft, gemeinsam mit den hohen Lichtwesen, die früher stattgefundenen Ereignisse, seelische Befindlichkeiten und die Situationen, die sich in der Vergangenheit des Menschen ereignet haben.

Die Veränderungen, die daraufhin erfolgen, ermöglichen Veränderungsprozesse in allen Seins-Ebenen des Menschen in Körper, Seele und Geist. Das geschieht, während ich in meiner Realität gleichzeitig auf meinem Stuhl sitze und die Reise mit den Lichtwesen umsetzen darf. Gehe ich in die Liebe meines Herzens, fühle ich die Verbindung zu Gott und zu Mutter Erde. Ich fühle gleichzeitig die Verbindung zu allem, was ist und was nicht ist, zu allen Universen, zu allen Wesenheiten und zu allen Dimensionen.

Überzeugungen *erzeugen* stehende Wellen. Sie halten eine Möglichkeit an einem Ort. Herzwellen *sind* stehende Wellen. Das Bewusstsein verändert die Welt. Neutrale Beobachter gibt es nicht. Der Beobachter ist in Wirklichkeit immer der Teilnehmer.

Erkennen wir also an, dass es keine Zeit gibt. Zeit ist eine Illusion aus den Eindrücken, die in unserem Bewusstsein gespeichert sind. Zeit ist die Gegenwart.

Den wissenschaftlichen Beweis lieferte das Einstein-Podolsky-Rosen-Paradox aus dem Jahre 1935:
Es gibt dabei zwei Teilchen, zum Beispiel zwei Elektronen in einem Atom mit jeweils verschiedener Polung. Dies wird Spin genannt. Zeigt das Teilchen einen positiven Spin, dann zeigt das andere einen negativen Spin. Beide Spin-Teilchen ergänzen sich auf null. Die Frage lautete:
Wie verändert sich nun die Polung des einen Teilchens, wenn der Spin des anderen geändert wird?

Das Ergebnis zeigte: Sind beide Teilchen nah beieinander, dann erfolgt bei einer Änderung des Spins des einen Teilchens unmittelbar die Änderung des Spins des anderen Teilchens. Die nächste Frage war:

Was geschieht, wenn die Teilchen extrem weit voneinander entfernt sind, vielleicht etliche Lichtjahre entfernt?

Auf der Mikroebene (Mikrokosmos = Makrokosmos) bestätigte der Physiker Alain Aspekt das von Einstein und seinen Kollegen erdachte Gedankenmodell, dass es keine Rolle spielt, wie weit die Teilchen voneinander entfernt sind. Die Änderung des Spins eines Teilchens bewirkt sofort die Änderung des Spins des anderen Teilchens. Folglich gibt es keine Trennung, ganz gleich, wie weit die Teilchen voneinander entfernt sind. Die Wirkung ist immer gegeben. Was besagt dieses Experiment noch?

Wenn die Wirkung der Teilchen zueinander unabhängig ist von der Entfernung und vom Abstand zueinander, dann kann es auch keinen Raum geben. Gibt es keinen Raum, dann gibt es keine Zeit, denn Zeit bedeutet in unserer Denkweise die Dauer der Überwindung eines linearen Abstands zwischen zwei Punkten.

Damit sind Vergangenheit und Zukunft bereits jetzt vorhanden. Alles ist in der Gegenwart! Alles ist gleich - alles ist jetzt! Wir existieren folglich rein in der Gegenwart. Alles ist immer zugleich, es gibt nur die Gegenwart, die Zeitlosigkeit und die Ewigkeit.

ALOHA – Lieben heißt, mit sich selbst glücklich sein

Tue alles, was du tust, mit Liebe. Das sagen die KA-Hunas. Liebe in ihrer reinen Form ist die mächtigste Kraft im Universum. Liebe heißt auch Mitgefühl, Fürsorge und Barmherzigkeit. Wie sehr wir jemanden lieben, hängt davon ab, wie glücklich wir dabei sind. Dieses Glück ist eine enorme Quelle der Kraft. Sind wir glücklich, dann sprudeln wir über vor Energie und Kraft. Liebe führt zur Aktivität, zum Handeln.

Liebe ist eine magnetische Kraft, weil wir anziehen, was wir lieben.

Sind wir von Liebe erfüllt, dann sind wir mit der Welt und mit uns selbst zufrieden und im Reinen. Die Liebe zu uns selbst verbindet sich mit der Liebe im Außen.

Verurteilen wir uns selbst, geben uns Schuldgefühle, verzeihen wir uns nicht, dann werden wir schwach und anfällig. Die Selbst- oder Eigenliebe ist das Instrument, aus dem Herzen heraus sich selbst als Lichtwesen in Menschengestalt in der Verbindung zu Gott und zu allem wahrzunehmen. Alles, was sich gegen andere richtet, richtet sich gegen uns selbst, wenn wir versäumen, uns selbst zu lieben. Wir ziehen mit unserer Eigenliebe die Liebe der anderen an.

Die Geistlichtreisen zeigen immer wieder, dass Christus die Menschen auffordert, in die Selbstvergebung hinein zu gehen. Wenn wir uns selbst Vergebung schenken ist es so, dass wir anerkennen, dass es keine Schuld gibt, dass alle Ereignisse und Personen aus der Vergangenheit und der Gegenwart richtig und gut sind für uns, weil sie einerseits Projektion sein können, andererseits hilfreich sind für unsere eigene Entwicklung.

Fragen im Zusammenhang mit dem ALOHA-Prinzip können sein:

> ➢ Welche Umstände oder Personen kann ich einfach nicht lieben?

Es ist einfach eine Tatsache, dass wir unser eigenes Glück schmälern, wenn wir nicht lieben, was ist und lieben, so wie es ist. Denn damit verkennen wir, dass wir uns selbst nicht annehmen und lieben können.

Jesus sagte: Liebe deinen Nächsten wie dich selbst.

MANA - Alle Macht kommt von innen

Gibt es keine Grenzen und sind wir alle eins, dann ist nichts und niemand stärker wie wir selbst. Dann hat nichts und niemand Macht über uns - es sei denn, wir räumen anderen die Macht über uns ein. Wir alle sind gleich mächtig, weil wir alle Teil des göttlichen Geistes sind. Äußerer Einfluss ist Einbildung.

Wenn die Welt so ist, wie ich sie sehe, dann kann ich sie auch verändern. Ich habe die Macht und das Können, die Welt, so wie ich sie sehe, mehr und mehr zu dem zu machen, was mich glücklicher macht. Das kann ich nur selbst umsetzen, und ich kann es nur jetzt tun.

Folgende Fragen können wir uns stellen:

> ➢ Übernehme ich die Verantwortung für das, was ich erlebe?
> ➢ Oder schiebe ich lieber die Schuld auf andere (Partner, Eltern, die schwierige wirtschaftliche Lage usw.)?

Lukas: „Das Reich Gottes ist mitten unter Euch."

PONO - Wirksamkeit ist das Maß der Wahrheit

Wirkt etwas, dann bedeutet es, es funktioniert. Die alten Hawaiianer waren an der Wirksamkeit interessiert.

Die Welt entspricht unseren Gedanken. Das heißt, wir können alle Ideen, alle Methoden verwenden, alle Wege gehen, die uns zum Ziel führen.

Wenn eine angestrebte Veränderung nicht eintritt, dann ist das nicht deshalb so, weil sie nicht eintreten soll, sondern weil ich noch nicht die richtige Sichtweise, das richtige Werkzeug oder die richtige Technik angewandt habe. Die Wirksamkeit ist das Maß der Wahrheit.

Empfinde ich für mich etwas als stimmig und rund, fühle ich mich glücklich dabei, ist es in Ordnung. Wissen allein ist nicht genug. Die Ka-Hunas sagen: einen Experten erkennt man an seinen Resultaten.

Dann darf ich mit den Geistlichtreisen in diesem Sinne sehr zufrieden sein.

Daher sage ich im Sinne der Huna: **MAHOLO** - möge die Energie des Lebens mit dir sein!

Des Liebenden Herz ist angefüllt mit einem Ozean. In
seinen rollenden Wogen wiegt sanft sich das All.
Rumi

Das Zentrum der Liebe

Die Geistlichtreisen sind ohne Unterstützung durch die geistige Welt nicht möglich. Wichtig ist das Gebet, die Rückverbindung oder *„Religio"*, die nicht an Konfessionen gebunden ist, zu den höchsten Lichtwesen und zu Gott selbst.

Um uns herum gibt es Lebensenergie, die wir als Prana oder Chi bezeichnen können. Die Wissenschaft kann diese uns umgebende Lebensenergie wissenschaftlich beweisen. Die Lichtenergie ist in der Lage, Informationen zu transportieren. Folglich ist auch das Licht in unseren Zellen fähig, Informationen in jeden einzelnen Ort des Körpers zu leiten, so dass hier biochemische Prozessen aktiviert oder gehemmt werden können.

Ein Mensch, der voller Liebe einem anderen Menschen durch Gebete, durch mentale Energieübertragung wie beim Geistlichtreisen oder durch Handauflegen seine Liebe und sein Mitgefühl vermittelt, kann durch die Harmonisierung dieser feinstofflichen Energiezustände physische, seelische und geistige Krankheiten lindern, vielleicht sogar heilen.

Das Prana oder Chi ist die Steuerung der Zellstrahlung, die uns am Leben erhält und uns zum Bestandteil der schwingenden Energie des Universums macht. Durch positive Einflussnahme auf unsere Lebensenergie erfahren wir mehr Lebensqualität und mehr Zufriedenheit. Die Geistlichtreisen stellen eine Brücke zu unserer Seele dar, zu unserem inneren Kern, zum göttlichen Funken in uns.

Alles, was uns umgibt, schwingt in unterschiedlichen Frequenzen. Bei einer niedrigen Schwingung empfinden wir Schwere, Last oder sogar Depression.

Hohe Schwingungen sind aufbauend. Sie stärken unsere Lebensenergie. Alles, was wir durch unsere Gefühle, Gedanken, Worte und Handlungen aussenden, hat bestimmte Schwingungsfrequenzen. Aufmerksamkeit in Ehrlichkeit, Wahrheitsliebe, Freundschaft und Liebe gegenüber allen Wesen und der gesamten Schöpfung gegenüber, erschafft eine solch hohe Schwingung. So kann wiederum höher schwingende Energien angezogen werden. Geben wir das hinaus in die Welt, was wir selbst zu empfangen bereit sind. Alles was wahr ist, ist ewig. Der reine Geist ist unveränderbar, weil er vollkommen ist. Gott schuf den reinen Geist nach seinem eigenen Gedanken und mit einer Energie, die seiner eigenen Energie gleich ist.

Der Mensch ist ein Geistwesen!

Wenn wir einen Gegenstand sehen, geschieht das physisch über unser Auge. Das Auge selbst sieht nicht, es ist das empfangende Organ für die Lichtstrahlen, die vom Auge durch die Nervenbahnen ins Gehirn laufen, um als Lichtempfindung wahrgenommen zu werden. Das gilt auch für das Hören. Das Ohr ist das Organ, das Schallwellen empfängt. Die Nervenbahnen führen diese Schallwellen zum Gehirn, von dort werden sie

wahrgenommen. Sobald wir uns auf Licht- und Schallwellen einstellen, werden uns Licht und Klang bewusst.

Beim Geistlichtreisen werden wir uns der Bilder und
Visionen ebenso bewusst wie beim natürlichen Sehvor-
gang. Wir empfangen die Botschaften aus geistiger
Quelle. Diese Botschaften sind physisch nicht wahr-
nehmbar, die Klänge sind für das physische Ohr nicht
vernehmbar. Derjenige in dem Prozess des Geistlichtreisens darf in Harmonie sein mit seinem Geistführer
(Christus, Erzengel, Gott usw.).

Ein Geist kann sich nur mit einem Geistwesen verbinden.
Folglich ist ein Geist-Körper vorhanden, der mit dem
physischen Körper zusammen wirkt. Damit der
Geistlichtreisende mit dem Auge und mit dem Ohr
Botschaften aus dem Geistigen empfangen, oder sogar
ein physisches Erlebnis haben kann, darf das Wachbewusstsein nicht mit Gedanken oder Empfindungen
beschäftigt sein, damit die Öffnung für geistige Einflüsse
möglich ist.

Es geht darum, sich innerlich „leer" zu machen, sich der
Liebe vollkommen zu öffnen.

Der Geistlichtreisende ist entspannt und beschäftigt sich
in der Zeit vor der Reise nicht mit dem Alltag. Eine starke
geistige Anspannung ist zu vermeiden. Leicht, ohne
Anstrengung stimmt er sich auf die Botschaften und die
Verbindung zur geistigen Welt ein. Es ist dann inneres
Wissen, ein inneres Sehen, ein inneres Fühlen, inneres
Hören.

Der Mensch ist eine Antenne für die einzelnen Daseinsebenen. Der Geist-Körper darf, dem physischen Körper entsprechen, in Harmonie zu ihm stehen. Der Geistkörper ist übergeordnet und maßgebend. Der rein physische Körper einschließlich des Gehirns ist eine Masse organischen Gewebes. Die Kraft, welche die Funktionen und Bewegungen des Körpers leitet, gehört nicht dem Gewebe an, sondern stammt vom geistigen Selbst ab. Diese große Kraft beherrscht direkt den physischen Körper durch die geistige Leitung. Der Mensch unterliegt dem Wechselspiel der kosmischen Kräfte und der Gedankenkräfte. Der physische und der Geistkörper nehmen diese Kräfte je nach Bedarf auf. Ohne diese Kräfte gibt es kein Leben.

Das wahre Ziel ist, die Seelen zu berühren.
Solange Menschen nicht erkennen, dass sie Seelen sind und nicht nur physische Körper, leben sie, ohne die Wahrheit zu erkennen. Erst wenn sie ihr wahres Selbst erkennen, ihre geistige Natur, finden sie die Wahrheit. Finden die Menschen ihr Selbst, dann entwickeln sie die in ihnen ruhende Göttlichkeit. Meistens sind sich die Menschen ihrer spirituellen Natur nicht bewusst. Wichtig ist, den göttlichen Funken in ihnen zu entfachen, so dass ihr Licht das gesamte Leben überstrahlt.

Die Anerkennung und die Dankbarkeit derjenigen Menschen, die Hilfe erhalten durch die geistige Welt ist nichts im Vergleich mit der Berührung der Seele und der Erlösung von ihren inneren Spannungen. Der oder die Geistlichtreisende hat keine leichte Aufgabe, denn sie erfordert in großer Liebe Opfer und Hingabe. Mir wurde ein Channeling von Erzengel Metatron zugeführt, das auf die wahre Natur des Menschen eingeht:

Es wurden Lichtportale aus den höheren Licht-dimensionen errichtet. Diese Lichtportale der Ewigkeit schwingen übergeordnet und wirken über den Raum hinweg. Über die ganze Erde strahlt dieses Licht aus der Ewigkeit in eure Zeit, in euer „Hier und Jetzt". Ihr könnt aus eurem Licht heraus Zusammenhänge aus der Ewigkeit wahrnehmen, die in euer „Hier und Jetzt" eingreifen. Wenn alles aus dem Licht und der Liebe geboren ist, dann kann auch alles neu entstehen in einem Augenblick des reinsten Bewusstseins. Werdet frei und geht in eure Herzpräsenz. Jeder Mensch hat die göttliche Flamme in sich.

Ihr werdet wissen: Ihr seid das Licht vom wahren Licht, aus der Ewigkeit geboren, und dieses Licht offenbart sich mehr und mehr. Je höher die Schwingung, desto mehr wird sich alles zeigen. Das bedeutet für euch: ihr werdet euch immer freier fühlen. Ihr erkennt dann die höheren Zusammenhänge. Dann werdet ihr begreifen: aus eurem Licht heraus könnt ihr alles, wirklich alles verwandeln und in die Harmonie führen.

Im Herzen ist die Verbindung zur Ewigkeit, zum reinen Geist und zur Göttlichkeit. Im Herzen ist der göttliche Raum in euch selbst. Ihr braucht euch nur zu entscheiden, dies zu entzünden, zu entfalten und auszustrahlen - und die Lichtwesen zu sein, die ihr von Ewigkeit an wart und seid. Licht vom wahren Licht, vom göttlichen Licht. Auch die Lichtwesen sind Licht vom wahren Licht, und sie entscheiden sich in jeder einzelnen

Sekunde dafür, dieses Licht zu sein. So können Menschen das auch, denn wir tragen alle dasselbe göttliche Erbe in uns. Die Schleier sind gelüftet.

Auch wenn Menschen glauben, dass das Licht erloschen sei, es ist dennoch präsent von Ewigkeit zu Ewigkeit. Ihr braucht nur eure inneren Augen zu öffnen, in euer eigenes inneres Licht zu sehen, es entzünden und ausstrahlen. Was auch immer im Außen geschieht, ihr seid geführt. Ihr seid in der inneren Klarheit und tiefen inneren Gewissheit, dieses göttliche Licht in euch zu tragen.

Es ist gut, euch Tag für Tag zu üben. Immer, wenn euch im Außen etwas erschüttert, haltet einen Moment inne, geht in eure eigene Innerlichkeit, in euer Herz, atmet das weiße, wahre göttliche Licht, das euch allgegenwärtig umgibt, ein. Atmet ganz bewusst und in liebevoller Dankbarkeit dieses Licht ein. Haltet inne! Erhaltet Klarheit und die Antwort aus eurer Innerlichkeit.

So erlauben wir der göttlichen Schwingung, dass sie in uns wirken kann. Diese göttliche Lichtfrequenz ist so strahlend, so übergeordnet in uns, dass sie in einem Moment wie eine Lichtexplosion, wie eine Lichtwelle aus uns heraus alles vermag.

Wie steht es mit der Angst?

Angst ist in Wahrheit eine niedere Energie, eine niederschwingende Frequenz. Liebe ist eine sehr hochschwingende, hochfrequente Energie. Doch in Wahrheit ist Angst reine Illusion, denn ihr fürchtet euch vor etwas, das noch gar nicht eingetreten ist, das in

Wahrheit noch nicht geschehen ist. Es ist nur in eurer Vorstellung. Dabei stellt ihr euch vor, dass dieses oder jenes geschehen kann. Durch die Schwingung: „es könnte sein, dass"... entsteht eine Emotion in euch Menschen.

„Was können wir tun?", werdet ihr fragen. Fokussiert euch in euren Gedanken auf etwas lichtvolles, auf etwas freudvolles, denn ihr habt so viel Macht in euren Gedanken. Durch eure Vorstellungskraft erschafft ihr die Energien, die in euch präsent sind. Ihr werdet in der nächsten Zeit immer mehr lernen, dass ihr immer mehr Wahrnehmungen habt für all die Energien, die euch umgeben, die vielleicht von außen auf euch einstürmen möchten. Dann entscheidet euch für eure Innerlichkeit, euch dem göttlichen Licht der Ewigkeit zu öffnen. Die Erde ist noch in einer grauen Wolke der Gedanken und ängstlicher Emotionen der Menschen eingehüllt. Doch bedenkt, es gibt eine Unendlichkeit des Lichts, die das gesamte Universum durchstrahlt.

Es geht darum, dass ihr euch in euren Herzen öffnet und das Licht einstrahlen lasst: das Licht der Freude, der Zuversicht, des Urvertrauens in eure göttliche Führung, des Getragen sein, der Geborgenheit in Gott, der in euch ist und Ihr in ihm. Atmet dieses ewig wahre Licht Gottes tief in euer Herz ein, in eure Körper, in euer Sein. Haltet einen Moment still, wenn euch etwas bestürmen will. Dann atmet dieses Urlicht ein in eure Herzen, lasst es sich ausdehnen. Dann sagt: „Ich bin verbunden mit der göttlichen Realität, mit der göttlichen Wahrheit."

Lasst dieses Licht einfließen, einströmen, einstrahlen in euch, in euer gesamtes Leben. Und wenn ihr konsequent *seid, werdet ihr feststellen, dass sich euer gesamtes Leben verwandelt. Denn aus dem göttlichen Urlicht wurde alles erschaffen. So kann sich alles aus diesem Urlicht erneuern, transformieren und verwandeln.*

Lasst euch nicht denken von den Gedanken im außen, sondern werdet selbstständige Geistmenschen, eigenverantwortlich für eure Emotionen und Gedanken. Seid feinfühliger und bewusster für die Energien, die uns alle umgeben. Ihr seid so voller Licht, voller Strahlkraft, Euer Herz ist so voll der Liebe.

Lasst es erstrahlen, und ihr werdet selbstbewusster in diesem Licht, wahres Licht vom wahren Licht in euch und in jedem Gedanken. Ihr kreiert dann die goldene Zukunft der Erde. Jeder Lichtgedanke schwingt um ein Vielfaches strahlender als jeder dunkle Gedanke. So könnt ihr mit jedem Lichtgedanken Altes und Dunkles erlösen. Ihr könnt dann mit jedem Lichtgedanken eure Zukunft und das Hier und Jetzt neu gestalten, heilen, transformieren und befreien von allen alten Gefängnissen, den alten Einströmungen und Manipulationen.

Ihr seid dann frei!

In jedem Augenblick könnt ihr euch entscheiden für die Energie, der ihr folgen wollt, für die Energie, die in euch präsent ist, denn das Lichtuniversum ist um uns, im gesamten Universum allgegenwärtig. Die Urquelle ist immer präsent. Immer können wir trinken aus diesem Urlicht, es in jedem Augenblick einatmen.

Geht in eure Kraft. Dann seid ihr das Licht der Welt. Dann verwandelt ihr Denkprozesse und Denksysteme nur allein durch eure Präsenz. Dieses Licht könnt ihr in all eure Lebensbereiche weitersenden, in euren Alltag, in euer tägliches Leben.

Alles, was euer Herz berührt, was euch vom Herzen her wichtig ist, wird von allen Lichtwesen zutiefst verstanden. Wir sind mitfühlende Wesen, sehr feinfühlend und zartfühlend. Wenn sich das Licht auf der Erde erhöhen wird, dann sind auch die Menschen feinfühlender und zartfühlender.

Dann erweitert sich euer Bewusstsein:

➢ Manche Menschen werden hellsichtig
➢ Manche Menschen erhalten Kontakt mit höheren geistigen Ebenen
➢ Alle Grenzen sind aufgehoben
➢ Alle Schleier sind gelüftet. Die Menschen erkennen die Unendlichkeit des Lichts, das sie umgibt
➢ Die Menschen öffnen ihre Augen, und entfalten ihr inneres Bewusstsein

Öffnet euch für das Lichtbewusstsein in euch, das Lichtbewusstsein der neuen Zeit, das jetzt immer mehr in euch einströmt, euch erweckt und sagt:
„Du bist das Licht der Welt, es ist in dir!"

Ihr seid eins mit Gott und der göttlichen Schöpfung, dem wahren, ewigen Licht."

Diese Worte von Erzengel Metatron umschreiben sehr klar und deutlich den Kern und das Zentrum der Liebe.

Es ist in uns selbst, in unserem Herzen!

Der Akt des Sehens ist eine Art der Transformation. Wir transformieren durch das Beobachten die zeitlose, raumlose Welt von Interferenzmustern in die konkrete, lineare Welt von Raum und Zeit. Damit besitzt der Mensch die schöpferische Fähigkeit, seine Umgebung und seine Geschichte des Gegenübers, mit dem er ja auch verbunden ist, entsprechend seinem freien Willen zu verändern und zu gestalten.

Leben ist Geist, Energie ist Gott.

Durch die Erfahrung der Demut, der Liebe, dazu gehört auch die Eigenliebe gleichermaßen, des Verzeihens lernen wir sehr schnell, uns mit dem Licht, mit Gott zu verbinden. Geben wir unser Ego auf, stellen uns ganz in den Dienst Gottes und des Universums, werden wir ein durchlässiges Rohr oder eine Brücke, werden wir zu einem perfekten Instrument, auf dem wir Gott spielen lassen.

Dann haben wir keine Angst mehr. Dann sind wir wirklich Kinder Gottes, die immer behütet sind und gepflegt werden, da wir ja dann Arbeit für den Himmel verrichten. Die Kunst ist, ein perfektes Werkzeug für Gott zu sein. Die Lernaufgabe besteht darin, das Ego aufzulösen, das noch etwas selbst tun möchte oder nicht tun möchte. Darum lassen wir los. Werden wir leitfähig ohne Widerstände. Befreien wir uns von allen Urteilen, Vorurteilen, Wünschen, Meinungen, Ansichten, Lehren, Dogmen.

Streichen wir die Worte „*können, müssen, sollen*" aus unserem Sprachschatz. Leben wir in der Gegenwart, denn sie vereinigt Vergangenheit und Zukunft in einem Punkt. Loslassen, Vertrauen lernen in die Gesetzmäßigkeiten des Universums, Urvertrauen zu Gott, der in uns ist und wir in ihm.

Werden wir Menschen zu einem Kanal ohne Widertand, damit die göttliche Energie frei durch uns fließen und strömen kann. Die Folge ist, dass wir in der Einheit sind, und unser Leben erfüllt ist von dieser himmlischen Energie. Alle Zellen werden im Körper im gleichen Takt schwingen, im Takt des Himmels. In diesem Augenblick sind wir im Rhythmus Gottes, in unserer Mitte.

Dann ist alles in Ruhe, es gibt keine Zeit, es gibt keinen Raum. Wir sind jenseits der Polarität, wir sind eins.

Liebe ist das Mittel, diese Transformation zu erreichen!

Es gibt nichts anderes als eine geistige Welt; was wir sinnliche Welt nennen, ist das Böse in der geistigen, und was wir böse nennen, ist nur eine Notwendigkeit eines Augenblicks unserer ewigen Entwicklung.

Franz Kafka

Transformation

Im Zuge meiner eigenen Entwicklung ist mir sehr deutlich geworden, dass der lichtvolle Weg in unser wahres Bewusstsein durch große Liebe und Bereitschaft, durch großen Mut, durch ein unumstößliches Urvertrauen möglich ist. Die Fähigkeit, alles in uns und um uns herum in der Mitte unseres Herzens wertungsfrei in liebevolle und lichtvolle Energie zu transformieren, ist das Ergebnis, wenn wir uns als das Instrument zum göttlichen Sein entwickeln. Hegel sagte einmal:

„Das Wahre ist das Ganze. Das Ganze aber ist nur das durch seine Entwicklung sich vollendende Wesen."

Immer wieder befrage ich die Lichtwesen nach meinen eigenen Entwicklungen, die in einem Kontext zu meinen Aufgaben, die ich hier in dieser Inkarnation übernommen habe, und zu allen Universen und Dimensionen stehen. So habe ich von **Hilarion**, einem aufgestiegenen Meister, folgende Hinweise erhalten:

Mein lieber Uwe!
Du lebst in einer Zeit der Veränderungen. Die Menschheit ist dabei, einen umfassenden Bewusstseinswandel zu vollziehen. Und du, lieber Uwe, spielst dabei eine Vorreiterrolle. Du bist deshalb nicht besser als ein anderer Mensch, da jeder einzelne seine spezifische Rolle

in diesem göttlichen Spiel spielt und so auf seine Art seinen Beitrag dazu leistet. Das kann auf vielfältigste Weise geschehen, z.B. auch durch die Manifestation von sogenannten "negativen" oder dunklen Kräften, die für dieses Spiel genauso erforderlich sind wie die "positiven" oder „lichtvollen" Kräfte. Dies zu erkennen und ins eigene Bewusstsein zu integrieren ist sehr wichtig, denn nur dann erfolgt ein Loslassen der Bewertungsstrukturen der alten Zeit der Dualität.

Die Dualität war oder ist ein Experiment, das von euch selbst geschaffen wurde, um euch in völliger Abtrennung von eurer göttlichen Einheit erfahren zu können. Dieses Experiment nähert sich nun in schnellen Schritten einem erfolgreichen Abschluss und damit der Erhebung des Einzel-Bewusstseins in das Einheitsbewusstsein.

An diesem Punkt kommst du ins Spiel... Aufgrund des Reifegrades deiner Seele bist du den meisten Menschen einen Schritt voraus. Für dich ist die Einheit von allem-was-ist keine imaginäre Vorstellung mehr, sondern eine Tatsache, die du selbst erfahren durftest. Du durftest diese Erfahrung machen aufgrund der starken Liebes-schwingung deines Herzens. Durch deine Akzeptanz dieser Tatsache und deiner Bereitschaft, diese Erkenntnis auch zu leben und in deinem Alltag umzusetzen, legst du eine Lichtspur, der viele Menschen folgen werden.

Der immer schneller werdende Entwicklungsprozess der Menschheit erfordert ständige Anpassungen auf allen Ebenen, eine fortwährende Veränderung in vielen Lebensbereichen. In diesen schnelllebigen Zeiten ist es unbedingt erforderlich, offen und frei zu bleiben, im Fluss zu bleiben, mit der Strömung zu schwimmen.

Veränderung ist die Qualität dieser Zeit! Du kannst dir also sicher sein, es bleibt nichts in deinem Leben auf Dauer so, wie es ist. Du bist in deiner Vorreiterrolle einer der ersten, die den Schritt in neue Gefilde wagen, um dadurch die neuen Energien und Schwingungen für die Masse der Menschheit zugänglich zu machen.

Du kannst dich ob dieser Rolle geehrt fühlen, sei dir aber auch der großen Verantwortung bewusst, die sie mit sich bringt! Das Schicksal vieler Menschen ist mit deinem verknüpft. Dein Leben hat entscheidende Auswirkungen auf das Leben vieler.

Dir wurde bereits die Fähigkeit gegeben, die bedingungslose göttliche Liebe durch Berührung zu übertragen und damit auch zu heilen. Dieser Prozess ist allerdings immer noch von der Dualität geprägt, da es dabei zwei voneinander getrennte Personen gibt. Der nächste Schritt aus der Dualität heraus ist für dich, dass du die Menschen nicht mehr als getrennt von dir wahrnimmst, sondern als Teil von dir und sie in dir selbst heilst durch die Kraft deiner Liebe und deines Eins seins.

Lieber Uwe, weite dein Bewusstsein aus. Umschließe die gesamte Schöpfung mit deiner Herzensliebe. Alles, was du im Außen wahrnimmst, ist Teil deines allumfassenden, kosmischen Selbst. Jeder Mensch ist eine Spiegelung einer der unzähligen Facetten deines Selbst. **Die Welt bist du!** In der Erkenntnis und Verwirklichung dessen liegt der nächste Schritt, der dir bevorsteht.

Im Eins-Sein mit allem-was-ist grüßt und segnet dich Hilarion

Diesem Entwicklungsschritt, der mir von Hilarion vermittelt worden war, gingen etliche Prüfungen voraus, um in diese Auflösung der Dualität zu treten. Es waren Prüfungen, die mich manchmal in eigenen, sehr intensiven und schweren Geistlichtreisen zu mir selbst führten, meine eigenen Themen beleuchteten, mir zeigten, an welchen Stellen ich noch meine Bau-stellen bearbeiten soll. Die Prüfungen durfte ich bestehen, in dem ich bedingungslos und sehr aufmerksam in meiner Liebe blieb, im Vertrauen zu Gott und zu den hohen Lichtwesen, im Vertrauen zu mir selbst.

Wie Sie nun wissen, kommen wir Menschen, je mehr wir uns mit den lichtvollen Energien beschäftigen, in die Situation, die sogenannte „andere Seite" anzuziehen im Sinne des Ausgleichs. Das habe ich sehr oft erlebt in meiner Entwicklung. Erfahren Sie hier in zwei eigenen Geistlichtreisen von diesen Ereignissen.

Prüfung der Liebe

Ich saß an einem Donnerstagabend in meinem Arbeits-zimmer und wollte Feierabend machen nach einem anstrengenden Tag. Plötzlich verspürte ich in mir einen inneren Impuls, vorsichtig zu sein, denn ich fühlte in meinem Raum ein Absinken der Temperatur, ein Gefühl, von unsichtbaren Augen beobachtet zu werden.

Benito, unser Königspudel, der unter meinem Schreib-tisch lag, kam hervor und knurrte recht böse die Zimmerdecke an. Das war ein untrügliches Zeichen, dass etwas nicht stimmte. Langsam stand ich auf. Ich entzündete eine Kerze, die auf meinem Schreibtisch stand. Eine sehr schöne Sphärenmusik legte ich in den CD-Player ein und informierte Inge, dass ich noch eine eigene Geistlicht-reise umsetzen möchte. Ich sagte ihr jedoch nichts von meinen Empfindungen und inneren Bildern, die ich bereits erhalten hatte. Ich wollte sie nicht unnötig beunruhigen.

Wieder zurück in meinem Arbeitszimmer stellte ich mich in die Mitte des Raums. Mit großer Liebe aus meinem Herzen zog ich Christus, die Erzengel und alle begleitenden hohen Lichtwesen in meinen Körper. Es war sehr starke Wärme in meinem Herzen und in meinem Körper. Es fühlte sich an, als würden Lichtfäden aus mir heraus strömen mit einem Empfinden, als hätte ich in eine Steckdose gegriffen. Schauer liefen über meinen Rücken, und ich bekam Gänsehaut. Ein Freund nennt diese Hauterscheinung „Erpel-Parker". Wie dem auch sei, ich stand nun da, meine Augen geschlossen und konzentrierte mich auf das Geschehen im Raum.

Plötzlich erkannte ich einen ehemaligen Freund und eine Teilnehmerin aus einem meiner Seminare, die mit ihm gut befreundet war. Ich wusste um die Fähigkeiten der beiden Menschen und um ihre große Kraft. Beide sahen im feinstofflichen Bild sehr verändert aus. Es waren etliche Wesenheiten um sie herum, die als dämonisch bezeichnet werden können. Der gesamte Boden war voll schwarzer, glänzender Schlangen, die mich bedrängten, sich an meinem Körper hoch schlängelten. Die beiden standen in einem Feuer, und schickten die dämonischen Wesenheiten zu mir.

Ich blieb in meiner allumfassenden und bedingungslosen Liebe zu all diesen Wesenheiten. Ich ließ in der Verbindung mit den hohen Lichtwesen aus meinem Herzchakra ein solch starkes Licht ausströmen, damit mein gesamter Körper in dieses Licht eintauchen konnte.

Die Schlangenwesen und auch die Dämonen wurden durch dieses sehr intensive Licht eingehüllt und in einer liebevollen Energie transformiert, so dass sich alles in Licht auflöste. Die beiden standen vor mir. Ich umarmte sie in absoluter, urteilsfreier Liebe, bis sie wieder ihr menschliches Aussehen annehmen konnten. Sie zogen sich zurück und der gesamte Raum wurde wieder in gleißendes Licht gestellt.

Gottvertrauen

Es ereignete sich mitten in der Nacht. Es war wie in einem Traum. Dennoch hatte ich das Gefühl, wach zu sein. Ich schaute in einen Spiegel und sah ein vollkommen anderes Gesicht, das mir entgegenblickte. Plötzlich veränderten sich die Bilder in einer rasend schnellen Abfolge! Es waren immer wieder neue Gesichter zu sehen aus all meinen Inkarnationen. Ich fühlte, wie ein Wesen nach dem anderen aus meinem Körper strömte und sich auflöste.

Nach etwa einer Stunde unserer Zeit war alles vorbei. Ich lag auf meinem Bett und sah, was geschehen war. Ich fühlte mich total erschöpft, aber auch sehr glücklich. Leise stand ich auf und ging ins Wohnzimmer.

Ich fühlte mich mit den Lichtwesen verbunden und sah, dass spiralförmige Schwingungen um mich herum strömten. Gleichzeitig wurde es in mir sehr hell und lichtvoll. Eine ruhige Wärme strömte aus meinem Herzen.

Diesem Ereignis gingen einige Tage vorher besondere Gegebenheiten voraus, in dem all meine Chakren erneuert wurden und ich einen Lichtumhang erhalten hatte aus höchster göttlicher Ebene. Zu beidem konnte ich mir bis dato keinen Reim machen. Christus gab mir die Antwort:

„Dein verändertes Chakrensystem ist eine Anpassung auf die neue Schwingung, die auf die Erde kommt, eine Art Angleichung, damit du die hohen Energien deiner Aufgabe entsprechend aufnehmen und verarbeiten, doch nicht nur das, sondern auch weitergeben kannst. Die Aufnahme der hohen Schwingungen, die der Transformation dienen, sind das eine. Die Weitergabe und das Übertragen an deine Mitmenschen das andere. Es wird eine Zeit dauern, bis du dich auf diese neue Energie eingeschwungen hast, doch es wird sehr schnell gehen (wie alles in deiner persönlichen Entwicklung). Danach wird es dir möglich sein, eine neue Energiequalität wahrzunehmen und hier auf dem Planeten Erde zu manifestieren. Du bist in dieser Funktion so etwas wie ein Zwischenglied oder Mittler zwischen den göttlichen Energien und den Energien der Menschen, die zu dir kommen.

Die Menschen bitten dich um Hilfe. Doch was sie wirklich brauchen, ist nicht die Hilfe eines anderen, sondern die Transformation ihres eigenen Wesens. Das kann je nachdem auf verschiedene Bereiche zutreffen - auf die Gesundheit wie auch auf die berufliche Entwicklung, aber auch auf alle anderen vorstellbaren Lebensbereiche. Sei dir bewusst, dass du nicht den Menschen hilfst, sondern dass du dich als Transformator, als Energiekanal zur Verfügung stellst. Die "Hilfe" findet statt, in Form einer Energieübertragung oder einer Initiierung der Aufnahmebereitschaft für diese neue Energie bei dem entsprechenden Menschen.

Leider ist es nicht so, dass der Betreffende auch immer fähig sein wird, diese Energie aufrecht zu erhalten. Doch oft reicht schon ein Impuls, um dem Leben eine neue Wendung zu geben, um das Ruder herumzureißen und eine neue Richtung einzuschlagen und dadurch Heilung zu erfahren, indem der Mensch sich selbst Heilung zugesteht und das, was "falsch" gelaufen ist im Leben hinter sich lässt.

Der Lichtumhang ist eine Auszeichnung für deine Arbeit, ein Symbol deines Status, wie auch ein energetischer Schutz. Er wurde dir gegeben, weil du ihn dir verdient hast und auch dafür, dass du deine Tätigkeiten in seinem lichtvollen Schutz erfüllen und durchführen kannst. Visualisiere ihn immer, bevor du mit deiner lichtvollen Arbeit beginnst. Es gibt auch viel dunkle Energie dort wo Licht ist. Der Mantel gewährt dir den Respekt der dunklen Wesen wie auch einen sehr starken energetischen Schutz vor Energien und Wesenheiten, die deiner Gesundheit bzw. deiner Energie abträglich wären.

Was deine karmischen Verstrickungen betrifft, so lass dir gesagt sein, dass der Begriff des Karma auch nur ein Bild ist, das sich die Menschen geschaffen haben. Sie dürfen jetzt aus dieser Vorstellung aussteigen, und alles was sie davon abhält, mit ihrer eigenen, ihnen innewohnenden Göttlichkeit zu verschmelzen, hinter sich lassen. Es ist sozusagen an der Zeit, alle Fesseln, die einen Menschen binden, hinter sich zu lassen und einzutauchen in das ewige Jetzt, in den zeitlosen Zustand der Einheit und der unmittelbaren Handlung. Alles was ist, war, und sein wird hat seine Berechtigung, alles ist erlaubt. Es gibt keine Strafe, es gibt nur ein endloses Spiel des Göttlichen mit sich selbst in allen denkbaren Variationen - auch in solchen, die weit jenseits eurer Vorstellung liegen!

Du hast einen Reinigungsprozess durchlaufen und deine Bindungen an „vergangene" Leben gelöst. Du siehst dich transparent in dem Spiegel, weil du von Licht durchflutet wurdest und Altes von dir abgefallen ist, bzw. du hast dir erlaubt, es loszulassen.

Dies steht jedem Menschen frei - sich zu lösen von allem, was einschränkt und bindet und sich zu öffnen für das göttliche Licht, um zu einem Kanal, zu einem bewussten Instrument Gottes zu werden. Gib diese Nachricht an die Menschen weiter, bei denen du fühlst, dass sie dafür offen sind und verbinde deine lichtvolle Energie mit ihren, um den Prozess bei ihnen in Gang zu setzen.

Deine Aufgabe wird es weiterhin sein, dich mit einzelnen Menschen auseinander zu setzen. Doch wird die Aufgabenstellung sich in der Form ändern, dass du in den Menschen einen Transformationsprozess initiierst, der bewusstseinsverändernd wirkt und sie mit ihrem eigenen Höheren Selbst in Verbindung bringt -und sie damit auf eine Reise zur Einswerdung, zur Heilung schickt. Durch diese einzelnen Initiierungen schaffst du ein Lichtnetz-werk, das sich schließlich um den ganzen Planeten erstrecken wird. Was in diesen Zeiten gebraucht wird, ist, *dass die Menschen erkennen, wer sie wirklich sind - dass sie spirituelle Wesen mit unbegrenzten Möglichkeiten sind. Damit wird die Transformation der Gesellschaft eingeleitet, indem es immer mehr werden, die bewusst werden. Das ist eine sehr große und sehr wichtige Aufgabe."*

Ich befragte Christus weiter:
„Reicht mittlerweile ein Gedanke aus dem Herzen und der tiefsten und höchsten Liebe zu Gott aus, um Heilung und Transformation zu bewirken bei den Menschen?"

„Im Prinzip hast du damit recht. Doch hängt es auch von der Aufnahmefähigkeit des Menschen ab, und die ist meistens nicht so hoch, wie du dir das wünscht. Tue in jedem Fall, was du für richtig hältst. Du wirst spüren oder wissen, was zu tun ist und wie offen der Mensch ist, dem du deine Dienste im höchsten Licht Gottes anbietest.
Ich grüße und segne dich im Namen und in der Liebe unseres Vaters! Christus

Das war es! Die Transformationsenergie auf Menschen zu übertragen, ein unglaublicher Akt. Ich war mir in diesem Augenblick der Tragweite dieser Hinweise bewusst. Transformation ist die Hilfe zur Eigenliebe, um in die eigene Verantwortung zu sich selbst zu gelangen. Es ist die Energie, die Bereitschaft ermöglicht, sich dieser Verantwortung bewusst zu werden, um sein Leben zu verändern. Damit werden Menschen zu Botschaftern der Liebe, die sie in die Herzen der Menschen strömen lassen können.

Die Liebe ist ein magischer Lichtstrahl, der aus den Tiefen des Gefühls hervor bricht und sein ganzes Umfeld erhellt; auf diese Weise erlebt man die Welt als Reigen, der durch grüne Wiesen zieht, und das Leben als einen schönen Traum, den man zwischen zwei Phasen der Schlaflosigkeit träumt.
Khalil Gibran

Die neue Zeit

…hat bereits begonnen. Die Wahrnehmungen der Menschen verändern sich. Das Bewusstsein der Menschen verändert sich.

Es sind Weiterentwicklungen und weitere Erleuchtungen möglich geworden durch die Liebe aus der Mitte des Herzens, das durch die göttliche Urquelle erleuchtet wird. Uns Menschen werden immer mehr Ausblicke gewährt in eine Welt der Schönheit, der Liebe und der tiefen Verbundenheit mit der gesamten Schöpfung, die wir auch in uns tragen.

Ein lieber guter Freund hat mir schon vor Jahren einige Zeilen zu einer Geistlichtreise, die ich zu ihm durchführen durfte, geschrieben:

„Ich habe deine gestrige Mail gelesen, oder besser ausgedrückt, deine „Herzensbotschaft", obwohl mir eigentlich kein richtiges Wort dazu einfällt, so gewaltig und unfassbar sind deine Zeilen, sowohl inhaltlich als auch sprachlich, mich erinnernd an die uralten indischen Texte der Rishis und Yogis. Jeder Absatz ist für mich wie

eine Enthüllung, eine Enthüllung von Dingen, die schon so unglaublich lange in mir verborgen liegen, um nun, Absatz für Absatz ans göttliche Licht gezogen zu werden - zur Wandlung oder zur Transformation und zur Transzendenz meines Lebens. Ich frage mich, wie viele Inkarnationen ich auf den gestrigen Tag gewartet habe, wenn meine ganze Existenz endlich einen Sinn zu machen scheint, und meine Verbindung zu Gott wieder spürbarer und begreifbarer wird.

So ist es nun eine kleine Pflanze, die ich jeden Augenblick mit positiven Gedanken und Gefühlen nähre. Ich hoffe jedoch, dass daraus in näherer oder weiterer Zukunft ein großer Baum wird, der tief verwurzelt im Erdreich verankert ist und auch den anderen Menschen dienen kann, ihre ewige Verbindung mit Gott zu spüren. Ich fühle mich etwas wie der verlorene Sohn, der nach vielen, vielen Jahren wieder in das Haus seines Vaters zurückkehrt. Und es scheint irgendwie, als sei der Zeitraum zwischen Abschied und Wiederbegegnung nie gewesen.

Du schreibst von einem Plan, dem dies alles zugrunde liegt, dem Gott und meine Seele vor Äonen zugestimmt haben. Alles in diesem Leben scheint diesbezüglich ein Mysterium zu sein. Ich kann mich nur vor der unend-lichen göttlichen Gnade verneigen, die dich, liebster Freund, in mein Leben geschickt hat, um mich wieder an meine göttliche Quelle zu erinnern. Ich weiß, ich darf noch kräftig von innen an meiner Eierschale picken, doch nun weiß ich auch, dass etwas auf mich wartet, das des Pickens wert ist, etwas, das mir Zuversicht geben kann, über meine Ängste hinauszugehen, meine innerste Liebe *zu entdecken, um mich dann Gott zu Füßen zu legen, um in seinen starken Armen den Sinn der Existenz selbst zu erfahren."*

Mein Freund ist mittlerweile aus der Pflanze zu einem großen Baum herangereift, der wieder die Liebe zu sich selbst entdeckt hat.

Das Geistlichtreisen ist sehr viel mehr geworden. Es ist die Gottesverbindung selbst, die entsteht, wenn die Menschen sich darauf einlassen. Es sprengt jeden Rahmen, den wir mit unserem menschlichen Verstand erfassen können. Aus der Möglichkeit der Erleuchtung ist das Schaffen von Bindung, in der Liebe zum Schöpfer und zu allen Wesen und Energien, geworden.

Es ist ein Instrument, Zeit und Raum in sich selbst aufzuheben, seine Existenz zu verändern, selbst Schöpfer zu sein auf der ausschließlichen Basis der Liebe.

Ich durfte neben einer unmittelbaren Gotteseinweihung auch die göttliche Essenz erhalten, die er mir mit einem strahlenden Licht in mein Herz gelegt hat.

Es war ein flüssiger Kristall, in dem die Essenz der göttlichen Energie enthalten ist. Immer wieder auf den Geistlichtreisen strömen diese Lichtsonnen als einzelne Tropfen aus meinem Herzchakra. Sie bringen die Menschen in die spürbare göttliche Energie. Es ist reinstes Bewusstsein. Dieses Licht ist mittlerweile in all meinen Zellen und Seins-Ebenen ausgedehnt. Ich strahle es immer wieder aus, wenn ich in den Seminaren bin oder feinstoffliche Reisen zu den Menschen durchführe.

Wer jemals diese Kraft gespürt hat, ist nie mehr allein und Ängste können sich auflösen. Das ist wundervoll.

Unser Lernstoff auf der Schule „*Erde*" ist die Liebe, und irgendwann verlassen wir diese Schule. Die neue Zeit ist angebrochen. Wir sind gewappnet für das Leben in Liebe, mit oder ohne feststofflichen Körper.

Die Schwingungsanhebung der Erde ist erfolgt. Da wir Teil von Mutter Erde sind, gehen wir gleichzeitig in die Schwingungserhöhung hinein. Sind wir im Zentrum dieser Liebe in unserem Herzen, transformieren wir alles in und um uns herum. Wir haben die unermessliche Gelegenheit, endlich die Eigenverantwortung für uns zu übernehmen.

Senden wir unser Licht in die Herzen der Menschen.

Alles, was die Seelen ersehnen, werden sie erhalten!
Khalil Gibran

Im Ende liegt der Anfang - Im Anfang liegt das Ende

So wie im Anfang das Ende liegt, endet auch dieses Buch, das mehr ist als ein reiner Lesestoff. Das Ende des Buches ist ebenfalls ein Anfang, denn es hat in uns den Samen der reinen Liebe gelegt durch all die hohen Lichtwesen, die in feinstofflicher Gestalt als Mittler zwischen den Welten als *„Engelwesen in Menschengestalt"* Wege des Lichts aus der Mitte des Herzens weisen.

Es geht nun darum, das Licht der unbeschreiblichen Liebe aus dem göttlichen Sein in alle Welt zu tragen, in die Herzen der Menschen, in unser Tun und Handeln aus dem Herzen heraus an jedem Tag. Geben wir ein großes DANKE für das eigene Göttliche in uns und im anderen weiter.

Auf diese Weise kann ein lichtvolles Feuer der Liebe entfacht werden, das aus der Kraft des Herzenslichtes in alle Welten transportiert wird. **Ja! In alle *Welten*!** Denn diese Liebe bleibt keiner Energieform verborgen. Sie wird wahrgenommen und verwandelt dann alles in uns und ums herum, in allen Dimensionen und Universen.

Wir selbst haben die Kraft in uns, diese reine Liebe zu vermehren. So unfassbar berührend kann es sein, zu fühlen und zu sehen, wie sehr sich Menschen durch die Liebe verändern können.

Wir alle tragen eine hohe Verantwortung in uns. Das ist im Grunde er wahre Sinn unseres Lebens, das Licht der höchsten Liebe göttlichen Seins in die Welt zu tragen.

Schauen wir uns einen Rosenstrauch an, wie er aus einer kleinen Pflanze wächst und wächst, viele Verästelungen und Zweige bildet, an denen Blätter und wohlduftende Rosenblüten entstehen. Pflegen wir diesen Rosenstrauch im übertragenen Sinne mit Liebe, nähren ihn mit dem Wasser der Klarheit. Dann steht der Rosenstrauch für all die Menschen, die in sich selbst die göttliche Liebe entdeckt haben und weitergeben an andere Menschen, die wiederum neue Blüten der Liebe erschaffen.

Bleiben wir in der Freude und der Liebe unserer Herzen, in der Mitte unseres Seins. Wir sind dann ein Teil eines großen Ganzen. Wir fördern so einen Transformations-prozess, der uns zeigt: durch die Liebe ist alles möglich.

Durch die eigene innere Veränderung wird die Welt im Außen verwandelt.

Als *„Schmankerl"*, das zwar das Ende des Buches, doch gleichzeitig den Anfang von etwas Neuem darstellt, möchte ich noch eine wundervolle Geistlichtreise schildern, die mich tief im Herzen bewegt und berührt hat. Die Geschichte, die um Amelie kreist, hat mich tief betroffen gemacht, so wie mich meine Geistlichtreisen zu Kindern immer wieder sehr tief berühren.

Amelie ist ein hübsches Mädchen im Alter von 13 Jahren. Ende 2010 schrieb mich Amelies Mutter Sabrina an. Sie wurde von ihrer Freundin Annika auf mich aufmerksam gemacht, da Amelies Probleme eskalierten.

Schnell fasste Sabrina Vertrauen zu meiner Geistlichtarbeit und schilderte Amelies schwierige Situation.

„Wissen Sie, Herr Frantzen, wir wohnen in einer kleinen Gemeinde im Allgäu. Hier kennt jeder jeden. Ich möchte einfach, dass meine Tochter wieder vollkommen heil werden kann. Sie ist ein so wundervolles Mädchen, und ich mache mir als alleinerziehende Mutter große Gedanken um mein Kind. Ich weiß nicht mehr weiter, weiß keinen Rat, und die Ärzte finden keinen Zugang zu meiner Tochter. Amelie ist ein sehr hübsches Mädchen mit großer Liebe im Herzen. Ich liebe sie über alles, und ich weiß, dass vielleicht mit Ihrer Hilfe und mit Hilfe der Engel meine liebe Amelie wieder gesund werden kann. Sie hat noch zwei Geschwister, einen Bruder namens Lukas, er ist älter und lebt noch mit im häuslichen Verbund. Ihre ältere Schwester Janina ist auch bei mir.

Meine Kinder stammen aus meiner ersten Ehe, die vor einigen Jahren, kurz nach Amelies Geburt, geschieden wurde. Die Kinder haben ein sehr gutes Verhältnis zu ihrem Papa, doch mit seiner neuen Frau kommen sie nicht so ganz zurecht.

Ich selbst habe dann noch einmal eine neue Beziehung gewagt, die aber wieder auseinander ging. Es hat nicht funktioniert mit meinem zweiten Partner. Aus dieser Verbindung kam mein kleiner Leon auf die Welt, ein wahrer Sonnenschein. Alle Kinder sind bei mir, und wir leben eine schöne und liebevolle Beziehung zueinander. Nur Amelie kenne ich so, wie sie jetzt ist, nicht. Das ist für mich nur schwer auszuhalten.

Amelie war immer ein Kind mit einer hohen geistigen Reife. Der landläufige Begriff von „Zicke" trifft auf sie absolut nicht zu. Sie ist ein Mädchen, das bisher immer mit allen Mitschülern und Freunden gut auskam. Erstaunlich für mich ist, dass Amelie sich niemals an Lästereien über Dritte beteiligt hat. Sie hat niemals verletzt, sondern versucht, aus ihrer Liebe heraus, Freundinnen zusammenzubringen. Über die Jahre hat Amelie vorbildhaft Rückgrat entwickelt und stand, trotz ihrer sehr hohen Sensibilität für andere Menschen, fest auf dem Boden.

Meine Tochter geht auf das Gymnasium in Kempten. Dort hat sie sich bis auf wenige Ausnahmen sehr wohl gefühlt. Sie war gut integriert in den Klassenverband, war auch mit einer 8-Mädchen-Clique eng befreundet. Amelie war eine sehr gute Schülerin, um deren Schullaufbahn ich mir niemals Sorgen machen musste.
In diesem Sommer geschah etwas Fürchterliches:
Amelie wurde unmittelbar Zeugin eines schweren Verkehrsunfalls, der sich während eines Aufenthaltes im Schullandheim ereignete. Einer ihrer Freunde aus der Schulklasse lief in ein zu schnell fahrendes Auto und starb an seinen Verletzungen. Meine Tochter gab bei der hinzu gerufenen Polizei einen Zeugenbericht. Dabei wurde zunächst überhaupt nicht bemerkt, dass Amelie unter Schock stand. Der Aufenthalt im Schullandheim wurde sofort abgebrochen. Schüler und Lehrer fuhren mit dem Bus zurück nach Hause.

Sie hat immer ein Handy dabei, und rief mich sofort an, als der Bus an der Schule ankam. Ich nahm mir auf meiner Arbeitsstelle frei und fuhr sofort zur Schule um

Amelie abzuholen. Kreidebleich stieg sie in mein Auto, und wir fuhren nach Hause. Ich sah, dass sie am ganzen Körper zitterte. Das veränderte sich auch nicht in den darauffolgenden Tagen. Unser Hausarzt verschrieb ihr ein leichtes Beruhigungsmittel. Er gab den Hinweis, dass Amelie nach diesem Schock auch psychologisch betreut werden solle.

Die Schule richtete ebenfalls eine Trauma-Ambulanz mit Fachtherapeuten ein. Diese gaben darüber Auskunft, dass durch Unfälle hervorgerufene Schock-Zustände in der Regel nach drei bis vier Wochen abklingen. Danach würden die Erlebnisse wieder in den Hintergrund rücken.

Wir warteten diese vier Wochen ab. Einige Tage durfte sie das Beruhigungsmittel des Hausarztes einnehmen, dann wurde es abgesetzt. Ich half noch unterstützend über eine Heilpraktikerin, die Bachblüten verschrieb. Leider konnte ich damit nur die Spitze der Probleme abfangen.

Amelie hat Schuldgefühle, die sich mit dem Unfall in Verbindung bringen lassen, und ich kann mir wirklich keinen Reim darauf machen. Sie wurde immer stiller, sprach kaum noch ein Wort und zog sich immer mehr zurück. Mir sagte sie nichts, obwohl ich immer wieder versuchte, zu erfahren, was genau sie so beschäftigt. Ich beobachtete die Entwicklung mit großer Sorge.

Ihre Leistungen in der Schule wurden immer schlechter. Es half nichts, wir mussten uns um fachlichen Rat kümmern. Nach einigen Gesprächen war Amelie endlich bereit, einen Trauma-Therapeuten gemeinsam mit mir aufzusuchen.

Der Therapeut diagnostizierte eine posttraumatische Belastungsstörung in hohem Grad, doch er machte uns Hoffnung auf eine erfolgreiche Behandlungsprognose. Die Behandlungen wurden durchgeführt, doch der Zustand von Amelie verschlechterte sich zusehends. Es kam sogar dazu, dass sie nach einiger Zeit versuchte, sich die Arme zu ritzen. Sie veränderte sich immer mehr, und ihre Freundinnen aus ihrer Clique zogen sich von ihr zurück, auch ihre beste Freundin, die Amelie gerade zu dieser Zeit sehr gebraucht hätte. Es machte sie wirklich sehr traurig, und das Gefühl von Isolation verschlimmerte alles noch mehr.

Zunächst hatte sie auch ihrem Klassenlehrer von der Trauma-Therapie nichts gesagt. Schließlich informierte sie ihn und auch einige ihrer engsten Mitschüler. Leider wurde sie trotzdem zum Außenseiter in der Schule. Nur ihr Klassenlehrer, der Amelie ja anders kannte, nahm große Rücksicht auf sie.

Nach dem Autounfall Ihres Klassenkameraden suchte sie schließlich Kontakt in einem Schülerforum im Internet, um sich ihre Ängste und Schuldgefühle von der Seele zu reden. Ich habe ihr die Freiräume dafür gelassen, damit sie das Problem vielleicht mit Gleichaltrigen lösen kann. Doch das Gegenteil trat ein! Amelie schlug extrem über die Stränge, so wie ich es zuvor nicht von ihr kannte. Gewiss, die Themen der Pubertät spielen hier mit hinein, ebenso das Trauma, das sie erlebt hat, nur: meine Tochter schlug in jeder Beziehung über die Stränge.

Der Therapeut hatte mich schon damals darauf aufmerksam gemacht, dass bei dieser Form der posttraumatischen Belastungsstörung eine hohe Suchtanfälligkeit entstehen kann. Amelie trank zunächst unbemerkt Alkohol, begann mit dem Rauchen von Zigaretten. Ob sie noch andere Suchtmittel einnimmt, kann ich nicht bestimmt sagen, doch es würde mich nicht wundern.

Meine Tochter wurde danach von einem Heilpraktiker in München behandelt, der zumindest über eine Hypnose kurzfristig eine Verbesserung erzielen konnte, so dass Amelie zeitweise die Erinnerungen an diesen schrecklichen Unfall vergessen konnte. Sie leidet an innerer Unruhe, ist manchmal aggressiv, hat einen hohen Drang nach Freiheit, intensive Schlafstörungen. Dabei kann sie sich in der Schule kaum noch konzentrieren. Es fällt ihr auch schwer, dem Unterrichtsverlauf zu folgen. Amelie versucht, den Süchten zu widerstehen, doch es fällt ihr sehr schwer.

Ich bin in sehr großer Sorge um mein Kind, zumal auch der Therapeut mir große Vorwürfe machte, ich selbst würde den Heilungsverlauf stören, weil sich noch nichts gebessert hat. Das kann ich nicht verstehen. Er meinte auch, sie würde sich selbst so viel Druck machen, um mit allem klar zu kommen, und das sei schon eine Form des Burnout-Syndroms. Sie selbst sagt immer: „ Ich habe den verstorbenen Mark nach dem Unfall immer wieder gesehen, gespürt."

Das alles lässt mir keine Ruhe. Ich habe mit Amelie gesprochen und sie ist bereit für eine Geistlichtreise. Wir

beide hoffen so sehr, dass Amelie es schafft. Nur durch die Unterstützung und den Halt ihrer Geschwister haben wir bisher durchgehalten. Sie hat große Angst und möchte wieder frei sein von den Sorgen und Problemen. Können Sie uns helfen?
Eine sehr besorgte Mutter..."

Natürlich habe ich eine Geistlichtreise zu ihrer Tochter gemacht, die auch schon wenige Tage später stattfinden konnte. Ich ließ wie immer im Hintergrund leise Musik laufen, setzte mich auf meinen Schreibtischstuhl, nachdem ich zuvor die Chakra-Übungen umgesetzt und alle hohen Lichtwesen eingeladen hatte und *„verkabelte"* mich mit meinem Aufnahmegerät. Die simultan zu den feinstofflichen Geschehnissen aufgenommene Geistlichtreise sollte sich positiv auswirken, wie sich später herausstellte.

Das Bild, das sich mir und den Lichtwesen zeigte, als wir Amelie vor uns sahen, war sehr bedrückend. Sie stand in einer schwarz-klebrigen Wolke, in der sich einerseits etliche Angstwesen befanden, andererseits auch Aggressions- und Suchtwesen. Auch die Seele des verunfallten Mark war zu erkennen. Immer wieder ging diese Seele in Amelies Körper hinein, um sich mit ihr zu verbinden. Ich sah auch die sogenannten Freunde aus dem Schüler-Forum, die am feinstofflichen Körper von Amelie mit Saugrüsseln anhafteten, um über diese Verbindung immer wieder Energie von dem Mädchen abzuziehen. Diese Aggressionswesen stammten von den Personen, die auf Amelie *„übergesprungen"* waren.

Mark, der tödlich verunfallt war, hatte diesen Unfall mit verursacht, regelrecht angezogen, da er ihn unbewusst gesucht hat. Der Junge hatte zu Lebzeiten sehr große Probleme in seinem Elternhaus. Daraus entstand in ihm eine intensive Todessehnsucht, all dem Streit und den Kämpfen in der Familie entfliehen zu können. Er war in der Pubertät und sehnte sich nach Freiheit, wollte sich selbst finden, seine Identität. Er fand keine andere Lösung, als unbewusst diesen Unfall auf sich zu ziehen. Er war zutiefst depressiv.

Bei Unfällen ist immer deutlich erkennbar, dass sie schnell, plötzlich und kraftvoll auftreten, mit Ereignissen, die eine tiefe Zäsur erzeugen, um dazu anzuregen, etwas im Leben zu verändern. Unfälle werden angezogen vom vermeintlichen Opfer. So war es auch in diesem Fall.

Die Bilder des Unfallhergangs wurden mir von den hohen Lichtwesen gezeigt, Ich sah sofort, dass der Junge, der über seinem Körper schwebte, die Situation zunächst absolut nicht verstehen konnte. Er hatte große Angst, und schaute sich um. Sofort erkannte er Amelie, die durch den starken Schock feinstofflich vollkommen geöffnet war. So strömte Marks Seele in ihren Körper, um sich auf diese Art und Weise sicher zu fühlen.

Es kam bei der Reise heraus, dass Amelie ein Mädchen ist, die immer wieder für alle Situationen im Außen die Schuld bei sich selbst sucht. Auch im Tod ihres Klassen-kameraden fand sie in sich ein Schuldthema. *„Warum habe ich ihn nicht retten können? Warum habe ich den Unfall nicht verhindert?"* fragte sich Amelie immer wieder. Gleichzeitig verstärkte nun die Seele des Jungen in Amelies Körper diese Schuldgefühle, da Marks Seele selbst diese Schuldgefühle in sich trug.

Damit wurde klar, dass es kein Zufall war, weshalb ausgerechnet Amelie zu diesem Zeitpunkt in der Nähe war und den Unfallablauf erlebte. Ihr sollte gespiegelt werden, die Schuldgefühle, die sie ständig für andere empfand, nicht auf sich selbst zu münzen. Es zeigte ebenfalls, dass sie selbst diese Sehnsucht nach absoluter Freiheit in sich trug, also damit in ihr Resonanz zum Thema des Klassenkameraden bestand. Es waren die gleichen Fragen, die Amelie und Mark sich gestellt hatten:

„Was ist der Sinn in meinem Leben? Was ist der Sinn, wenn jemand so jung stirbt, der das Leben noch vor sich hat? Warum bin ich überhaupt hier? Was mache ich hier eigentlich?" Diese Gefühle und Fragen verstärkten sich natürlich durch die Verschmelzung von Marks Seele in Amelies feinstofflichem Körper.

In Amelies Gehirn sah ich ein sternenförmiges, technisches Implantat, das sich schnell drehte und Blitze in beide Gehirnhälften aussandte. Es symbolisierte in ihrer Seelensprache Aggression, die sich gegen sie selbst richtete. Das erklärte auch ihren Wunsch, sich mit einem Messerchen in die Arme zu ritzen.

Christus und die hohen Lichtwesen ließen die Angstwolke und alle Wesenheiten, alle Saugrüssel in einem strahlenden Licht auflösen, Amelie wurde davon befreit. Auch das Implantat im Gehirn wurde entfernt durch die Kraft der Lichtwesen. Gleichzeitig entstand ein

Transformationsprogramm in allen Zellen, um das Zellgedächtnis zu verwandeln. In Amelies Gehirn wurden die neuronalen Verbindungen verändert, so dass neue Gedankenstrukturen entstehen konnten.

Nun kam die wichtigste Maßnahme auf dieser Geistlichtreise!

Christus stellte sich hinter Amelie. Er legte die Hände seitlich an ihre Schläfen. Dabei ließ er strahlendes Licht in den Kopf und in den Körper des Mädchens strömen: *„Hier spricht Christus in der reinsten Bewusstseinsform des göttlichen Seins. Ich sage dir in aller Liebe und Deutlichkeit, Mark, verlasse Amelies Körper. Gehe ins Licht, damit du deinem Weg weiter folgen kannst. Verlasse hier und jetzt diesen Körper. Du bist so sehr geliebt von der göttlichen Quelle und allen Lichtwesen, nimm diese Liebe an. Sei voller Vertrauen und Mut, dich von Amelie zu lösen, damit ihre eigene Seele sich weiterentwickeln kann. Löse dich von diesem Körper und sei frei, in der Freiheit, die sich deine Seele immer gewünscht hat. Dies ist die Freiheit der allumfassenden Liebe.“*

Ganz langsam löste sich Marks Seele und zog behutsam nach vorne aus Amelies Körper heraus. Er drehte sich um und schaute Amelie liebevoll in die Augen. *„Du hast keine Schuld Amelie. Ich bin dir in Liebe dankbar, dass du genau in diesem Augenblick bei mir warst, in meiner Nähe, um mich zu schützen. Ich hatte solch eine große Angst.“* Dabei schaute er sich um und sah alle Erzengel und die anderen Reisebegleiter auf dieser Lichtreise. *„Amelie, ich fühle mich geborgen hier in diesem Gefühl* *reinster Liebe, die mich so sehr berührt. Gehe du deinen Weg. Ich werde mich nun von dir verabschieden."*

Dabei umarmte er Amelie liebevoll und gab ihr einen behutsamen Kuss auf die Wange. Tränen rannen über Amelies Gesicht, so tief war sie berührt. Ein strahlender Lichtkanal bildete sich, in den hinein Marks Seele mit einem Lächeln ging, um dann ins göttliche Licht der Liebe zu strömen.

Dieser Teil der Reise war für mich so berührend, dass ich selbst die Reise kurz unterbrechen musste, weil mir die Tränen herunterliefen. Nach wenigen Minuten war ich wieder in meiner Ruhe und konnte die Lichtreise fortsetzen.

Amelie wurde nun mit weiteren Maßnahmen der Lichtwesen unterstützt, eine davon war, dass ich einen zweiten Lichtkörper aus meinem Herzchakra bildete, der in das hintere Herzchakra von Amelie einströmte.

Wir waren nun in einem Einheitskörper verschmolzen. Ich betete ein stilles Heilgebet für Amelie, während goldenes Licht spiralförmig durch ihren Körper innerhalb der Pranaröhre strahlte. Diese Transformationsenergie löste alle alten Muster in Amelie auf. Sie wurde in sich wieder klar und kraftvoll. Wie bunte Wellen strömte das Licht in Milliarden von Spiralen in jede einzelne Zelle ihres Körpers, in alle feinstofflichen Ebenen. *„Ich vergebe mir"*, hörte ich Amelie sagen. Christus hatte ihr erklärt.

„Es gibt keine Schuld, weil alles zu einem Ziel führt, sich in die Liebe des Herzens zu bringen, in die Liebe der

göttlichen Quelle, in die Liebe zu sich selbst. Es ist das Annehmen all deines Seins, damit du lernen kannst."

Amelie hatte es verstanden. Das göttliche Licht strömte durch ihren Körper, gleißend hell in vollkommener Liebe. Ich dankte dieser hohen göttlichen Kraft für die Gnade und Hilfe. Mein zweiter feinstofflicher Lichtkörper strömte wieder aus Amelies Körper heraus, und ich ließ ihn wieder mit meinem Körper verschmelzen.

Ein großes rosafarbenes Lichtherz bildete sich um Amelie. Sie stand senkrecht im Zentrum dieses Herzens, das sich um sie drehte. Eine lichtvolle Spiralenergie strömte in alle Richtungen aus, auch in Amelies Schule hinein. Das Licht strömte in ihr eigenes Herz. Es wurde ganz deutlich, dass sie in ihre Selbstliebe hineinkam.

Alle Lichtbegleiter vervielfältigten sich und blieben am Ende der Reise bei Amelie.

Die CD sandte ich noch am gleichen Tag zu Amelies Mutter. Es dauerte einige Wochen, bevor ich eine Antwort bekam mit einer Rückmeldung der Reise, die mich sehr erfreute:

Hallo, lieber Herr Frantzen,

nun sind wir wieder da aus dem Urlaub, in dem wir viel Spaß hatten. Meine großen Kinder, die ja zur Schule mussten, waren in dieser Zeit bei Ihren Großeltern. Dort lief auch soweit alles gut. Meiner Tochter Amelie geht es -ich würde es ruhig so nennen- hervorragend, und ich muss sie nie ermuntern, sich Ihre CD mit der Geistlichtreise anzuhören. Sie macht dies ganz von allein und schafft es jetzt auch ganz deutlich, sich abzugrenzen von den Problemen anderer, ohne ihre Sensibilität zu verlieren. Über Ihre Entwicklung bin ich mehr als glücklich und Ihnen wirklich mehr als dankbar, dass Sie und die Lichtwesen solche Linderung verschaffen konnten. Das Ritzen hat aufgehört, ein Wunder.

Amelie ist auch wieder offen zu mir. Wir besprechen alles miteinander. Ich habe ebenfalls gelernt aus all diesen Ereignissen, und ich sehe, wie sensibel und zerbrechlich die Seele eines solch jungen Menschen sein kann. Wir waren noch einmal bei dem Trauma-Therapeuten, und er bestätigte mit Erstaunen, dass Amelie wieder vollkommen gesund ist.

Wissen Sie was? Wenn Sie in der Nähe sind, komme ich mit Amelie zu Ihrem Seminar, darauf freuen wir uns schon."

Über diese Nachricht war ich überglücklich, in tiefer Dankbarkeit und Demut zu solch einer Kraft der reinsten Liebe.

Amelie und ihre Mutter durfte ich vor einiger Zeit auf einem Seminar in Süddeutschland persönlich begrüßen. Ich konnte klar erkennen: Amelie ist auf einem guten Weg.

Im Ende liegt der Anfang - im Anfang liegt das Ende. Das Alpha und Omega sind eine Einheit. Es gibt keine Trennung, denn alles ist in einem Punkt in der Gegenwart vorhanden.

Daher ist zwar dieses Buch jetzt zu Ende, doch es wird weitergehen. Ich werde ein weiteres Buch schreiben, das die Leserin und den Leser noch tiefer in ihr Inneres und in die feinstoffliche Welt führen wird. Weitere Einweihungen machen das möglich, und ich werde Sie alle sehr gerne daran teilhaben lassen.

Freuen Sie sich mit mir auf weitere Ereignisse jenseits der dreidimensionalen Welt.

Danksagung

In tiefer Demut danke ich Gott, Christus, allen hohen Lichtwesen für die vielen wunderbaren Erfahrungen, die ich erleben durfte und darf.

Ich danke in tiefer Liebe meiner Frau Inge, die mich so liebevoll unterstützt.

Ich danke allen Menschen, die mich auf meinem Weg begleitet haben und begleiten.

Ebenso danke ich von Herzen dem Omkara-Verlag, der mit Eva-Maria & Thomas Ammon und Dominic Pohl mit sehr großer Herzensliebe und Sensibilität dieses Buch aus dem Herzen mitträgt. Damit ermöglichen sie, dass dieses Buch veröffentlicht wird und den Weg in die Herzen der Menschen findet.

Und ich danke all meinen inspirierenden Freunden, die mich immer wieder motivieren und auch manchmal an der Schnur ziehen, um den „Luftballon" namens Uwe, wieder auf den Boden zurückzuholen, egal aus welcher Dimension oder welchem Universum er gerade kommt.
In Liebe umarme ich euch.

Uwe

Uwe Frantzen
Wenn Sie mehr über Uwe Frantzen und seine Arbeit erfahren wollen, dann schauen Sie einfach nach unter seiner Website
www.geistlichtreisen.de

Hier erhalten Sie die Email-Adresse und die Handynummer von Uwe Frantzen. Wenn Sie Kontakt mit ihm aufnehmen möchten, dann senden Sie ihm eine Email oder rufen ihn an. Er wird Ihnen alles Nötige mitteilen.

uf@geistlichtreisen.de

Handy: 0151-52922644

Uwe Frantzen
Seminarleiter
Autor
Geistlicht-Heiler

Wenn Sie Interesse an Tagesseminaren, Themenseminaren, Intensivseminaren, Transformations- und Heilungstagen haben, oder für sich selbst eine eigene, ganz persönliche Geistlichtreise wünschen, wenden Sie sich vertrauensvoll an Uwe Frantzen.

Herzensdämmerung

Welch eine Schönheit, welch ein Abendlicht
Verschwimmt mit dieser blauen Wolkenschicht
Zum eins geword'nen, späten Abschiedssehnen -
Bestehend aus der Sonne Himmelstränen
Und jenen Boten schwarz getünchter Nächte,
Azur gefärbt wie Magier höh'rer Mächte,
Verzaubert selbst von ihrem späten Schein,
Im glänzend, kühlen Abendstelldichein.

Verdichtet Rot, ins Tal entfloh'ne Form,
Als ätherwognes letztes Samenkorn
Vom fruchtbehangnen Baum der Tagesernte,
Tief in die Nacht, ins Uferlose schwärmte,
Wo nur die Dunkel schwellend, leise leben,
Zum düstren Mauerfang empor sich heben,
Begrenzend Sonnes fernverflossnen Strahl,
Mit ihren Blicken trübe, trist und fahl.

Schon seit Äonen pflanzt der geh'nde Tag
Stets neue Hoffnung in den schwarzen Sarg.
Die weiten Hügel sind wie Pyramiden,
Dem Leben längst entsagt, dem Tod beschieden,
Dem Orient entstieg'ne Pharaonen,
Die über allem herrschaftsgolden thronen,
Behangen von dem lichten Sternenkranz,
Der was dem Auge fehlt macht rund und ganz.

Der Wind streicht kühl das irdne Abendbett,
So wie ein Künstler seines Tafels Brett.
Mit jedem Streicheln scheint tief zu entschlafen,
Wen diese letzten, kleinen Stürme trafen -
Beseelt von einem Maler ohne Farben,
Der reicht beschenkt mit seinen wehend Gaben,
Was auf der Erde wirkte traumumrahmt -
Von Lebens Pinselstrichen müd´ erlahmt.

Die Schatten fallen, Wolken ziehen auf,
Im Mondesaufgang, Sternenbahnenlauf.
Die Vögel zwitschern längst nicht mehr in Scharen,
Nur einer ist, wo früh die vielen waren;
Doch bald auch dessen Lieder stumm vergehen,
Kein Notenlaut kann in der Nacht bestehen;
Gezweige wie ein silhouettner Rand
Umgeben dieses schläfrig Weltenland.
Welch eine Schönheit, welch ein Abendspiel,
Welch eine Anmut, welch ein Nachtgefühl;
Ein Frieden ruht mit seinem milden Schweigen,
Wo Tages starre Formen sanft sich neigen,
Wo Leben sinkt gen Boden, fest umschlossen,
Vom Herzensflutenmeer erweicht, durchflossen;
Und kein Gedanke mehr die Stille stört,
Die nur der Herzenssehnsucht angehört.   Kai Keller

Anhang

Übungen, Meditationen, Geistlichtreisen

Persönliche Umsetzung Geistlichtreisen

Erste praktische Übungen

Übungshinweise

WICHTIG! BEI ALLEN GEISTLICHTREISEN NUR SCHAUEN. DIE LICHTWESEN FÜHREN ALLE MASSNAHMEN DURCH. WIR SIND UND BLEIBEN BEI ALLEM AUSSCHLIESSLICH BEOBACHTER!!!

- **Übersicht**
- Einladung der hohen Lichtwesen
- Reinigungsreise
- Aufbauen eines Schutzrings und eines sicheren Raumes
- Auskämmen der Chakren
- Aktivierung und Öffnen der Chakren
- Reinigung der Chakren
- Visualisierung
- Gebäudeclearing:
- Schaffung einer Lichtglocke/Lichtpyramide
- Errichtung einer kristallinen Lichtplatte
- Errichtung einer Lichtmauer
- Errichtung von Lichtkristallspitzen auf dem Grundstück
- Lichttornado im Haus
- Errichtung von Lichtkristallplatten im Inneren des Hauses
- Errichtung eines Lichtherzens mit einer Lichtsäule in der Mitte, die von einer göttlichen Urquelle gespeist wird
- Schließen eines Dimensionslochs auf einem Grundstück
- Errichtung Lichtsack auf Handymast
- Aufbau Schutz Elektrosmog im Stromkasten
- Schaffung eines Heilherzens

- Öffnen der Pranaröhre
- Angstwesen aus dem Wurzel- und Sakralchakra befreien
- Reinigung aller feinstofflichen Schichten durch Erzengel Michael
- Reise in den Zeitpunkt der Zeugung
- Matrixmutter (Heilung Inneres Kind)
- Parallel-Lebensweg
- Reise in die 12. Dimension
- Verbindung von Emotion und Verstand mit dem Herzen, Transformation in die Liebe
- Reise zur göttlichen Urquelle
- Reise in die 7. Dimension (Heilung Inneres Kind und Rückholen verlorener Seelenanteile)
- Reise Indianerfeuer
- Reise: Lichtwasserfall und paradiesische Landschaft (Hinweis oder Information, Quelle der Erkenntnis, Indianerin)
- Christus-Kelch und Lichtkörpererfahrung

Einladung der hohen Lichtwesen

Stelle dich in einen lichtdurchfluteten Raum

Halte deine Hände wie eine Schale, mit den Handinnen-flächen nach oben, vor dein Solarplexus-Chakra (Bauchchakra). Schließe deine Augen.

Visualisierung: weißes Licht strömt in deine Handinnen-flächen und wird von dort aus in deinen Körper geströmt

Stelle dir vor, dass alle Lichtwesen, die du zu dir einlädst, zur folgenden Geistlichtreise erscheinen:
Christus, Maria, alle Erzengel, St. Germain, Hilarion, 5 Riesenengel, 5 Kristallengel, Selly (Salzengel aus dem Himalaya), Turlin

Spüre in dich hinein: es müsste bei entsprechender Übung hell werden vor deinem inneren Auge

Bitte die eingeladenen Lichtwesen darum, zum höchsten Wohle des göttlichen Plans und zum höchsten Wohle der Person, zu der du reist, die Geistlichtreise zu unterstützen, Schutz zu geben für dich selbst und für den anderen Menschen.

Reinigungsreise

Sitze, von leiser Meditationsmusik begleitet, gerade und entspannt auf deinem Stuhl.
Lege deine Hände, zu einer Schale geformt mit deinen Handinnenflächen nach oben, ganz entspannt auf deine Oberschenkel.
Lade alle hohen Lichtwesen zu dir ein.
Atme weißes Licht ein, weißes Licht aus. Lass weißes Licht in deine Handinnenflächen strömen, das dann weiter in deinen Körper einfließt.

Visualisierung:

➤ Bilde eine Lichtpyramide um dich herum, die im Bereich der oberen Spitze eine Öffnung hat
➤ Leite göttliches Licht in die Pyramide hinein
➤ Atme das göttliche Lichts innerhalb der Pyramide ein und aus.
➤ Alles sogenannte „Dunkle" wird in einer Lichtspirale aus der Spitze der Pyramide gezogen
➤ Dort Transformation in einer göttlichen Lichtquelle
➤ Neues göttliches Licht strömt in die Pyramide und erfüllt dich mit weißem Licht
➤ Öffnen deine Augen. Dehne und strecke deine Arme und Beine

Aufbauen eines Schutzrings und eines sicheren Raums

Sitze, von leiser Meditationsmusik begleitet, gerade und entspannt auf deinem Stuhl.
Lege deine Hände, zu einer Schale geformt mit deinen Handinnenflächen nach oben, ganz entspannt auf deine Oberschenkel.
Lade alle hohen Lichtwesen zu dir ein.
Atme weißes Licht ein, weißes Licht aus. Lass weißes Licht in deine Handinnenflächen strömen, das dann weiter in deinen Körper einfließt.

Visualisierung:

➤ Errichtung eines Lichtrings durch die Lichtwesen um dich herum
➤ Den Abstand zu dir bestimmst du selbst. Bitte jedoch die Lichtwesen darum, den Abstand zu wählen, der für dich gut und sicher ist.
➤ Du kannst das besser visualisieren, wenn du dir ein weißes Feuerlicht vorstellst, das in züngelnden weißen Lichtflammen um dich herum errichtet wird.
➤ Fordere alle anderen Wesenheiten auf, sich außerhalb des Lichtrings aufzuhalten
➤ Fordere die anderen Wesenheiten dazu auf, nur Liebe von dir zu lernen, nicht einzugreifen, nur zu schauen.

<u>Visualisierung</u>:

- ➤ Stell dir vor, dass du in einem weißen Raum sitzt. Es ist ein Mediationsraum, wie in einem Zen-Kloster.
- ➤ Entlang der weißen Wände stehen sehr bequeme Stühle.
- ➤ In der Mitte des Raums ist ein großer Lichtbrunnen
- ➤ Es ist ein ganz sicherer Raum, der zudem auch von außen mit dem Lichtring versehen werden kann, so dass hier keine ungebetenen Gäste hineinkommen können.
- ➤ Nach oben hin ist der Raum offen
- ➤

Auskämmen der Chakren

Stelle dich in einen lichtdurchfluteten Raum
Halte deine Hände wie eine Schale, mit den Handinnen-flächen nach oben, vor dein Solarplexus-Chakra (Bauchchakra). Schließe deine Augen.

Visualisierung: weißes Licht strömt in deine Handinnen-flächen. Es wird von dort aus in deinen Körper geströmt
Visualisiere, dass folgende Lichtwesen eingeladen werden zur bevorstehenden Geistlichtreise: Christus, Maria, alle Erzengel, St. Germain, Hilarion, 5 Riesen-engel, 5 Kristallengel, Selly (Salzengel aus dem Himalaya), Turlin (Turmalinengel)
Spüre in dich hinein: es müsste bei entsprechender Übung hell werden vor deinem inneren Auge

Schritt 1:
Halte deine Hände in Gebetshaltung vor dein Herz-chakra. Strecke deine Arme aus. Ziehe deine Arme mit gespreizten Fingern langsam seitlich weg. (Ruder-bewegung). Atme dabei weißes Licht ein und weißes Licht wieder aus. Danach führe deine Arme wieder zusammen.

Visualisierung: Stelle dir vor, dass dein Herzchakra ganz weit geöffnet wird, wie ein Trichter, und wie dabei die Energie des Herzchakras weit hinausströmt. Etwaige Fremdwesen oder andere Energien strömen ebenfalls hinaus. Sie werden in einen Lichtkanal hineingezogen, der vor dir steht und nach oben ins Licht gebracht, um dort transformiert zu werden.

Schritt 2:

Halte deine Hände in Gebetshaltung in der Höhe unterhalb deiner Geschlechtsorgane (Oberschenkel), da das Wurzelchakra zwischen Anus und Geschlechtsorganen sitzt.

Visualisierung: Ziehe nun mit gespreizten Fingern die Arme auseinander und kämme dein Wurzelchakra aus, so dass auch hier Fremdwesen und andere Energien ausströmen können. Diese werden in der imaginären Lichtsäule vor dir, ins Licht hineingezogen und im Licht transformiert. Führe danach Arme wieder zusammen.

Visualisierung: Gib Aufmerksamkeit in dein Wurzelchakra. Fühle hinein und spüre auch deine Verbindung zur Erde.

Schritt 3:

Halte deine Hände in Gebetshaltung oberhalb deines Scheitelchakra ziehe sie mit gespreizten Fingern langsam seitlich weg und führe sie wieder zusammen (Ruderbewegung), dabei die Hände auch weit neben den Kopf führen. Arme wieder zusammenführen und wieder ausspreizen usw.

Visualisierung: Gib Aufmerksamkeit in dein Scheitel- oder Kronenchakra und spüre auch dort eine Art Trichtergefühl. Es ist die Verbindung zum Göttlichen.

Aktivierung und Öffnung der Chakren

Stelle dich in einen lichtdurchfluteten Raum
Halte deine Hände wie eine Schale, mit den Hand-
innenflächen nach oben vor dein Solarplexus-Chakra
(Bauchchakra). Schließe deine Augen.

Visualisierung: weißes Licht strömt in deine Handinnenflächen und wird von dort aus in deinen Körper geströmt
Visualisiere, dass du folgende Lichtwesen einlädst zu
deiner bevorstehenden Geistlichtreise: Christus, Maria,
alle Erzengel, St. Germain, Hilarion, 5 Riesen-engel, 5
Kristallengel, Selly (Salzengel aus dem Himalaya), Turlin
(Turmalinengel)

Spüre ich dich hinein: es müsste bei entsprechender
Übung hell werden vor deinem inneren Auge

Halte deine rechte Hand wieder kurz unterhalb deiner
Geschlechtsorgane. Ziehe deine rechte Hand langsam
entlang deiner rechten Körperhälfte (Abstand individuell spüren, 10-30 cm vom Körper) hinauf bis zur Höhe
deines Herzchakras. Überquere mit deiner rechten
Hand, dein Herzchakra. Lass deine rechte Hand weiter
wandern entlang deiner linken Körperseite hinauf bis zu
deinem Kronenchakra.

Überquere, mit deiner rechten Hand, dein Kronen-
chakras oberhalb deines Kopfes. Dann lasse deine
rechte Hand, an der rechten Seite deines Körpers,
wieder bis zur Höhe deines Herzchakras wandern.

Lass deine Hand jetzt über deinen Brustraum quer über dein Herzchakra nach links wandern. Fahre entlang deiner linken Körperseite wieder hinunter bis zur Höhe deines Wurzelchakras. Damit beschreibst du eine große ACHT vom Wurzelchakra bis zum Kronenchakra mit dem Schnittpunkt vor deinem Herzchakra.

<u>Hilfe</u>: leise Meditationsmusik. Übung ganz langsam mit hohem Bewusstsein praktizieren

<u>Visualisierung</u>: Bei dieser Übung nimmst du die heilsamen Energien von Mutter Erde in dein Herz auf. Du nährest sie mit deiner Herzensliebe und leitest sie dann weiter zur göttlichen Urquelle. Dort wird die Energie, die du über deine Herzenergie hinauf geleitet hast, von Gott genährt und mit seiner bedingungslosen Liebe aufgeladen. Diese Energie kehrt dann zurück in dein Herz. Dein Herz wird damit aufgetankt, um dann wieder in dein Wurzelchakra zu gelangen. Dort wird die Energie der göttlichen Herzensliebe wieder an die Erde zurück gegeben.

Wenn du diese Übung langsam umsetzt, spürst du in deinem Körper ein leichtes Vibrieren, einen Schauer, der dich erfasst. Es ist auch Wärme spürbar.

Dann hältst du deine Hände wie eine Schale mit den Handinnenflächen nach oben vor dein Solarplexus-Chakra und lässt wieder die göttliche Energie in deine Hände strömen. Du atmest weißes Licht ein und weißes Licht aus. Nun ziehst du, in dieser Haltung deine Hände langsam über dein Herzchakra bis hinauf zum Stirnchakra.

Hier kann es sein, dass du bereits eine starke Vibration und ein Schwingen wie eine Art Schauer in deinem Körper erfährst.

Nun öffne deine Hände und halte sie im Abstand von ca. 20-30 cm rechts und links in Höhe deiner Schläfen. Hier kannst du erkennen, dass Vibrieren in deinem Kopf spürbar ist, als sei ein Ring im Kopf.

Damit ist die Verbindung zu den Lichtwesen, die Verbindung von Mutter Erde zur göttlichen Urquelle geschaffen. Dein Herzchakra spielt dabei die entscheidende Rolle, weil du bei dieser Übung deine Chakren über dein Herz geöffnet hast.

Reinigung der Chakren

Stelle dich in einen lichtdurchfluteten Raum
Halte deine Hände wie eine Schale, mit den Handinnen-
flächen nach oben, vor dein Solarplexus-Chakra
(Bauchchakra). Schließe deine Augen.

Visualisierung: weißes Licht strömt in deine Handinnen-
flächen. Es wird von dort aus in deinen Körper geströmt
Visualisiere, dass folgende Lichtwesen eingeladen
werden zur bevorstehenden Geistlichtreise: Christus,
Maria, alle Erzengel, St. Germain, Hilarion, 5 Riesen-
engel, 5 Kristallengel, Selly (Salzengel aus dem
Himalaya), Turlin (Turmalinengel)
Spüre ich dich hinein: es müsste bei entsprechender
Übung hell werden vor deinem inneren Auge
Visualisierung:

➤ Weißes Licht aus deinen Handinnenflächen strömt
   beim Ein- und Ausatmen des weißen Lichtes in deinen
   Körper und erfüllt alle Chakren
➤ Christus gibt eine weiß-goldene Lichtkugel in dein
   Kronenchakra
➤ Eine Lichtkugel sinkt in dein Bauchchakra und öffnet
   sich dort
➤ Strahlend weiß-goldenes Licht strömt in all deine
   Chakren
➤ Deine Chakren nehmen dieses Licht auf und werden
   damit gereinigt.
➤ Deine Chakren strahlen nun sehr weit aus

Visualisierung

Sitze, von leiser Meditationsmusik begleitet, gerade und entspannt auf deinem Stuhl.

Lege deine Hände, zu einer Schale geformt mit deinen Handinnenflächen nach oben, ganz entspannt auf deine Oberschenkel.

Lade alle hohen Lichtwesen zu dir ein.

Atme weißes Licht ein, weißes Licht aus. Lass weißes Licht in deine Handinnenflächen strömen, das dann weiter in deinen Körper einfließt.

Visualisierung:

Stell dir vor, wie ein Teil aus deinem Wohnbereich, den du gut kennst, aussieht, zum Beispiel ein Stuhl. Stell dir den dir bekannten Stuhl sehr genau vor, die Größe, die Form, die Rückenlehne, die Stuhlbeine, die Sitzfläche, eventuelle Armlehnen. Stell dir vor, wie es ist, auf dem dir bekannten Stuhl zu sitzen. Stell dir vor, wie es ist, wenn du gerade darauf sitzt, nach hinten gelehnt, nach vorne gebeugt. Wie ist es? Ist die Sitzfläche bequem? Drückt die Kante der Sitzfläche in deine Kniekehlen? Ist ausreichend Sitzfläche vorhanden? Wie fühlt es sich an, wenn du die Arme auf die Armlehne stützt? Wie hoch geht die Rückenlehne, bis zu deinen Schulterblättern?

Was siehst du im 2. Schritt, wenn du dir vorstellst, in diesem dir bekannten Stuhl in deiner Wohnung zu sitzen. Schaue auf! Was siehst du? Ist es ein Esstisch? Vielleicht schaust du auf weitere Stühle. Ist es ein Bild an der Wand, ein Tisch oder ein Fernsehgerät? Ist es ein Schrank, auf den du schaust?

Erinnere dich, woher du diesen Stuhl hast. War es vielleicht ein Geschenk? Ein Kauf? Wo hast du ihn erstanden? Auf welchem Boden steht der Stuhl? Fliesenboden, Teppichboden, Holzboden, Laminatboden usw. Führe diese Visualisierung weiter, in dem du, wie mit einer inneren Kamera, durch den Raum fährst.

Doch schau dir nicht nur die dir bekannte Umgebung an. Erfahre auch die Gefühle, die du dafür entwickelst. Wie fühlt es sich an, wenn du, auf dem Stuhl sitzend, deine Umgebung in dem Raum anschaust? Wie sitzt es sich auf dem Stuhl usw. Welcher Geruch ist in diesem Raum? Wird hier vielleicht gekocht, wenn der Stuhl in einer Küche steht? Dann weite die Bilder aus: Welche Fenster sind hier? Groß-klein? Was steht auf den Fensterbänken, wenn diese vorhanden sind? Sind Gardinen dort? Schaue dich richtig mit deiner inneren Kamera in diesem Raum um.

Erweitere nun allmählich diese Bilder, in dem du auf dem Stuhl sitzen bleibst, dich gedanklich in die anderen Räume begibst und später in den Garten, auf den Balkon oder vor die Haustür.

Welche Personen sind hier in der Wohnung: Partner, Kinder, Haustiere, Nachbarn. Bitte stell dir alle und alles mit Gefühl vor. Welche Empfindungen kommen hoch, wenn du an verschiedene Menschen aus diesem Wohnumfeld denkst, an Haustiere, an die Nachbarn. Fahre weiter mit der Kamera zu Freunden, Kollegen, dem Chef usw.

Deiner Fantasie sind keine Grenzen gesetzt.

Wichtig: alles, was an Bildern in dir aufsteigt, ist richtig, ist stimmig. Es wird über dein Vorstellungsvermögen, das Körper, Seele, Geist integriert, visualisiert.

Auch Straßen in deiner Stadt kannst du visualisieren, öffentliche Plätze, Gebäude. Lass dich in eine Kirche hineinziehen: was siehst du dort?

Mit der Zeit spürst du auch, dass du dir unbekannte Dinge und Menschen visualisieren kannst. Dabei ist aber dringend die Hilfe der Lichtwesen erforderlich, die dir die Bilder zeigen, wenn du mit ihnen reist.

ACHTUNG! Reise niemals übergriffig zu anderen Menschen. Frage die Menschen und die Lichtwesen vor deiner Reise. Es gibt eine feinstoffliche Haustüre, die niemals ohne Genehmigung übergriffig durchschritten werden darf. Das ist schwarze Magie!!!

Gebäudeclearing

Sitze, von leiser Meditationsmusik begleitet, gerade und entspannt auf deinem Stuhl.
Lege deine Hände, zu einer Schale geformt mit deinen Handinnenflächen nach oben, ganz entspannt auf deine Oberschenkel.
Lade alle hohen Lichtwesen zu dir ein.
Atme weißes Licht ein, weißes Licht aus. Lass weißes Licht in deine Handinnenflächen strömen, das dann weiter in deinen Körper einfließt.
Meist sind Fremdenergien auf Grundstücken und in Häusern.
Hier sind verschiedene Maßnahmen zu üben durch die Arbeit der Lichtwesen.

Visualisierungen:

Lichtglocke oder Lichtpyramide: aus der göttlichen Urquelle entsteht über dem gesamten Grundstück eine Lichtglocke oder Lichtpyramide, die von oben ausgehend Licht über die Außenflächen in das Innere hineinströmt.

Alles „Dunkle" (ohne Bewertung, da alles einen Ursprung hat) wird wie in einer Lichtspirale hinausgezogen über die Spitze der Glocke oder der Pyramide. Dann wird strahlendes Licht hineingeleitet, das sodann alles wie eine Lichtwelle in strahlendes Licht getaucht.

Kristalline Lichtplatte: die Lichtwesen (meist Riesenengel) verteilen sich auf dem Grundstück. Sie strömen aus ihren Füßen strahlend weißes Licht heraus, das sich wie Gel über das gesamte Grundstück verteilt. Dieses Gel erhärtet und eine strahlende kristalline Lichtplatte entsteht, die geomantische Störungen aufheben kann. Diese Lichtplatte kann immer dicker werden, bis sie spitz zulaufend in Form einer umgedrehten Licht-Kristallpyramide in den Erdmittelpunkt hineinragt. Damit steht das Grundstück auf der Unterfläche der umgedrehten Kristall-Lichtpyramide, so dass ein weiter Schutz entstehen kann.

Errichtung Lichtmauer: als weiterer Schutz kann es sein, dass die Lichtwesen entlang der Grundstücksgrenze eine Lichtmauer ringsum errichten. Manchmal werden auch zusätzliche Lichtsäulen eingerichtet, durch die verstorbene Seelen und Wesenheiten ins Licht hinaufsteigen können. Diese Mauer aus Licht ist Schutz vor geomantischen Störfeldern, Elektrosmog, Wesenheiten, die von außen auf das Grundstück einströmen.

Bei Häusern in der Nähe von Friedhöfen wird meistens von den Lichtwesen eine Lichtmauer errichtet und etliche Lichtsäulen entlang des Grundstücks.

Errichtung Lichtkristallspitzen: an den Ecken des Grundstücks werden meist große Lichtkristall-Obelisken errichtet, aus deren Spitzen ein strahlendes Licht strömt, das sich miteinander verbindet und eine Art Schutzgitter aus Licht bewirkt.

Lichttornado im Haus: Die Riesenengel stellen sich oft in der Mitte des Hauses auf. Sie drehen sich dann, immer schneller werdend, in einer Rechtsrotation, bis sie nur noch als Lichttornado erkennbar sind. Danach steigen sie immer höher hinauf und ziehen mit einem goldenen Lichtschweif die Energien aus dem Haus heraus, die nicht stimmig sind. Dabei werden oft aus den Wänden klebrige Energien (sieht aus wie eine Frischhaltefolie) mit hinausgezogen. Im Haus selbst sind auch vielfach Fremdenergien verschiedenster Art, die von den Bewohnern kreiert werden durch Kummer, Sorgen, Ängste, Not usw., oder sie haben sich aus einer anderen Dimensionen (Galaxien, Dämonen usw.) eingestellt.

Kristallplatten im Haus: die Lichtwesen errichten, ähnlich wie außen auf dem Grundstück, Kristallplatten aus weiß strahlendem Licht an Decken, Wänden und Böden zum Schutz der Bewohner.

Lichtherz: die Lichtwesen lassen in der Mitte des Hauses oft ein riesiges Lichtherz entstehen, das farblich unterschiedlich sein kann (meistens weiß). Meist hat es auch eine beinahe kristalline Struktur und dreht sich in einer langsamen Rechtsrotation. Dabei verströmt es strahlende Liebesenergie von der göttlichen Urquelle in spiralförmigen Lichtbändern.

In der Mitte des Herzens ist eine große Lichtsäule, die in das Herz hineinführt, die allumfassende, bedingungslose Liebe von Gott einströmen lässt, die dann das Lichtherz auflädt, das die Energie verströmt.

Dimensionsloch: gelegentlich zeigen die Lichtwesen auch ein Dimensionsloch an. Dieses wirkt wie ein schwarzes Loch. Es sieht aus wie eine dunkle Röhre, über die eine Art graue Energie-Windhose sitzt, die alles in das Dimensionsloch hineinzieht. Die Lichtwesen drücken die

Energiewolke in das schwarze Loch hinein und decken die Öffnung mit einer Lichtplatte vollkommen ab. Mit weiß-goldenem Licht wird die Platte sodann versiegelt. Manchmal sind auch in der Wohnung, unter einem Bett zum Beispiel, solche Dimensionslöcher sichtbar.

<u>Handymast</u>: Handymasten werden mit einer weiß-blauen „Lichttüte" (Lichtsack) zugedeckt, sehr oft auch in Verbindung mit einer Lichtmauer.

<u>Elektrosmog</u>: die Lichtwesen geben manchmal in einer silbrig grauen, flirrenden Luft (E-Smog) in den Hauptstromkasten des Wohnbereichs eine weiße, gelartige Lichtsubstanz, die sich im gesamten Stromkabelnetz ausbreitet, und eine Art Schutzmantel aus Licht bildet.

Schaffung eines Heilherzens

Sitze, von leiser Meditationsmusik begleitet, gerade und entspannt auf deinem Stuhl.
Lege deine Hände, zu einer Schale geformt mit deinen Handinnenflächen nach oben, ganz entspannt auf deine Oberschenkel.
Lade alle hohen Lichtwesen zu dir ein.
Atme weißes Licht ein, weißes Licht aus. Lass weißes Licht in deine Handinnenflächen strömen, das dann weiter in deinen Körper einfließt.

Visualisierung:

> ➤ Wenn du möchtest, kannst du immer mit Hilfe der hohen Lichtwesen um die Errichtung eines großen Lichtherzens bitten, das über eine strahlende Lichtsäule in der Mitte des Herzens von der Liebe Gottes erfüllt ist.
> ➤ Du kannst dann in dieses Lichtherz hinein gehen, um im Inneren in all deinen Zellen und in allen feinstofflichen Ebenen die bedingungslose Liebe von Gott einströmen zu lassen.
> ➤ Die Lichtwesen begleiten dich in dieses Lichtherz.

Öffnen der Pranaröhre

Sitze, von leiser Meditationsmusik begleitet, gerade und entspannt auf deinem Stuhl.
Lege deine Hände, zu einer Schale geformt mit deinen Handinnenflächen nach oben, ganz entspannt auf deine Oberschenkel.
Lade alle hohen Lichtwesen zu dir ein.
Atme weißes Licht ein, weißes Licht aus. Lass weißes Licht in deine Handinnenflächen strömen, das dann weiter in deinen Körper einfließt.

Visualisierung:

> ➢ Die Lichtwesen stellen sich um dich herum auf
> ➢ Dein Kronenchakra öffnet sich ganz weit.
> ➢ Aus der höchsten göttlichen Urquelle strömt strahlend weißes Licht in die Mitte deines Kronenchakras
> ➢ Wie ein Sog wird das intensiv weiß strahlende Licht Gottes innerhalb einer Röhre, die senkrecht in der Mitte deines Körpers verläuft, von Gott bis weit in den Erdmittelpunkt hinunter gezogen.
> ➢ Dabei werden auch alle Chakren stark angeregt
> ➢ Dieses Licht Gottes strahlt nun von deiner Pranaröhre ausgehend in deine beiden Körperhälften. Es bringt deinen Körper in leuchtendes Licht, so dass eine Art Lichtaura entsteht.

Angstwesen aus den Chakren befreien

Sitze, von leiser Meditationsmusik begleitet, gerade und entspannt auf deinem Stuhl.
Lege deine Hände, zu einer Schale geformt mit deinen Handinnenflächen nach oben, ganz entspannt auf deine Oberschenkel.
Lade alle hohen Lichtwesen zu dir ein.
Atme weißes Licht ein, weißes Licht aus. Lass weißes Licht in deine Handinnenflächen strömen, das dann weiter in deinen Körper einfließt.
Visualisierung:

➤ Entlang der Pranaröhre sitzen die Chakren.
➤ Bitte die Lichtwesen, das göttliche Licht innerhalb deiner Pranaröhre in dein Wurzelchakra, Sexualchakra, Solarplexuschakra hinein strömen zu lassen.
➤ Bitte die hohen Lichtwesen, deine Ängste aus deinen Chakren zu befreien.
➤ Dabei spürst und siehst du, dass sich graue Energiefelder bilden, die wie Rauch aus deinen Chakren heraus ziehen. Diese Energiefelder formieren sich zu personifizierten Angstwesenheiten, die dämonisch wirken können.
➤ Schau dir diese Energiewesen aus Angst ganz bewusst an. Was haben dir diese Angstwesen zu sagen? Was kannst du daraus lernen?
➤ Bedanke dich uns nun ganz liebevoll bei diesen Angstwesen und bitte die Lichtwesen, diese Ängste in eine Lichtsäule zu entlassen. Schau zu, wie diese Ängste in der Lichtsäule nach oben gezogen werden, um in strahlendem Licht transformiert zu werden.

Reinigung aller feinstofflichen Schichten durch EE Michael

Sitze, von leiser Meditationsmusik begleitet, gerade und entspannt auf deinem Stuhl.

Lege deine Hände, zu einer Schale geformt mit deinen Handinnenflächen nach oben, ganz entspannt auf deine Oberschenkel.

Lade alle hohen Lichtwesen zu dir ein.

Atme weißes Licht ein, weißes Licht aus. Lass weißes Licht in deine Handinnenflächen strömen, das dann weiter in deinen Körper einfließt.

Visualisierung:

> Bitte Erzengel Michael dich zu reinigen.
> Fühle dabei in deine Aura hinein, ob du etwas Schweres fühlst, ein Druckgefühl, Angstgefühle, ein Gefühl, als ob etwas da drin sitzt, ein Gefühl von Unsicherheit, Gänsehautgefühl, Gefühl einer Fremdbesetzung
> Erzengel Michael geht mit einer blauen, strahlenden Lichtenergie durch all deine feinstofflichen Ebenen
> Erzengel Michael zieht die Energien aus deinem körperlich feinstofflichen Umfeld, bis alles im blauen Licht aufgelöst ist.

Reise in den Zeitpunkt deiner Zeugung

Sitze, von leiser Meditationsmusik begleitet, gerade und entspannt auf deinem Stuhl.
Lege deine Hände, zu einer Schale geformt mit deinen Handinnenflächen nach oben, ganz entspannt auf deine Oberschenkel.
Lade alle hohen Lichtwesen zu dir ein.
Atme weißes Licht ein, weißes Licht aus. Lass weißes Licht in deine Handinnenflächen strömen, das dann weiter in deinen Körper einfließt.

Visualisierung:

> ➤ Bitte die hohen Lichtwesen, dich in den Zeitpunkt kurz vor deiner Zeugung zu begleiten.
> ➤ Strahlendes Licht strömt in deinen Körper. Es löst dich in diesem strahlenden Licht auf
> ➤ Du wirst langsam zurückgezogen zu dem Zeitpunkt vor deiner Zeugung
> ➤ Hier erfährst du deine Lebensbestimmung, indem du abwartest, ganz still in dich hinein horchst und die Lichtwesen bittest, dir deine Bestimmung zu nennen.
> ➤ Wir werden gezeugt, in dem die Samenzelle unseres Vaters mit der Eizelle unserer Mutter verschmilzt. Du siehst deine eigene befruchtete Keimzelle.
> ➤ Die Lichtwesen geben nun strahlend blaue-weißes Licht ins Innere dieser Zelle

Matrix-Mutter (Heilung inneres Kind)

Sitze, von leiser Meditationsmusik begleitet, gerade und entspannt auf deinem Stuhl.
Lege deine Hände, zu einer Schale geformt mit deinen Handinnenflächen nach oben, ganz entspannt auf deine Oberschenkel.
Lade alle hohen Lichtwesen zu dir ein.
Atme weißes Licht ein, weißes Licht aus. Lass weißes Licht in deine Handinnenflächen strömen, das dann weiter in deinen Körper einfließt.

Visualisierung:

➢ Nach deiner eigenen Zeugung siehst du, dass die hohen Lichtwesen aus weiß-goldenem Licht eine menschliche Person bilden, die im Aussehen deiner Mutter absolut gleich ist. Es ist ein Hologramm, eine Matrix.
➢ In dieses Hologramm geben die Lichtwesen nun deine befruchtete Keimzelle
➢ Alle Empfindungen und Gefühle der beiden Elternteile und deren vorherigen Generationen werden im Ungeborenen gespeichert
➢ Diese Matrixmutter ist mit der realen Mutter verbunden über feinste Lichtkanäle

Parallel-Lebensweg

Sitze, von leiser Meditationsmusik begleitet, gerade und entspannt auf deinem Stuhl.

Lege deine Hände, zu einer Schale geformt mit deinen Handinnenflächen nach oben, ganz entspannt auf deine Oberschenkel.

Lade alle hohen Lichtwesen zu dir ein.

Atme weißes Licht ein, weißes Licht aus. Lass weißes Licht in deine Handinnenflächen strömen, das dann weiter in deinen Körper einfließt.

Visualisierung:

➢ Nach deiner Geburt aus der Matrix-Mutter siehst du, dass dich die Lichtwesen auf einem Parallel-Lebensweg bis hin zum heutigen Tage begleiten, in weiß-blaues Licht gehüllt.

➢ Dein bisheriger Lebensweg ist mit Lichtfäden an diesem Parallel-Lebensweg verbunden

➢ Du kannst nun auf diesem emotionsfreien Parallel-Lebensweg deine einzelnen Lebensstationen an-schauen und schwere, teilweise traumatische Dinge aus deinem bisherigen Leben vollkommen befreit loslassen

➢ Dabei siehst du, dass du bei jedem Loslassen durch Lichtwände gehst, die reinigen und heilen.

➢ In tiefer Liebe vergib deinen Eltern, dem gesamten Umfeld, egal, was seinerzeit geschehen ist.

➢ Kommst du dann am aktuellen Tag an, fühlst du dich befreit und vollkommen leicht, glücklich und zufrieden.

Reise in die 12. Dimension

Sitze, von leiser Meditationsmusik begleitet, gerade und entspannt auf deinem Stuhl.

Lege deine Hände, zu einer Schale geformt mit deinen Handinnenflächen nach oben, ganz entspannt auf deine Oberschenkel.

Lade alle hohen Lichtwesen zu dir ein.

Atme weißes Licht ein, weißes Licht aus. Lass weißes Licht in deine Handinnenflächen strömen, das dann weiter in deinen Körper einfließt.

Visualisierung:

- ➢ Die Lichtwesen führen dich in einen strahlenden Operationssaal. Sie legen dich auf einen OP-Tisch.
- ➢ Strahlendes Licht strömt in deinen Körper
- ➢ Christus legt seine Hände um deinen Kopf und verändert die neuronalen Verbindungen in deinem Gehirn
- ➢ Reinigung der Amygdalae und Umschalten in den vorderen Stirnbereich, um Angstprogramme zu löschen
- ➢ Erzengel Metatron leitet bunte Lichtenergien in deinen Körper zur Kristallisierung der Zellen
- ➢ Maria aktiviert hier die Chakren mit rosafarben-grünlicher Energie

Verbindung von Emotion und Verstand mit dem Herzen

Sitze, von leiser Meditationsmusik begleitet, gerade und entspannt auf deinem Stuhl.
Lege deine Hände, zu einer Schale geformt mit deinen Handinnenflächen nach oben, ganz entspannt auf deine Oberschenkel.
Lade alle hohen Lichtwesen zu dir ein.
Atme weißes Licht ein, weißes Licht aus. Lass weißes Licht in deine Handinnenflächen strömen, das dann weiter in deinen Körper einfließt.

Visualisierung:

> - In der 12. Dimension verbindet Christus dein Herz–Hals- und Stirnchakra über eine Lichtröhre miteinander
> - Ebenso werden dein Wurzel–, Sexual– und Solarplexuschakra mit dem Herzen über eine Lichtröhre verbunden
> - Gedanken, Worte und Handlungen aus dem Verstand werden in die Herzliebe geleitet und wieder zurück ins Gehirn geströmt
> - Emotionen von Liebe und Angst sind in den unteren 3 Chakren
> - Emotionen werden ins Herz gezogen und in Liebe verwandelt, so dass sie dann wieder in die unteren 3 Chakren strömen können

Reise zur göttlichen Urquelle

Sitze, von leiser Meditationsmusik begleitet, gerade und entspannt auf deinem Stuhl.
Lege deine Hände, zu einer Schale geformt mit deinen Handinnenflächen nach oben, ganz entspannt auf deine Oberschenkel.
Lade alle hohen Lichtwesen zu dir ein.
Atme weißes Licht ein, weißes Licht aus. Lass weißes Licht in deine Handinnenflächen strömen, das dann weiter in deinen Körper einfließt.

Visualisierung:

> ➤ Die Lichtwesen führen dich zur göttlichen Urquelle
> ➤ Gott wird als extrem helle Lichtquelle gezeigt
> ➤ Dieses Licht nimmt dich in die Arme und gibt die absolut allumfassende Liebesenergie in dein Herz
> ➤ Diese Liebe erfüllt dein Herz und strömt in deinen gesamten Körper, Seele, Geist aus
> ➤ Die Lichtwesen beten ein Heilgebet

Reise in die 7. Dimension

Sitze, von leiser Meditationsmusik begleitet, gerade und entspannt auf deinem Stuhl.
Lege deine Hände, zu einer Schale geformt mit deinen Handinnenflächen nach oben, ganz entspannt auf deine Oberschenkel.
Lade alle hohen Lichtwesen zu dir ein.
Atme weißes Licht ein, weißes Licht aus. Lass weißes Licht in deine Handinnenflächen strömen, das dann weiter in deinen Körper einfließt.
Visualisierung:

➢ 7. Dimension = reinste Christusenergie, keine Polarität, alles ist eins, nur reinste Liebe
➢ Christus und alle Lichtwesen geben Liebesenergie aus ihren Herzen in deinen Körper, der sich danach in 2 Hälften senkrecht teilt und dann etwa 8-10 cm auseinandergezogen wird, um das Herz freizulegen.
➢ Vom Herzen ausgehend Torusfeld in alle Inkarnationen
➢ Auf dem Torusfeld sitzen die verlorengegangenen Seelenanteile, die über strahlendes Licht wieder zurückströmen in beide Körperhälften und in deine Chakren
➢ Feinstoffliche Heilung des inneren Kindes in der 7. Dimension durch Maria (Baby= Symbol des inneren Kindes)
➢ Maria strömt Liebesenergie in das Baby und heilt damit das innere Kind
➢ Das Baby wird übergeben und ins Herz verbunden
➢ Körperhälften strömen wieder zueinander und verbinden sich wieder

Reise Indianerfeuer

Sitze, von leiser Meditationsmusik begleitet, gerade und entspannt auf deinem Stuhl.
Lege deine Hände, zu einer Schale geformt mit deinen Handinnenflächen nach oben, ganz entspannt auf deine Oberschenkel.
Lade alle hohen Lichtwesen zu dir ein.
Atme weißes Licht ein, weißes Licht aus. Lass weißes Licht in deine Handinnenflächen strömen, das dann weiter in deinen Körper einfließt.

Visualisierung:

- ➢ Die Lichtwesen reisen mit dir zu einem Tal. Über euch ist sternenklarer Himmel
- ➢ Indianer sitzen um ein Feuer, das knistert und prasselt
- ➢ Funken fliegen aus dem Feuer
- ➢ Roter Feuerschein liegt auf den Gesichtern der Indianer
- ➢ Setze dich gemeinsam mit den hohen Lichtwesen zum Feuer
- ➢ Die Indianer geben Kräuter und Zweige in das Feuer
- ➢ Strahlend weißer Rauch steigt auf
- ➢ Verlasse mit den Lichtwesen das Feuer und steige mit hinauf, gemeinsam mit dem Rauch. Schaue zu
- ➢ Je höher der Rauch steigt, desto glitzernder wird er
- ➢ Du verwandelst dich in einen Adler und fliegst immer höher, bis du über der Erde schwebst
- ➢ Der Rauch verteilt sich um den Erdball und sinkt in die Erde hinein bis in den Erdmittelpunkt

- Es kommt ein strahlendes Glitzern aus der Erde. Wie ein Kristall verläuft dieses Glitzern um den Erdball, der wie ein Kristall ausstrahlt.
- Das Strahlen geht hinauf in die göttliche Ebene und wird zurückgestrahlt in den Erdmittelpunkt, gefiltert über eine weiße Lichtkugel und eine darüber liegende Krone
- Jetzt reise wieder zurück zum Indianerfeuer. Es ist erloschen. Die Indianer sind weg, nur noch ein wundervoller, sternenklarer Himmel strahlt über dir. Fühle das tiefe Glücksgefühl und die tiefe Liebe in deinem Herzen

Reise im Lichtwasserfall einer paradiesische Landschaft

Sitze, von leiser Meditationsmusik begleitet, gerade und entspannt auf deinem Stuhl.

Lege deine Hände, zu einer Schale geformt mit deinen Handinnenflächen nach oben, ganz entspannt auf deine Oberschenkel.

Lade alle hohen Lichtwesen zu dir ein.

Atme weißes Licht ein, weißes Licht aus. Lass weißes Licht in deine Handinnenflächen strömen, das dann weiter in deinen Körper einfließt.

Visualisierung:

➢ Reise mit den Lichtwesen in eine Grotte
➢ Am anderen Ende der Grotte erkennst du einen Lichtwasserfall aus Kristall-Licht
➢ Stelle dich in das Wasser. Es dient der Reinigung und Entgiftung von Körper, Seele, Geist
➢ Auf der anderen Seite erkennst du einen kreisrunden See aus Kristall-Licht (leicht blau)
➢ Gehe hinein in den See. Betrachte dir die schöne Uferlandschaft und die wundervolle paradiesische Landschaft dahinter
➢ Es sind viele Tiere im Wasser und auf dem Land. Dort erkennst du auch Menschen
➢ In der Mitte des Sees erhältst du die Informationen, die für dich wichtig sind. Höre genau hin.
➢ Schwimme bis zum Ufer und gehe langsam an Land (wenn du den Wunsch verspürst in dir)
➢ Dort leben wilde Tiere und Menschen. Sie sind alle sehr friedlich und in ihrem Herzen verbunden

➢ Du stehst auf einer Bergwiese und erkennst einen Bachlauf der einem kreisrunden Quellteich entspringt. Dieser Quellteich hat spiegelartiges Wasser. Es ist die Quelle der Erkenntnis. Du darfst jetzt aus dieser Quelle trinken.

➢ Wenn du magst, dann kannst du weitergehen, bis du zu einem Indianerdorf kommst. Hier triffst du eine alte Indianerin, die heilende Tätigkeiten verrichtet (Kräutertrunk, heiße Lehmerde, Salben)

Danach kehre zurück in deine Gegenwart

Christuskelch und Lichtkörpererfahrung

Sitze, von leiser Meditationsmusik begleitet, gerade und entspannt auf deinem Stuhl.
Lege deine Hände, zu einer Schale geformt mit deinen Handinnenflächen nach oben, ganz entspannt auf deine Oberschenkel.
Lade alle hohen Lichtwesen zu dir ein.
Atme weißes Licht ein, weißes Licht aus. Lass weißes Licht in deine Handinnenflächen strömen, das dann weiter in deinen Körper einfließt.

Visualisierung:

➢ Christus überreicht dir einen goldenen Kelch mit flüssigem Licht. Trinke aus diesem Kelch
➢ Erfahre eine Lichtexplosion von innen nach außen
➢ Dein menschlicher Körper löst sich auf. Du bist nur noch als Lichtwesen erkennbar, hell strahlend
➢ Lass aus deinem Herzen dieses strahlend Licht spiralförmig zu Gott hinauf strömen mit absoluter Liebe aus deinem Herzen
➢ Gott nimmt dein Licht an, strömt es zurück in dein Kronenchakra und dann wieder zurück zu ihm. Du bist im Lichtkreislauf mit Gott.
➢ Spüre die Erkenntnis in dir: du bis ein reiner Lichtkörper im Wesen deines Seins, eng verbunden mit dem höchsten göttlichen Allbewusstsein, Gott in dir und du in Gott

Omkara-Verlag sagt Danke

Mit Freude im Herzen begrüßen wir Sie am Ende dieses Heilungsbuches. „Das Licht aus der Mitte des Herzens"

„Glück können wir nur multiplizieren, indem wir es teilen" (Albert Schweitzer)

Wir möchten gerne mit Ihnen unser Glück und unsere Himmelsgaben teilen. Omkara bedeutet: *„das Licht auf die Erde bringen"* Dieser Name wurde uns im Jahr 2000 von den Meisterebenen für unsere Website www.omkara.de geschenkt. Seither ist es unser größtes Anliegen, diesem Anspruch gerecht zu sein, daran mitzuwirken und selbst daran zu wachsen, der Erde und allem, was auf ihr atmet, ein Licht zu sein.

Die Meisterinnen und Meister sagen ganz klar: *„Für die heutige Zeit ist es wichtig zu erkennen: Du bist dein eigener Meister, dein eigener Lehrer! Du brauchst keinen Guru. Du brauchst nur den Weg zu deiner Seele; diese deine Seele in deinem Leben mehr und mehr zu integrieren und in deinem Sein sichtbar werden zu lassen".*

Der Omkara-Verlag wuchs in kurzer Zeit und erweiterte sich zur Omkara-Collection mit vielen exklusiven Wegbegleitern, die Sie sonst nirgends finden. Wir ergänzten unser Angebot für Sie auf Meditations-CDs, hilfreiche Geschenke der Aufstiegsebenen, wir nennen sie Himmelsgaben. Diese wundervollen Weggefährten können uns täglich an das Licht in uns selbst erinnern. Ein solch wundervoller Weggefährte ist die Avalon-Kristallin, Avalon-Kristall, den wir Ihnen auf der nächsten Seite gern vorstellen möchten.

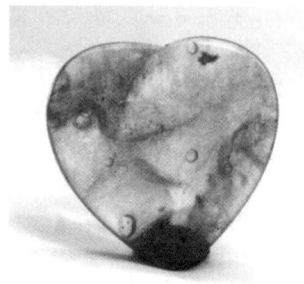

Das Herz zum Buch

Avalon-Kristall™ (synth)

Herz, Donut, Handschmeichler

Der Verstand kann uns sagen, was wir unterlassen sollen. Doch das Herz kann uns sagen, was wir tun wollen, sollen, was unsere Seele wirklich will.

Der energetisierte Avalonkristall ist ein ganz besonderer Energieträger. Er wurde unserer jetzigen Zeit durch Maria und Gaia geschenkt, damit wir eine Brücke zur reinen Licht-Energie, die aus Avalon über die Erde strahlte, erschaffen können und das Licht auf unserer Erde fest verankert wird. Er verbindet dich mit der Ursubstanz deiner Seele, mit der höchsten göttlichen Energie und ganz tief mit dem Herzen von Mutter Erde – Gaia.

Das Herz ist seit ewigen Zeiten das stärkste Symbol der Liebe und des Lebens. Wenn wir zu uns stehen, uns selbst annehmen, anerkennen und lieben, sind wir bereit wahre Liebe auch an andere weiterzugeben.

Unsere Avalonkristalle wurden energertisiert durch Maria, Gaia und eine Geistlichtreise durch Uwe Frantzen. Er sagt zu diesen wundervollen Steinen: *„Die Steine strahlen eine kraftvolle Lichtenergie aus. Um jeden Stein ist ein Lichtherz, in dem sich die Essenz des göttlichen Seins befindet, ebenso eine Transformationsspirale, und um die Steine herum sind jeweils Lichtherzen, die mit einer Lichtsäule zwischen der göttlichen Quelle und dem Erdkern verbunden sind."*

Weitere farbige Abbildungen im www.omkara-shop.de
ArtikelNr. 5100 nur 9.95€

Eva-Maria Ammon

Du bist der Weg
Entdecke deinen universellen Wesenskern

Die Sehnsucht nach deiner Seele

Es ist einfach. Es ist dein Weg, der dich befreit von der Suche im Außen. Ein Weg, der dich hinführt zur Lösung deiner Probleme und dem Finden deiner eigenen Größe in deinem Inneren.
Diese Seiten öffnen dein Herz für Liebe, Freude und Wohlstand in deinem Leben. Befreie dich vom Mangeldenken und nimm die Hilfen an, die dir auf deinen Weg gesendet werden. Lerne in Kontakt zu treten mit deinen lichtvollen Helfern. Lerne dich selbst zu lieben. Lerne, dass du das Recht hast ein Leben in Freude, Fülle, Gesundheit und vollkommenem Reichtum auf allen Ebenen deines Seins zu leben.
Dieses Buch ist nicht nur ein Aufruf zur Selbstverantwortung, Freude und Aufstieg. Es zeigt dir den Weg dorthin. Es bietet dir die Hilfen, die du brauchst um dein Leben in Freiheit von deinen Begrenzungen zu erfahren. Du weißt, dass dein Seelen-Weg vor dir liegt. Den Weg kennst nur du allein, denn er liegt in dir. Niemand außer du selbst kann ihn dir zeigen. Wir können dich jedoch dabei begleiten und dir kraftvolle Wege in ein Leben voller gelebter Liebe zeigen. Deine lichtvollen Helfer werden dich hierbei tatkräftig unterstützen.
Der universelle Wesenskern, der dein wahres Selbst ist, der dein du, dein Ich-Bin ist, ist alles andere als das, was du oder Andere bisher von dir gehalten haben. Du hast hier mit diesen Seiten den Schlüssel in deiner Hand deinen universellen Wesenskern zu entdecken, zu entfalten und zu leben. Entdecke und integriere deinen universellen Wesenskern der dein ICH BIN ist.

ISBN: 978-3-942045-10-0 – 19.95€

Irina Jacobsen
Klavierspielen mit der Seele - Der weibliche Weg der Musik

Klavier spielen mit der Seele wird all denen begegnen, die darauf warten,

sich zu erinnern. Dies ist ein Buch für eine neue Zeit, für eine neue Musik, für einen neuen Klang und für eine neue, menschliche Pädagogik.

„Musik ist die Sprache der Seele." Sie halten ein Buch über das Leben, über das Lernen und natürlich auch über die Seele wahrer Musik in ihren Händen. Es ist eine Brücke zwischen dem materiellen Ausdruck und der spirituellen Sphäre lichtvollen Klangs auf allen Ebenen des Seins. Der weibliche Weg der Musik macht Mut, Probleme anzupacken und Ängste zu überwinden. Es ist ein heilendes und revolutionierendes Buch von tiefer Weisheit; reich angefüllt mit Liebe und Verständnis. Es ist ein Buch, welches Unmögliches in Frage stellt und möglich macht. „Wir alle werden als Genie geboren und sterben doch so oft als Kopien." - Ich widme dieses Buch allen Kindern dieser Erde.

ISBN: 978-3-9812369-9-6 – 17.95€

Petra Aiana Freese
Lady Portia – Die Quelle des Lichts
Schamanische Selbsteinweihung

Die aufgestiegene Meisterin - Lady Portia - zeigt dir die schamanischen Welt aus der Sicht der Aufstiegs- ebenen. Der schamanische Weg ist der älteste spirituelle Weg auf unserer Erde. In tiefer Verbundenheit weist Lady Portia dir den Weg in dein schamanisches Sein. Sie führt und leitet dich sanft und liebevoll durch deine untere schamanische Welt, deine mittlere schamanische Welt und deine obere schamanische Welt. Ein harmonisches Zusammenwachsen des multidimensionalen Seins wird auf heilenden und befreiten Wegen möglich. Lady Portia selbst begleitet und führt dich auf diesen Wegen. Sie macht sich mit dir gemeinsam auf den Weg in deine spirituelle Freiheit. Dieses Buch kann für dich eine Hilfe sein, dich selbst in deine eigene Schöpferinnenkraft zu erheben, und dein ganzheitliches Potential durch Transformation des eigenen Seins zu entwickeln.

ISBN; 978-3981236910 – 17.95€

Maria
Die Mutter Jesu im Wandel der Zeit
von Eva-Maria Ammon

Begleit-CD zum gleichnamigen Buch. Diese CD enthält nur die tiefgreifenden Meditationen. Sie dient daher als Ergänzung und kann das Buch nicht ersetzen.

Macaria begleitet dich sanft und liebevoll in deine wahre innere Größe der Kraft der Quelle, die in dir ruht und sich dir nach und nach erschließt. Diese innere Größe verstärkt sich mit jeder Wiederholung der Meditationen. Macaria schenkt dir ihre tiefe, universelle Liebe und die kraftvolle Wärme der Göttin, die sie ist. Sie unterstützt dich in deiner Selbstannahme, Selbstliebe und deiner eigenen Befreiung aus Begrenzungen

MP3-CD 189:18 Min. 19,95 € - ISBN: 978-3-942045-06-3

Metatron - Ancient-Master-Healing
Selbstermächtigung durch Selbsteinweihung
Eva-Maria Ammon

Die Einweihung in deine Selbstermächtigung ist ein wundervolles Geschenk von Metatron und Miranlaya an dich, an die Erde und an die Menschheit. Erst die jetzige Zeit, mit ihren erhöhten Energien, macht dieses Wunder möglich, dass du wieder zu dem erwachen kannst, was du in Wahrheit bist – Licht!

Diese deine Vollkommenheit wird dir überreicht durch Metatron, Miranlaya, Sananda, Lady Nada, Lady Gaia, Lady Kwan Yin und Saint Germain. Die Meister haben erklärt, dass es jetzt für mehr und mehr Lichtarbeiter an der Zeit ist, aktiv am Wendezeitpunkt das universelle Licht unter die Menschheit zu tragen, damit der Übergang für möglichst viele erreichbar wird. Dieses Arbeitsbuch ist ein Buch zur Selbsteinweihung und ermöglicht dir, dich in Verbindung mit den Aufgestiegenen Meistern und Meisterinnen in die kraftvolle Energie der Quelle selbst einzuweihen. Danach kannst du die tief greifenden Einweihungen durch Metatron, Miranlaya, Gaia, St. Germain, Lady Nada, Sananda und Kwan Yin, GuanYin in völliger Ermächtigung deiner Selbst in wunderbarer Kraft erfahren.

MP3-CD 7 Std. 35 Min   29,95 € ISBN: 978-3-9812369-7-2

Von Herz zu Herz - Service im Omkara-Verlag

Wir halten ein sehr exklusives und individuelles Himmelsgaben-Sortiment für eine umfassende Unterstützung auf allen Ebenen des Seins für Sie bereit. Unsere Aktionen erfahren Sie über unseren Newsletter und in unserem Internet-Shop.

Ein freundliches, liebe- und freudvolles Miteinander ist für uns sehr wichtig. Daher versenden wir regelmäßig unseren Newsletter mit Meditationen, Aktionen, Informationen und Neuheiten. Wir möchten aktiv dazu beitragen Augen, Ohren und vor allem Herzen zu öffnen. Und: Unsere Päckchen an Sie enthalten immer eine kleine Überraschung.

Die Zeit ist reif, die Wendezeit ist erreicht - und - Zeit ist Illusion. Ein gutes Buch, eine schöne Meditation, sinnliche Erfahrungen und Geschenke an sich selbst sind immer ein Gewinn für Körper, Geist und Seele, für Herz und Verstand. Daher schenken uns unsere lichtvollen Freunde längst vergessene Himmelsgaben zurück für das bereits anwesende Lichtzeitalter!
Viel Freude, Erfolg, Harmonie, Gesundheit und Frieden, auf allen Ebenen Ihres Seins wünschen Ihnen von ganzem Herzen
Ihr Omkara-Team

www.omkara-verlag.de - www.omkara-shop.de

♥ 400 ♥